JN439082

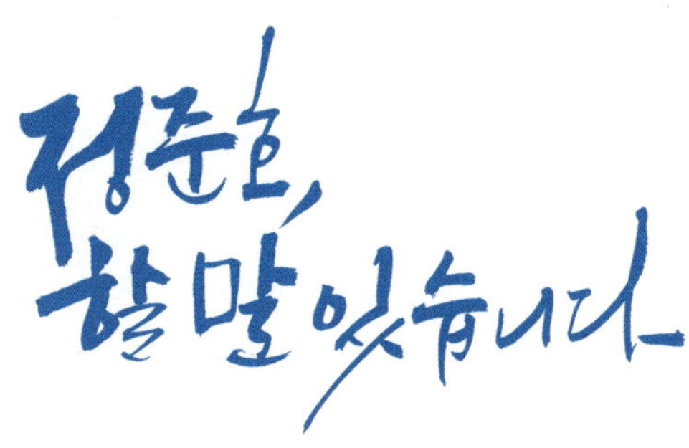

정준호

에코미디어

가장 젊고 깨끗한 정치적 자원을 가장 다양하게 보유하고
다른 지역과의 소통과 토론에 주저하지 않는 광주,
그것이 고립과 멀어지고 공감대를 얻을 수 있는
호남정치의 복원이 아닐까?

정준호, 할 말 있습니다

열린 사회, 광주를 위하여

광주 내부에서 광주의 고립을 걱정하는 목소리가 많다. '알보칠'(알고보니 7시방향 – 호남의 지정학적 위치를 빗대 호남출신을 비하하는 용어) 같은 단어를 살펴보면 광주는 고립을 걱정하는 도시가 아니라 이미 고립되어 버린 도시이다. 민주정부가 탄생하면 호남출신 총리가 발탁되고 전국 최고 명문고로 각종 'D고'들이 신문지상을 장식하는 등 민주정부와 운명을 같이하는 도시이고 중앙정부와 끈끈한 네트워크가 형성되는 것 같은데 왜 항상 고립을 걱정해야 하는 지역일까?

다른 지역에서 광주의 고립을 가장 흔하게 이야기하는 근거는 여론조사에서 수도권과 타 지역이 부동산 문제 등 반정부적 여론을 형성해도 이 지점에서 광주가 다른 지역과는 전혀 동떨어진 여론을 형성하고 있기 때문이다. 과거 김대중 대통령에 대한 90% 넘는 지지를 일관되게 보여준 역사성에 비추어 '정권을 창출하고 유지하기 위해서 다른 지역의 눈치는 전혀 생각하지 않는다'는 인식이 형성되었기 때문이다. 실제로 인구비율은 전국에서 충청도보다도 적은 인구로 구성되면서도 민주정부 내부에서는 발언권이 훨씬 큰 '과다대표성'을 문제삼는 지적도 많다. 5·18 주먹밥으로 상징되는 '나눔과 연대'의 정신이 과연 이러한 과다대표성과 모순되지 않느냐는 지적은 단순히 모른 체 할 수만은 없는 지적이다.

광주의 고립은 광주가 스스로 자초한 것이다는 외부의 지적에는 동의하지 않는다. 그러나 과연 그동안 광주가 다른 지역과 얼마나 소통하면서 광주의 우월적 가치를 전파해왔는가라는 질문으로 바꾸어 보면 광주 스스로 냉정히 객관적인 평가를 해 볼 필요가 있다는 생각이다.

잘난 자식 자랑만 실컷 하다 보니 어느새 동네에서 따돌림 당하는 상황이 된 것은 아닐까? 동네 사람들이 질투와 시기 때문에 그런 것이니 아랑곳하지 않고 여전히 잘난 자식 자랑만 실컷 해도 되는 것일까?

최근 SNS 게시글에 '다른 지역의 눈치를 보아야 한다는 취지에 전혀 동의하지 않는다. 이럴수록 호남의 목소리를 더욱 강하게 관철할 고민을 해야 한다. 그 동안의 수모적 역사에 비추어서도 호남은 당당해야 한다'는 내용이 발견된 적이 있었다. 위와 같은 주장의 취지 역시 이해가 된다. 흔히 제기되는 자조론과 자강론 그 중간 어느 쯤의 논쟁일 수 있다.

광주는 노무현으로 대표되는 '전략적 선택'을 해 왔고 이것은 타 지역에도 광주의 특수성으로 강하게 인식되고 있다. 어쩔 수 없이 그 '전략'은 민주정부 재창출이었음을 부정하기는 어렵다. 앞으로도 광주는 민주정부 재창출을 위해 전략적으로 사고하고 특유의 응집력으로 그 확률을 극대화 할 것이다. 저도 그 방향을 부정하지 않는다.

그러나 최소한 다음의 두 가지 질문에는 답을 할 수 있어야 한다. 첫째, 왜 광주는 민주당이어야만 하는가? 둘째, 광주의 결론에 대해 다른 지역을 설득할 준비는 되어 있는가?

정준호의 정치는 위 두 가지 질문에 대한 답을 찾는 과정일 수 있다. 민주당이 다른 지역에도 충분히 통할 수 있는 정당으로 발전하는 과정에서의 역할, 특히 단순히 광주와의 운명공동체로서의 민주당이 아니라 민주당이 다른 지역의 공감을 얻지 못할 때 질책하고 방향을 제시할 수 있는 회초리 지역으로서의 광주의 위상이 정립되기 위한 당내 개혁 주자로서의 역할이 그 첫 번째이다. 다음으로 광주 내부의 시각으로서만 사안을 들여다 본 여타 정치인들과 달리 수도권에서의 상당한 생활경험과 다방면의 다양한 시각으로 차별성 있는 설득력을 보여줄 수 있는 역할이 그 두 번째다.

위 두 가지에 대한 답을 내놓기 위해서는 광주가 '가치화된 도시'로서 위상을 회복하고 정립해야 한다. 5·18을 거친 특수성 때문에 불의에는 한없이 엄격하고 어머니의 품과 같은 무등산을 바라보던 특수성으로 인권에는 한없이 너그러운 광주 같은 명징하게 내놓을 수 있는 광주의 상징화가 이루어져야 한다. 그렇기 위해서는 내부의 불안요소, '조폭도시'라는 오명과 토호세력의 입김이 민주정부 중앙세력까지 연결될지 모른다는 식의 불안요소를 스스로 가차없이 제거해야 한다고 확신한다.

정준호의 정치는 위와 같은 불안요소의 제거방식으로써 '기득권에 빚지지 않은 깨끗한 세대교체로서의 청년정치'를 제안한다. 그렇기 때문에 30대 중반의 나이에 광주로 내려와 묵묵히 선거에 임하고 있는 것이라고 감히 이야기하고 싶다.

가장 젊고 깨끗한 정치적 자원을 가장 다양하게 보유하고 다른 지역과의 소통과 토론에 주저하지 않는 광주, 그것이 고립과 멀어지고 공감대를 얻을 수 있는 호남정치의 복원이 아닐까?

이 책은 그 동안의 성장기와 광주와 소통하면서 해왔던 생각들 그리고 소박하지만 진정성 있게 광주를 사랑하는 마음을 담은 몇 가지 제안들로 구성되어 있다. 『열린사회와 그 적들』이라는 고전이 있다. 감히 이 책이 광주가 열린사회가 되지 않게 막는 기득권 토호세력에 대한 도전이길 희망한다. 소통하고 토론하는 광주를 천명했으니 이 책의 내용과 관련된 어떠한 소통과 토론도 소중하게 받아들이겠다.

광주에 대한 고뇌와 절망, 희망의 문제를 놓고 함께 고민하며 지냈던 한분 한분이 모두 떠오른다. 우선 아들에게 당당함을 가르쳐주신 부모님께 감사드린다. 햇수로 벌써 7년째 도전이지만 항상 응원으로 함께해준 배우자 주희에게는 미안한 마음뿐이다. 은사님들은 언제나 추상같은 버팀목이 되어주셨다. 아직까지 현실과 타협없이 도전해올 수 있었던 것은 오롯이 '학은(學恩)'때문이었다. 사표가 되어주신 이정심·이정충·김동범·임형선·손해근 은사님들의 기대에 조금이라도 더 부응하겠다. 호문혁·윤진수 교수님 역시 법조인으로서 자리매김하는데 큰 영향을 주셨다.

염동연 전 사무총장님께 특별한 감사를 올린다. 멘토가 되어주신 김진우·백장호 회장님 그리고 김선문 전 의원님 등 보답해야 할 깊은 인연이 많다. 무엇보다 항상 일깨워주는 조언을 해주시는 '공감포럼' 동지들께도 제 진심이 전달되길 희망한다.

Contents

PART + 02

광주다움의 의미를 찾아서

PART + 03

새로운 지도자를 꿈꾼다는 것

PART + 04
광주의 미래를 해결하라

PART + 05
광주를 사랑한다는 것은 책임진다는 것

PART + 06

정원도시, 가족친화도시를 꽃피우자

PART + 07

<부록> 정준호의 언론인터뷰

정준호, 할 말 있습니다

정준호, 할 말 있습니다

PART + 01

광주의 레인메이커가 되고 싶다

사흘밤을 새워가며 수백 페이지짜리 보고서를 작성하는 초인적인 상황도 있었다. 그러다 결정적인 사건이 터졌다. 국내 최고 펀드의 기업 인수 후 정리해고 방안을 마련하는 역할이었다. 아무리 변호사라고 하지만 노동법연구회 경험을 이런 식으로 활용하는 것은 고통스러운 일이 아닐 수 없었다.

-「광주의 레인메이커(Rainmaker)! 」 중에서

80년생 정준호, 본 투 비 타이거즈 키즈

"우리 아부지가 올해는 우승 안했으면 싶다고 하던데?"
"염병, 야구랑 선거랑 무슨 상관이 있다고?"

나는 80년 5월생이다. 그래서 5·18광주민주화항쟁과 똑같이 나이를 먹는다. 광주 5·18민주화항쟁 41주년, 그래서 내 나이도 41세가 되었다.

5월이 생일인 친구 중에는 문 연 산부인과를 찾아 해매다 결국 택시에서 태어났다거나 아예 병원을 포기하고 집에서 출산을 한 경우도 드물지 않았다.

586세대가 5·18의 주역이었다면 우리는 5·18의 역사 그 자체라는 농담을 하기도 했다. 광주가 아니라면 80년에 태어났다는 게 특별할 이유가 없다. 실상 광주의 아이들이라고 해서 더 특별할 이유는 없을지도 모른다.

그러나 늘 책가방에 치약과 휴지를 넣고 다니고 5월 봄소풍은 차가 다니지 않아 먼 길을 걸어다녀야 했던 것도 광주 아이들만의 추억이었다. 5월이면 최루탄 가스를 피해 수업 중에도 자연스레 창문을 닫을 줄 알았고 5월이면 큰 소리로 웃고 떠드는 일을 삼갈 줄도 알았다. 광주의 아이들에게 5월은 교과서로 배우는 역사가 아니라 체화된 일상이었다. 돌이켜보면 그게 어떻게 가능했을까 싶은 웃픈 추억들도 있다.

전라도 사람들은 왜 그렇게 야구를 좋아하냐는 질문을 자주 받는다. 야구보다는 타이거즈에 대한 유별난 사랑을 슬쩍 비꼬는 늬앙스도 담겨 있다.

왜 그렇게 프로야구를 좋아하냐고? 솔직하게 말하면 아는 게 프로야구 밖에 없어서 그렇다. 어린 시절 아버지를 따라 처음 야구장엘 가고 집에서는 아버지가 틀어놓은 프로야구를 함께 보며 자랐다. 그 시절이야 토요일 2시부터 공중파에서 프로야구를 생중계하던 시절이었으니 토요일은 가방을 벗어 던지고 야구부터 보면서 주말이 시작되는 게 일상이었다. 자연스럽게 선수 이름도 알게 되고 응원하는 우리 팀이 있으니 빠져들게 된 거다. 어린이날 최고의 선물은 무등경기장에 가서 해태타이거즈의 경기를 보는 것이었다.

하지만 당연하게도 그날은 입장권 구하기가 하늘의 별따기다. 표를 구하느냐 못 구하느냐는 철저하게 부모님의 능력과 사회적 위치로 갈렸다. 나는 한 번도 어린이날에 야구장을 가본 적이 없다. 비단 어린이날뿐만이 아니었다. 포스트시즌, 한국시리즈 같은 중요한 경기를 경기장에서 본 적이 없었다. 아버지도 야구를 좋아했지만 표를 구할 힘은 없으셨기 때문이다. 중고교시절의 일탈도 야구장이었다. 자율학습을 빼먹고 몰래 야구장을 가기도 했고 어느 여름에는 땡볕에 앉아 더블헤더를 보느라 얼굴이 빨갛게 익은 채로 돌아오기도 했다. 그렇게 프로야구는 유일한 즐길거리였고 그렇게 타이거즈는 당연하게 '우리 팀'이었다.

1997년 늦가을이었고 한국시리즈 5차전을 앞둔 교실 안은 온통 야구 얘기로 시끄러웠다. '종범신(神)'은 오늘도 크레이지 모드로 날아

다닐 것인가? 선발 김상진은 괜찮을까?

당시 최강팀 해태타이거즈는 우리들의 자부심이었다, 무등산 폭격기 선동열은 없었지만 우리에겐 바람의 아들 이종범이 있었다. 선수들의 개인기록을 줄줄이 꿰는 것은 기본이고 당시 메이저리그에서 사용한다는 세이버메트릭스의 계산법을 놓고 치열한 논쟁을 벌이는 일까지 심심찮게 벌어졌다. 조금 과장을 보태자면 그날의 운세는 전날 해태가 이기는 날과 지는 날의 차이로 달라졌다. 등굣길 가판대에 놓인 스포츠신문에 '해태 충격의 역전패'와 같은 헤드라인을 보고나면 종일 뭔가 찜찜한 그런 시절이기도 했다.

그런데 그 해태가 우승을 하면 대통령 선거에 지는 징크스라니? 도무지 고등학교 교실과는 어울리지 않는 정치와 야구가 뒤섞이는 상황이었다. 우리에겐 선택의 문제가 아니었다. 해태는 우리 팀이었고 투표권은 없어도 김대중만이 우리 후보였다. 징크스가 찜찝하지 않은 건 아니었지만 해태가 지는 경기란 있을 수가 없었다.

결국 해태가 6:1로 승리를 거두면서 그해 한국시리즈 9회 우승으로 경기는 끝이났다. 온전히 기쁘기만한 승리가 아니었다. IMF의 공포가 다가오고 있었고 일주일 후 실제로 해태타이거즈는 공식 해체를 통해 타이거즈만 남게 되었지만 내 기억 속 그날의 경기는 아기호랑이 김상진의 완투승이라는 행복한 추억으로 남아있다.

그해 12월 20일 새벽, 기숙사의 비상벨이 울리며 집합 명령이 떨어졌다. 메가폰을 들고 연단에 오른 기숙사 사감 선생님의 목소리는 들떠있었다. 개표 방송을 보느라 밤을 꼬박 새웠다는 선생님은 여전히 흥분이 가라앉지 않은 목소리로 김대중 대통령의 당선 소식을 전했다. 그리고 나선 다짜고짜 선창으로 김대중 만세를 외쳤다. 좀 당황하긴 했지만 선생님을 따라 학생들의 만세삼창이 이어졌다. 지금 와서 생각해보면 생경하고 코미디 같은 장면이었지만 그때는 이상하다는 생각조차 하지 않았다.

"이제 전라도 차별은 끝났다. 너희들은 공부만 열심히 하면 하고 싶은 일 하면서 살 수 있다" 우리는 아직 광주 밖의 세상을 모르는 아이들이었고 그저 공부 열심히 하라는 선생님의 당부 정도로만 흘리며 지나간 듯 싶다.

이듬해 겨울, 대학에 합격한 나는 하숙집을 구하기 위해 발품을 팔고 다녔다. 하숙집 구하는 게 뭐 그리 어려운 일일까 싶었던 순진한 생각은 전적으로 오판이었다.

첫 번째 집은 한참 통화를 하다 말고 방이 없다며 전화를 끊었다. 두 번째 집은 방까지 다 보고 난 다음인데도 방이 나간 걸 깜빡했다며 말을 바꿨다. 세 번째 집은 아예 대놓고 전라도 학생은 곤란하다고 거절을 했다. 당황했고 무안했고 황당했지만 왜 전라도 학생은 안되냐고 묻지 못했다. 비로서 앞에 두 곳에서 거절당한 이유가 풀린 셈이기도 했다.

그 순간 뜬금없게도 그 새벽 운동장에 모여 외치던 만세삼창이 떠올랐다. 죄를 짓지 않고도 죄인이 된 기분을 뭐라고 해야 할까? 억울했고 화가 났지만 막상 어디에도 화낼 곳이 없었다. 이젠 우리 세상이 시작된다던 광주 어른들의 당부가 무색했고 더는 하숙집을 구할 의욕마저 사라진 상태였다. 하숙생을 구하는 전단지가 빼곡하게 붙은 전봇대 앞에서 그렇게 한참을 서 있었던 것 같다.

그런 우여곡절 끝에 친구의 소개로 찾아간 곳이 '목포집'이었다. 전라도 사람이 주인이라 괜찮을 거라는 사전정보에도 불구하고 앞서 당한 충격이 채 가시지 않은 상태라 현관문을 열고 들어가서도 엉거주춤 서 있었던 것 같다. 그때 앞치마에 손을 닦으며 달려나온 할머니의 첫 마디가 기어코 나를 무너뜨렸다.

"아가, 집 찾느라 욕봤지라? 밥은 묵었냐?"

순간 맥이 탁 풀리면서 주책없이 눈물이 핑 돌았다. 그날 저녁 하숙집 밥상에 오른 오징어숙회는 그 빛깔이며 칼집을 낸 모양새가 지금까지도 생생하다.

80년생 정준호, 어쩔 수 없는 본 투 비 타이거즈 키즈, 광주사람 정준호의 시작이었다.

아버지는 택시 드라이버!

"깜깜한데서 깡소주 들이키며 눈물 뚝뚝 흘리는데, 나도 그런 모습은 첨이었으니까"

"전라도 사람들 가심에 전부 피멍이 들었응게."

몇 년 전 동생이 뜬금없이 아버지 모시고 영화를 보러 가자는 전화를 걸어 온 적이 있다. 아버지는 영화관에서 영화를 보는 분이 아니다. 그런데 아버지를 모시고 가고 싶다니? 한편으론 반갑고 또 한편으론 의아해하며 무슨 영화냐고 물었다. 동생이 보고 싶어 한 영화는 다름 아닌 <택시 운전사>였다. 그것으로 충분했다. 더 이상 말을 보탤 필요가 없었다. 2017년 개봉된 <택시 운전사>는 우리 광주의 이야기이기도 하지만 우리 가족에게도 특별한 추억을 불러일으키는 영화였다.

어린 시절 하면 가장 먼저 떠오르는 기억이 연두색의 택시다. 이미 짐작하신 분도 있겠지만 아버지도 영화 <택시 운전사>의 송강호처럼 택시 운전사였다. 아버지가 아침에 일어나 가장 먼저 하는 일은 공터에 세워 놓은 택시의 안부를 묻는 일이었다. 덮개를 열어 지난밤 닦고 또 닦았던 차를 다시 구석구석 살폈고 입김을 호호 불어 택시의 유리창을 윤이 나게 닦은 다음에야 아침을 먹었다. 그래서 아버지의 중고택시는 언제나 반짝반짝 새 차처럼 윤이 났다. 택시가 우리 집의 '재산목록 1호'라는 건 굳이 따로 설명할 필요가 없었다. 고작 네다섯 살이었을 내 눈에도 선글라스를 끼고 운전석에 앉아 신문을 보던 아버지는 얼마나 근사했던가?

우리가 살던 곳은 도봉구 길음시장 근처였다. 지금이야 고층아파트가 들어서고 전혀 다른 풍경이 되었지만 80년대만 해도 싼 방값 때문에 서울로 올라온 지방 사람들이 처음 터를 잡던 동네였다고 한다. 부모님의 서울 정착기는 70년대 호남선 완행열차를 타고 용산역에 내렸던 수많은 전라도 사람들의 전형적인 서울 이주 서사와 다르지 않다. 아버지의 고향은 전북 김제, 어머니는 전남 장흥 출신이다.

배움이 짧은 사람이 먹고 살려면 기술이라도 있어야 한다고 발을 들인 것이 덤프트럭 조수였고 덤프트럭 조수로 시작해 몇 년 만에 트럭 기사가 되었다. 운전기술 하나만 있어도 밥은 굶지 않으리라는 믿음이 여전히 유효한 시절이기는 했다. 막 영업용 콜택시를 시작한 즈음에 봉제공장에 다니던 아가씨를 소개받았다. 시장통 국숫집에서 우연히 만나 고향을 묻고 자식들 얘기로 옮겨간 할머니들의 주선이었다. 가난한 젊은이들은 사진관에 가서 기념사진을 찍는 것으로 결혼식을 대신했고 부부가 되었다. 좀 여유가 생긴 뒤로 연기한 결혼식은 나와 동생이 연년생으로 태어나는 바람에 4년씩이나 미뤄졌다는 얘기를 나중에야 들었다.

나는 또래 중에는 드물게 산부인과가 아닌 집에서 태어났는데 의료보험이 없던 시절이라 병원비가 부담이기도 했지만 첫 손주를 직접 받겠다는 할머니의 고집도 완강했다고 한다. 할머니는 직접 자른 내 탯줄을 고이 싸서 도봉산 자락에다 직접 묻으셨다고 했다. 훗날 내가 수능 만점으로 서울법대에 들어가 화제에 오르고 사법시험에 합격했을 때도 할머니의 공치사는 언제나 도봉산 자락에 묻었다는 탯자리의 효험(效驗)에게 돌아갔다.

여섯 살까지 살았으니까 서울에서 지낸 어린 시절의 기억이 많지는 않다. 유치원 대신 길음시장 근처의 태권도 학원에서 한글을 배웠던 기억, 주인집과 같이 사용하는 마당의 재래식 화장실 앞에 줄을 섰던 기억도 어렴풋이 난다.

일요일은 온 식구가 동네 목욕탕으로 가는 날이었다. 나는 아버지의 손을 잡고 남탕으로 동생은 어머니의 손을 잡고 여탕으로 흩어졌던 기억도 있다. 아버지 손에 이끌려 뜨거운 탕에 들어가는 건 끔찍하게도 싫었는데 아버지가 사주는 야쿠르트의 달콤함은 지금까지도 잊혀지지가 않는다. 가끔은 목욕탕 앞에서 엄마랑 동생을 기다렸다가 가족 외식으로 짜장면을 먹는 호사를 누리기도 했다.

네 식구가 단칸방에서 복작거렸지만 아버지는 열심히 택시를 몰았고 엄마는 생활비를 쪼개 적금을 들며 집을 사고 아이들 대학 보내는 꿈만으로도 족한 시절이었다. 가난하지만 단란했던 행복은 길지 않았다. 한강다리 위에서 일어난 10중 추돌사고, 그야말로 날벼락이었다.

가난한 가족에게 힘 있는 일가붙이가 있을 리 없었고 기댈 데라곤 없었던 어머니는 등에 업혀 있던 나를 검사 앞에다 풀어놓고는 주저앉아 통곡을 했다고 한다. 결국 아버지는 영등포구치소에서 몇 달간 고생을 하셨다. 보증금조차 없는 월세방이었고 택시를 잃어버린 아버지는 그렇게 다시 빈손이 되었다. 내 나이 여섯 살 때였고 우리 가족은 떠밀리 듯 서울을 떠나 광주로 왔다.

나는 1980년, 5월생이다. 첫 아이인 내가 태어나고 보름이 지났을 무렵에야 광주 소식을 들었다고 했다. 아버지는 그 일이 벌어진 게 우리가 가난하고 힘이 없었기 때문이라고 하셨다. 그 밤 아버지는 안주도 없는 깡소주를 들이켰고 술이라면 질색을 하던 어머니도 말리지 않았다고 했다.

어린 시절, 지금은 백화점이 들어선 대인동 터미널 옆에서는 빨간색의 잡지를 몇백 원에 팔았다. 아버지는 그곳을 지날 때마다 한참을 서서 잡지를 쳐다봤다. 아버지의 손에 매달려 있던 어린 나는 왜 아버지의 표정이 그토록 심각하고 슬펐는지 알 수 없었다. 그 빨간 잡지의 정체가 요즘도 5·18하면 등장하는 자료화면들 속 그 사진들과 5·18의 참상을 고발하는 이야기가 실린 책이었다는 걸 안 것은 한참이나 지난 후였다.

5·18은 광주에서만 벌어진 폭력이 아니라 아버지와 같은 전국의 모든 전라도 사람들에게 자행된 폭력이었고 상처였다. 단칸 월셋방을 얻는 일조차 숱한 거절을 당한 뒤에야 부랴부랴 사투리를 고쳐야 했던 혹독한 시절은 온전히 끝났을까? 더는 피해자가 숨죽이는 불합리가 되풀이돼서는 안 된다. 광주의 비극을 사적으로 편취하는 파렴치한 부조리극도 이젠 막을 내려야 한다. 정치적 연명을 위해 광주의 미래를 팔아먹는 짓에 다름 아니다.

5·18이 전라도 광주에서 일어난 일이 아니라 대한민국 광주가 바꿔놓은 민주주의의 역사이듯, 광주를 더 이상 전라도 광주로 가두어서는 안 된다. 그곳에 광주의 미래가 있다.

전산오류가 인생을 바꿨다?

"아니, 상하방을 아요?"

"저 초등학교 때도 상하방에 살았는 걸요!"

무료법률 상담을 하다 보면 좋은 학교 나와서 변호사 하는 사람이 어려운 사람 처지를 알겠냐고 푸념 아닌 푸념을 하시는 분들이 계신다. 그러다 상하방 이야기가 나오면 딱 반응이 갈라진다. 광주 사람들이라면 "진짜요? 진짜 상하방을 아요?" 라는 반응이 나오지만 서울이나 타지 사람들의 경우, 열이면 열 "상하방이 뭐예요?" 라고 되묻는다.

상하방은 본체에 딸린 셋방이다. 즉, 단칸방인데 본체와 붙어있으면서 출입구만 따로 낸 방을 일컫는다. 이를테면 세를 놓기 위해 건축 당시부터 미리 설계되어 만들어진 방이라는 의미다.

서울에서 광주로 이사를 왔을 때 처음 살던 집이 두암동의 상하방이었다. 사실 우리 식구들로서는 미아리 단칸방이나 두암동 상하방이나 크게 달라진 것이 없었다. 각화동 전셋집으로 이사를 갈 때까지 꼬박 3년을 그곳 상하방에서 살았다.

요즘은 '사는 동네가 어디냐'에 따라 계급이 달라진다는 얘기를 한다. 그래서 수도권과 지방을 가르고, 강북과 강남을 가른다. 사실 어느 시대나 부촌과 달동네가 있었고 정도의 차이가 있다 뿐이지 광주라고 다르지 않았다.

초등학교 3학년 때 이사를 간 각화동은 특히나 묘한 동네였다. 주택가를 사이에 두고 중산층용 아파트와 대단지 임대아파트가 대치를 한 형국이었다.

문제는 양쪽 아파트는 물론이고 주택가 아이들까지 함께 다니는 초등학교였다. 당연한 듯이 아파트 아이와 임대 아이로 편이 갈리었다. 학교의 모든 권력도 한쪽으로 쏠렸다. 학부모들로 구성되는 육성회부터 학교 임원도 모두 한쪽 아파트의 구성원들만의 차지였다.

당연히 공부도 그쪽 아이들이 잘했다. 전교 1등 자리를 두고 다투는 것도 그들만의 리그였다. 심지어 임대아파트 아이들과는 놀지도 섞이지도 말라는 공공연한 차별이 일상적으로 일어났다. 나는 임대아파트에 사는 친구를 따라가서 라면을 끓여 먹기도 했고 다른 쪽을 가서는 친구 엄마가 튀겨 주는 돈가스를 먹기도 했다. 이를테면 나는 일종의 중립지역인 주택가 아이였고 그쪽 아파트 아이들 대부분은 보이스카웃 단원이었으며 공부도 그럭저럭 쳐지지는 않았으니 일상적으로 벌어지는 공연한 차별에도 별다른 경각심이 없었던 셈이다.

내가 임대아파트 아이들과 다르지 않다는 착각이 깨지는 데는 그리 긴 시간이 필요치 않았다. 졸업이 가까워졌고 중학교 입학 배치고사를 두고 결국 사단이 벌어졌다. 그냥 배치고사가 아니었다. 하물며 배치고사를 위해 족집게 과외를 한다는 소문까지 돌 정도였다. 과열 경쟁을 부추긴 데는 각화중학교가 신설학교라는 것도 한몫을 했다.

개교 첫해의 첫 입학생이었고 최초의 수석 입학생이라는 타이틀이 걸린 문제였기 때문이었다. 물론, 대부분의 학생들과는 무관한 그들만의 리그에서 펼쳐지는 그들만의 경쟁이었다. 사실 나 역시도 강 건너 불구경, 나와는 무관한 일이라 신경을 쓸 일도 아니었다.

그런데 하필이면 성적표 1등에 정준호란 이름이 찍히는 대형사고(?)가 터지고 말았다. 발표가 나기도 전, 정준호 수석의 정보를 입수한 학부모들이 난리가 났다는 소문이 돌았다.

"어떻게 쟤가 1등을 할 수 있느냐?"

"쟤가 1등이라는 게 말이 되느냐?"

사실, 이런 항의가 가능하다는 것도 코미디였지만 내게 상처가 된 것은 학교의 대처였다. 교무실로 불려간 나는 내 이름이 적힌 1등은 전산오류로 인한 착오라는 설명을 들었다. 즉, 진짜 1등은 아니니까 절대 어디 가서 1등이라고 떠들어서는 안 된다는 입막음이었다.

전산오류든 착오든 그건 내가 저지른 실수가 아니지 않는가? 오히려 전산착오로 불필요하게 다른 학부모들의 입에 내 이름을 오르내리게 한 학교의 실수에 대해 사과를 하는 게 옳지 않았을까? 우리 집이 저쪽 아파트였다면? 우리 부모님이 의사나 높은 자리에 있는 공무원이었다면? 설령 진짜 전산착오라 하더라도 그런 식의 대처가 가능했을까?

그래도 약속은 지켜야 했다. 부모님에게조차 이 일을 알리지 않았다. 아무튼 그해 수석입학자에 대한 공식발표는 없었고 전산오류의 비밀만을 묻은 채로 졸업을 했다.

그런데 뜻밖에도 아무에게도 밝히지 못한, 아무에게도 자랑할 수 없었던 전산오류의 비밀은 내게 상처인 동시에 엄청난 동기부여가 되어주었다. 그것이 전산오류가 아니라 내 실력이었음을 증명하는 방법은 또 1등을 하는 길 밖에는 없었기 때문이다. 그렇게 인생 처음으로 시험공부란 걸 시작했다. 목표는 중학생이 된 후 치루는 첫 중간고사였다. 시험범위가 넓지도 않으니 한번 해 보자 하는 결심을 했고, 나는 보란 듯 다시 1등을 했다. 딱히 복수는 아니었다. 혼자 앓느라 패였던 상처가 그렇게 아물었으니까 말이다.

아이들을 다치게 하는 것은 결핍이 아니라 편견이다. 내 자식에 대한 이기적 사랑이 배타적인 편견을 만들고 서로에게 금을 긋고 벽을 쌓는 학교폭력으로 이어진다. 결국 아이들 모두가 상처받고 다치는 악순환의 반복이다.

부든 권력이든 내가 가진 자본으로 갑질을 하면 똑같이 당하게 된다. 전형적인 하류사회다. 아이는 어른을 보고 배운다. 큰 차별이 작은 차별을 낳고 작은 차별이 쌓이며 편견의 벽을 세우고 혐오를 키우게 된다.

차별금지에 예외가 있어서도 안 된다. 그것이 차별 없는 세상이니까. 나는 가끔 그 전산오류가 아니었다면 지금의 내가 있었을까? 그 전산오류가 아니라도 공부를 하겠다는 결심을 했었을까? 그런 생각을 하며 웃는다.

그나저나 그때 그 전산오류는 아직도 오류상태로 남아있을까?

‘노빠꾸’ 정준호

“아주 멀리까지 가 보고 싶어 거기서 누구를 만날 수 있을지, 아주 높이까지 오르고 싶어 얼마나 더 먼 곳을 바라볼 수 있을지”

수능만점 정준호로 잠시 유명세를 탄 덕에 모르는 분들이 더 많은데 나는 수능을 몇 번 봤다. 재수라고 할 수는 없고 대학을 다니면서 다시 본 시험에서 덜컥 만점의 사고(?)를 친 셈이다.

고등학교에 입학하면서부터 내 목표는 서울대 법대였다. 법대를 가서 변호사가 되고 싶었다. 어떻게 보면 그 시절 공부 좀 한다는 학생들에게는 주입식으로 입력된 목표나 다름이 없었다.

어린 시절, 공부를 잘해서 가장 좋은 점이라면 부모님을 웃게 만드는 일이었다. 두 분 모두 감정표현이 큰 분들이 아니었지만 아들의 성적표가 나오는 날만은 달랐다. 크게 웃었고 대화도 많아졌었다. 그 시절엔 그것만으로도 공부를 열심히 하는 이유가 된 것 같다.

그런데 첫 수능에서 서울대 법대를 갈 만큼의 성적이 나오지 않았다. 학교에서는 경제학과나 정치학과 등을 추천했으나 내 선택은 사범대였다. 법대가 아니라면 사범대여야 했다. 서울대에서 가장 학비가 싼 곳이 사범대였기 때문이었다.

평소에도 넉넉한 형편은 아니었지만 IMF로 가뜩이나 위축되고 어려운 상황이었다. 사립대학의 등록금이 500만원 수준이었던데 반해 1999년 당시, 서울대학교 사범대학 입학금은 80만원에 불과했다. 장학금까지 받아 30만원 정도가 전부였으니 전국에서 가장 적은 비용으로 대학을 선택한 셈이기도 했다.

그때 생각을 하면 부모님 얘기를 하지 않을 수가 없다. 우리 부모님은 좀 달랐다. 극성스럽게 애정을 표하지도 않았고 과도한 기대로 부담을 주는 법도 없었다. 공부 잘하는 아들이 대견하면서도 어떻게 뒷바라지를 해야 할까 그게 더 걱정인 분들이었다.

그런데 나는 부모님과는 달리 일단 저지르고 보는 스타일이었다. 적어도 집안 형편에 맞춰서 지레 포기하는 법은 없었다. 그렇다고 무리하게 사고를 치고 뒷감당을 미루는 법도 없었다.

생각해보면 어릴 때부터 나름의 분명한 기준을 가지고 판단하고 행동했던 것 같다. 일례로 고등학교 시절 학생회장 선거에 출마하자 가장 놀란 건 부모님이었다. 부잣집 아이들이나 하는 거라는 선입견을 갖고 계신 탓이었다. 사실 '김영란법'이 시행되기 이전이었고 학생회장에 당선되면 선생님들 회식은 기본이고 학교 기자재를 바꿔준다거나 하는 등 부모님의 뒷바라지를 당연하게 생각하는 분위기가 있기도 했다.

하지만 일단 결정을 하면 속된 말로 '노빠꾸' 정준호였다. 학생회장이란 감투 욕심이 아니었다. 학생회장으로 당선되는 것까지야 열심히 노력하면 될 문제였지만 당선 후 선생님들을 초대해 식사를 대접하는 소위 당선 턱이 문제였다.

사실 우리집 형편이야 다 알려진 상태였지만 그렇다고 신경이 쓰이지 않을 수는 없는 일, 나는 전년도 학생회장 선배를 찾아갔다. "당선 후에 당선 턱 꼭 내야 되나요?" 정해진 게 아니니 꼭 그렇게 해야 할 필요는 없다는 선배의 대답을 순진하게 믿었고 용기를 냈다. 막상 당선이 되고 보니 이런저런 수근거림이 들려왔고 어머니의 귀에도 이 얘기가 들어갔던 모양이다. 어머니가 나 몰래 식사 자리를 마련했다는 소식을 끝난 후에야 들었는데 거기에는 내가 모르는 비밀이 숨어 있었다. 당시 야간 자율학습이 끝나는 시간은 보통 11시였는데 그날은 무슨 일인가 9시에 끝이 났다. 신이 나서 오는데 집앞 삼겹살집에서 어머니의 목소리가 들렸다.

"계모임인가? 이 시간에 저길 왜 가셨지?"

놀랍게도 식당 안의 어머니는 손님이 아니었다. 당선 턱을 내느라 아들 모르게 몇 달 동안이나 식당에서 주방 서빙 아르바이트를 하셨던 것이다. IMF 상황이라 아버지는 최악의 시절을 보내는 중이었고 혼자 끙끙 앓던 어머니는 그렇게라도 아들의 낯을 세워주고 싶었던 것이었다.

고3 시절, 기숙사 생활을 했기 때문에 외출은 마지막 주 주말 저녁이 전부였다. 집에 오는 저녁이면 언제나 밥상에 낙지가 올라왔다. 낙지탕탕이부터 낙지볶음, 낙지연포탕까지 빠지지 않았다. 입시생 아들을 위해 어머니가 할 수 있는 최선의 뒷바라지였다. 그날 밤, 우연히 아들의 대학 등록금이며 생활비를 걱정하며 짜증과 한숨이 섞인 두 분의 얘기를 들었다.

내가 사립대 법대나 서울대의 다른 학과도 아닌 사범대를 선택한 이유가 거기에 있었다. 학비가 싼 학교를 선택해 부모님의 걱정을 덜어드리는 한편 경제적인 독립도 하고 싶었다. 나는 충분히 숙고하되 일단 결정을 하고 나면 흔들리지 않는 편이다. 내일을 위해 오늘을 참는 삶, 미래를 위해 현재를 희생하는 삶의 방식에도 동의하지 않는다.

나는 현재에 최선을 다하고 그 시간들에 온전히 집중하고 즐기는 유형에 가깝다. 서울대 사범대에 입학한 후 과외 아르바이트를 시작했고 학교에서 수영을 배웠으며 붓글씨도 썼다. 그러던 내가 교사가 아니라 변호사가 된 것은 운명(?)같은 친구의 전화 한 통 덕분이었다.

"준호야 네 원서도 도장 받아놓았다. 시험 한 번 볼래?"

당시 재수를 하던 친구가 수능확인서를 위해 모교에 갔다가 나에게 전화를 했다. 당시만 해도 대입전형에는 학교장 인장이 필수였다. 수능확인서를 받고 나자 갑자기 흔들리기 시작했다.

그렇다고 휴학할 상황도 아니었고 수능이 불과 서너 달밖에 남지 않은 시점이기도 했다. 하지만 머릿속은 이미 시험장에 가 있는 것이나 다를 바가 없이 복잡해졌다. 결국 남도학숙에서 마을버스를 타고 가 노량진 단과학원에 등록을 했고 학교수업과 아르바이트가 없는 빈 시간 빼곡하게 수능 시간표를 만들었다.

시험을 볼 때까지는 부모님도 몰랐고 친구들에게도 굳이 알리지 않았다. 사실 수험장에 가서도 큰 기대는 없었다. 열심히 하는 거야 수능을 보는 전국의 수험생들 누구나 마찬가지일 테고 수업을 듣고 아르바이트를 하며 잠잘 시간을 쪼갰다는 것도 굳이 만들자면 핑계에 지나지 않았으니 말이다.

그렇게 다시 수능을 끝냈다. 가채점을 친구에게 맡긴 채로 마음도 비웠다. 최선을 다했고 후회도 없었다. 친구의 색연필 소리가 빨라졌다 느려졌다 커졌다 작아졌다를 반복했다. 처음에는 담담했다. 그런데 친구의 호흡과 숨소리에 따라 심장이 요동치기 시작했다. 채점을 마친 친구가 심각한 표정으로 절레절레 고개를 흔들었다.

"괜찮아 나 봄에 군대 갈거야."

그런데 이 녀석이 내 말을 씹고서는 어디론가 전화를 걸었다. 수능 원서를 써준 그 친구였다.

"야! 우리 준호 기어코 사고쳤다야!"

그렇게 수능만점의 소문은 퍼져나갔다.

그런데 이렇게 되니 점수발표까지가 또 지옥이었다. 이미 만점이 기정사실화된 상황이라 혹시 실수라도 있었으면 무슨 망신일까 싶어 걱정이 이만저만이 아니었다.

다행스럽게도 최종 결과 역시 만점이었다. 개인적 성취감은 이루 말할 수 없어 컸다. 신이 난 부모님은 그야말로 빚을 내서 동네잔치를 벌이셨다. 곳곳에서 인터뷰 요청이 왔다.

차마 짧은 준비기간에다 학교 강의와 아르바이트까지 병행하느라 힘들었다는 잘난 척을 할 수는 없었다. 그날 아버지가 처음으로 눈물을 보이셨다. 너무 좋아서 그런지 굳이 감추려 하시지도 않았다. 수고했다 그 한 마디가 전부였지만 그 눈물의 의미를 알 것 같았다.

초등학교 졸업이 전부인 두 분에게 아들의 수능만점이 어떤 의미였을지가 읽혔으니까 말이다.

그날 서랍 안쪽에 고이 모셔놓았던 CD-플레이어를 꺼냈고 내가 좋아하는 김동율의 <출발>을 크게 틀었다.

"아주 멀리까지 가보고 싶어~ 아주 높이까지 오르고 싶어~"

그해 겨울이 지나고 나는 마침내 서울대 법대생이 되었다. 성실했고 결코 포기하지 않았던 스스로에 대한 소중한 보상이었다. 그렇게 다시 출발이었다.

개천의 용은 어떻게 멸종되는가?

"개천에서도 용이 날 수 있는 세상이요?"

"모든 올챙이들이 무사히 개구리가 될 수 있는 세상은 어때요?"

'가장 감명 깊게 본 영화가 뭐예요?'

어쩌다 이런 질문을 받으면 주저 없이 1994년에 나온 <필라델피아>를 꼽았다. 에이즈로 불법 해고를 당한 변호사 톰 행크스가 또 다른 변호사 덴젤 워싱턴과 함께 편견에 맞서 싸우는 메시지가 강한 영화다. 특히나 호모포비아를 숨기지 않는 흑인 변호사 덴젤 워싱턴의 거절에 절망적인 심정을 쏟아내며 설득하는 장면이 인상적이다.

그 장면에서 흐르는 음악이 너무 강렬해서 찾아보니 마리아칼라스의 <어머니는 돌아가시고(La mamma morta)>란 오페라 아리아였다. 오페라를 모르는 내 귀에조차 비통하고 절절한 감동이 그대로 전해졌다. 어쩌면 변호사가 되고 싶다고 마음을 굳힌 인생 영화라고 해도 과언이 아니다.

법대에 입학하고 놀란 것이 하나 있다. 낯선 사람들이 처음 모였을 때의 어색함이 없었다. 스스럼없이 서로 어울렸고 단순히 성격 좋은 몇몇이 주도하는 그런 분위기도 아니었다. 대체 이게 뭐지? 혹시 내가 호그와트의 마법학교에 떨어진 꿈이라도 꾸는 것일까? 처음엔 아무래도 특목고나 강남학생들 비율이 높으니까 그럴 수도 있겠다 싶었다.

우리도 광주 출신 동기들끼리는 아무래도 가깝고 친하게 지내긴 하니까 말이다. 그런데 그게 아니었다. 출신학교는 물론 출신 지역이 달라 사투리를 쓰는 학생들조차도 자연스럽게 어울리는 게 아닌가? 나중에 안 사실이지만 비밀은 면접학원이었다. 수능이 끝난 뒤 논술과 면접 과외를 받느라 만난 이른바 학원 동기들이었던 것이다.

그런데 그 비중이 법대 전체 학생의 60%가 넘었다. 사범대와는 완전 다른 분위기였다. 특목고와 이른바 '강남학생' 40%를 빼도 타 지역 학생들의 비중이 20%나 되는 셈이다. 뭐 알았다고 해도 달라질 건 없었을 테지만 나는 솔직히 그런 학원의 존재조차도 몰랐다.

소위 명문대나 의대를 준비하는 학생들에겐 필수코스라고도 했다. 지방이라고 다르지 않았다. 대치동 인근에는 지방 학생들의 수요에 맞춘 단기 임대가 보편적으로 자리를 잡았다고 한다.

사실 수능을 보기 전까진 비중이 커진 논술 준비가 여간 큰 골칫거리가 아니었다. 나름 논술대회 나가서 수상한 경험도 있었지만 어떤 주제가 나올지 알 수 없는 일이었고 논술을 많이 써 본다고 한들 이것을 보고 조언을 받거나 검증할 방법이 없었기 때문이다.

논술 준비가 그런 상황이었으니 면접이야 말해 무엇하겠는가? 그 해는 특히 수능의 난이도 조절 실패로 논술이나 면접의 비중이 상대적으로 높기도 했다. 지방에 산다거나 경제적으로 취약한 학생은 이미 기울어진 환경인 셈이다. 불행 중 다행이라면 나는 당시 수능만점을 받은 덕분에 수능점수만으로 신입생을 선발하는 특차를 지원했고 면접을 치르지 않고 합격이 가능했다는 점이다.

1997년 시작된 수시모집은 수능점수가 아니라 논술과 면접, 학교장 추천서류 등을 보고 학생들을 선발하는 제도다. 초기엔 외교관 자녀나 장애인, 농어촌학생으로 특별전형의 대상이 소수에 불과했다.

하지만 2002년부터 특차모집이 폐지되었고 수시 인원이 대폭 늘어났다. 수능과 학교 성적의 비중을 낮추는 대신 학생의 특기와 적성 등을 고려한 다양한 선발 방식이라는 정책당국의 방향이 잘못된 것은 아니었다. 하지만 2007년 입학사정관제와 학종전형이 도입되면서 입시제도의 주도권 자체가 수시 중심으로 전환되고 만다.

실제 2006년까지 수시 비율이 48%대였지만 2007년부터는 51.5%로 정시를 추월해버렸고 2019년부터는 수시 76%, 정시 24% 수준으로 고착화된 상태다. 심지어 정시비율이 10~20% 수준의 대학들도 허다하다. 한 마디로 수능날이면 나라 전체가 떠들썩하지만 실제 대학 입학에 수능이 필요한 학생은 30%도 안 된다는 소리다. '수능무용론'이 나오는 이유다.

결과는 더 참혹하다. 실제 최근 3년간의 통계를 보면 강남 쪽 학생들의 소위 명문대 진학률은 꾸준히 증가한 것으로 나타나고 있다. 내신의 불리함을 각종 스펙으로 메꾸는 것이 가능해졌고 소위 강남 부모들의 스펙 품앗이가 바로 이런 제도적 허점을 파고든 그들만의 탈법 카르텔이란 점도 부인할 수가 없다. 대체 누구를 위한 교육제도인가를 묻지 않을 수 없다.

광주의 교육열은 자타공인 최고였다. 고등학교 한 곳에서만 한해 수십 명씩 서울대를 보내는 게 당연하던 시절도 있었다. 요즘 입시철이라도 광주 거리에서 현수막 찾기가 쉽지 않다.

광주 부모들의 교육열이 약해졌을까? 광주의 학생들이 갑자기 수준이 낮아졌겠는가? 더는 개천에서 용이 날 수 없는 사회, 개천에서 용이 났다는 이야기는 이미 전설이 되어버렸다. 이젠 개천에 사는 물고기들은 아무도 용이 되고자 하는 꿈조차 꾸지 않는다.

정작 중요한 건 개천을 떠난 용이 아니다. 광주란 개천, 지방이란 개천을 흐르지 못하게 물을 막고 고여 썩게 만드는 이무기들이다. 개천에서 용이 날 수 있는 사회보다는 개천에서 태어난 모든 올챙이가 개구리로 성장하고 살아갈 수 있는 세상! 나는 광주가 그런 곳이 되기를 꿈꾼다.

맞습니다. '누드교과서'의 그 정준호

"사다리를 끊는 사람이 있고 사다리를 내려주는 사람이 있다. 빛을 잃었지만 스스로 빛나는 사람도 있다. 내 친구, 최영 판사가 그렇다."

그는 ‘영’이었고 나는 ‘준호성’이었다. 영이, 내 친구 최영은 우리나라 최초의 시각장애인 판사라는 타이틀을 가지고 있다.

영이를 처음 만난 곳은 ‘노동법연구회’란 동아리였다. 초면엔 약간의 어색한 긴장 관계 같은 게 있었는데 그건 순전히 복잡한 족보 탓이었다. 부산 출신인데다 학번은 하나가 위였지만 나이는 한 살 어린 선배라니?

저 녀석이랑 서열정리를 어떻게 할까 잠시 고민을 했던 것도 같다. 그런데 직진으로 돌진해 온 이 녀석이 ‘준호성’으로 호칭을 정리해 버리는 것이 아닌가? 한 마디로 생긴 건 해맑고 하는 짓은 살가웠으며 진지하고 성실하기까지 한 친구였다.

영이의 ‘준호성’이라는 그 한 마디로 영이와 함께 했던 노동법연구회의 동기들 사이에 공인 ‘준호성’이 되었다. 영이는 이미 고등학교 시절에 망막색소변성증이라는 진단을 받았다고 했다. 점점 시력이 나빠지고 있었고 졸업 무렵엔 거의 보이지 않은 상태가 되었다.

영이를 만난 노동법연구회는 일명 법대 내의 흙수저 동아리로 통했다. 1984년 노동자란 단어조차 금기시되던 출발 당시와 달리 대학가에 이념적 기조가 쇠퇴한 탓에 인기가 없었던 영향도 있었고 지방 출신의 흙수저들만 모였다고 해서 붙여진 자조적인 이름이기도 했다.

내가 노동법연구회에 몸을 담았던 이유는 단순했다. 김대중, 노무현 정권에서 학생운동은 민주화가 아닌 노동이슈가 태반이었다. 학부 시절 내내 동시대의 과제, 사회문제에 대한 쟁점을 놓치지 않으려 애썼고 따라잡기 위한 노력도 게을리하지 않았다.

법대는 대다수가 법조인을 지망하는 학생들이 모인 곳이었고 이후 진로가 어떻든 사법고시를 당연한 수순으로 여긴다. 소위 재학 중에 사시에 합격하는 소년급제를 위해 입학과 동시에 시험준비에 돌입하는 경우도 있다. 하지만 실제 학사일정을 따라가면서 시험공부를 한다는 것은 생각처럼 쉬운 일이 아니다. 그래서 휴학을 하고 본격적으로 시험 준비에 매달리기도 한다.

나는 입학을 하면서부터 휴학이 없는 8학기 졸업을 결심한 상태였다. 무엇보다 경제적인 문제를 스스로 해결해야 했고 장학금도 신경을 썼던 터라 학부생활 내내 긴장을 늦추지 않고 살았던 것 같다. 그렇다고 조바심을 내지도 않았다. 원래 타고난 성격이 여유가 있었던 것도 있지만 어차피 정한 길이었고 평생을 해야 할 일이라면 기술자가 아니라 제대로 공부하고 제대로 된 법률가가 되겠다는 욕심이 컸다.

노동법연구회 외에 사법학회 활동 역시 그 연장선이었다. 사법학회는 현직 부장판사를 재판장으로 모시고 실제와 같은 구조로 모의재판을 진행한다. 1학년 때 사법학회의 재판장이 바로 '김영란법'으로 유명한 그 김영란 대법관이었다. 그분이 주재하는 재판을 보고 바로 사법학회에 가입을 했었다. 단순히 시나리오에 따라 진행되는 모의재판이 아니었다. 실제 재판에 참여할 때는 매일같이 서울중앙지

법의 현직 판사를 찾아가 실제 기록을 뒤졌고 재판 준비에만 몇 달을 매달리기도 했다.

슬슬 사법고시 준비를 해야겠다는 생각이 들기 시작한 건 3학년 때부터였다. 하지만 당시 나는 과외를 하면서 학비와 생활비를 스스로 해결하고 있었고, 고시원 비용까지 마련하면서 시험준비를 한다는 자체가 버거운 상황이기도 했다.

그때 광주 출신 친구가 참여하고 있던 투자 동아리에서 스카웃 제안이 들어왔다. 그 유명한 이투스의 '누드교과서'였다. 기존의 참고서가 교과서의 핵심 내용 요약정리라면 누드교과서는 학생들이 알기 쉽도록 문어체가 아닌 구어체로 설명하고 해설하는 방식을 취했다. 비교적 수능을 끝낸 지 오래지 않은 서울대 학부생들이 집필진으로 참가를 했다는 사실만으로도 광고효과는 충분했고 누드교과서는 순식간에 참고서 시장을 석권하는 쾌거를 올리게 되었다.

나는 누드교과서의 윤리과목 필진으로 합류한 이른바 창업멤버였다. 낙성대의 작은 3층 건물에서 시작한 이투스는 1년 만에 대형빌딩으로 이전을 했고 지금은 누구나 다 아는 전국구 입시업체가 되었다.

나 역시 누드교과서를 집필하며 비교적 안정적으로 사법고시 준비에 집중할 수 있었다. 이투스는 후에 대기업에 인수되며 시장을 확장했고 현재까지 사교육 시장의 양대축을 형성하며 승승장구하고 있다. 이런 나의 이력을 아는 친구들은 변호사가 아니라 '1타강사'로 나갔으면 지금쯤 강남의 건물주가 되었을 거라는 농담을 하기도 한다.

대학 생활의 가장 큰 자산은 역시 사람이 아닐까 싶다. 특히 노동법연구회를 통해 만난 친구들은 지금도 끈끈한 관계를 유지하고 있다. 출신 지역도 달랐고 자라온 환경도 달랐지만 노동법연구회를 통해 법의 역할, 법의 정의를 치열하게 고민하고 토론했던 시간들이 만들어낸 우정이고 연대 탓이리라 생각한다.

그날도 노동법연구회 친구들의 모임이 있었던 날이었다. 굳이 시간을 빼서 들른 영이는 '자신의 눈으로 친구들을 담을 수 있는 마지막 시간일 수도 있다'란 표현을 썼다. 그 마지막이란 말에 모두는 잠시 말을 잃은 채 먹먹해졌지만 영이는 달랐다. 이제 영원히 이 모습으로 남겠지. 내 가슴에 찍힌 너희들은 절대 늙는 법이 없을 테니까. 역사가 되었든 기록이 되었든 처음, 최초를 기억하는 건 길을 만드는 역할을 하기 때문이다. 영이도 그랬다.

영이가 시각장애인 최초로 사법시험에 합격하자 가장 먼저 사법연수원부터 변화가 시작되었다. 시각장애인용 유도 블록이 설치되었고 학습교재 전체를 음성파일로 변환해 준비하는가 하면, 시험지를 읽어주는 음성 컴퓨터도 도입하게 된다. 영이가 실무수습을 하는 기관의 청사도 마찬가지였다. 영이는 우수한 성적으로 사법연수원을 졸업했고 끝내 판사의 꿈까지 이뤄냈다.

2021년 1월에는 영이에 이어 두 번째 시각장애인 판사가 나왔다는 기사를 봤다. 최초의 시각장애인 판사 영이가 있어 꿈꿀 수 있었고 영이는 실제로도 적극적인 멘토 역할까지 마다하지 않았다고 들었다.

최영 판사의 이야기는 시각장애를 딛고 사법고시에 합격하고 판사가 된 개인의 성공 서사가 아니다. 그는 여전히 싸우고 있다. 그의 적, 우리의 적은 앞이 보이지 않는 장애가 아니라 편견인지도 모른다. 빛을 잃고 스스로 빛이 되어주는 판사, 그래서 내게 영이는 최초의 시각장애인 판사가 아니라 그냥 보통의 판사다. 그것도 아주 훌륭한 보통 판사 최영이다.

기적을 믿나요?

"너 미쳤구나? 너 또 시험 망칠래?"
"지금 연수원 성적이 문제야? 친구가 사투를 벌이고 있는데?"

사법고시를 본격적으로 준비한 건 4학년에 올라가면서부터였다. 상대적으로 느긋한 출발이었지만 졸업하던 해 곧바로 1차, 그 이듬해에 2차까지 합격을 했다.

로스쿨의 시행과 함께 2020년 폐지된 사법연수원에 입소한 것은 2008년 39기였다. 당시 사법 연수생들에게는 월 약 100만 원 정도의 급여가 지급되었는데 사실 연수원 주변의 원룸 월세만 최저 50만 원이었고 독서실 비용만 월 20만 원에 달했다. 하지만 일체의 수익활동은 금지되어 있었다.

첫해는 기숙사를 이용할 수 있었으니 그나마 버틸 수 있었다. 그렇다고 법조인이 되겠다는 사람이 몰래 수익 활동을 할 수는 없는 일, 어쩔 수 없이 마이너스 통장을 개설했다.

사법연수원은 철저하게 실무교육 중심이다. 연수원 성적에 따라 향후 진로가 결정된다는 점에서 실제 느끼는 압박감은 간단하지 않다.

일찍부터 변호사로 진로를 결정했다고 해서 연수원을 통과의례처럼 여길 수 있는 건 아니다. 연수원을 수료하면 곧바로 독립된 법률가로서의 책임을 수행해야 하기 때문이다.

사법연수원은 철저하게 짜인 커리큘럼 중심의 교육으로 유명하다. 총 4학기 2년의 과정으로 이루어지는데 진도는 물론이고 과제교부 일시, 실습 날짜까지 촘촘하게 짜여 있다.

연수생의 장래희망이나 선호도와 무관하게 판사, 검사, 변호사에 관한 교육을 다 받아야 한다. 실무수습이 주가 되는 마지막 학기를 제외한 3학기 모두 민사재판실무, 형사재판실무, 검찰실무, 민사변호사실무, 형사변호사실무를 주요 과목으로 배우게 된다.

사법연수원을 간단하게 정의한다면 공부와 시험이다. 사법고시와는 비교도 안 되게 어렵다. 1학기는 5월과 6월에 시험을 치는데 5월에는 3과목, 6월에는 8과목을 8일에 걸쳐 본다. 서면 작성의 규칙이 주가 되는데 과목당 주어진 시간은 2시간이지만 과목당 수천 개의 판례를 외워야 할 정도로 시험이 어렵기 때문에 늘 시간이 부족하다는 느낌을 받는다. 2학기 시험은 11월과 12월인데 12월 시험은 3주에 걸쳐 진행된다. 제시된 사건 기록을 보고 서면을 작성해서 제출하는 방식이지만 서면 작성 원칙뿐 아니라 법학 지식을 평가한다. 하지만 주요 과목의 시험시간만 8시간에 달한다.

식곤증이 올까봐 점심 대신 바나나를 먹어가며 쉬지 않고 시험을 본다. 문제가 되는 사건 기록의 분량만 300쪽, 읽고 푸는 데만 2~3시간이 걸리고 수십 장에 이르는 서면 작성에만 5~6시간이 걸린다. 팔뚝이 떨어져 나갈 만큼 아프고 체력소모로 탈진 지경까지 이른다. 3학기도 시험방식은 2학기와 같다.

그런데 이때는 시험 범위 자체가 끔찍하다. 건국 이래 모든 판례가 시험 범위, 즉, 광야에서 헤엄을 쳐야 하는 막막함이다. 방대한 분량의 판례집을 훑어야 하고 작은 실수에 의해 성적의 변동이 롤러코스터를 타기도 한다. 수업 외의 시간은 거의 연수원 앞 독서실에 박혀 공부를 한다고 해도 과언이 아니다.

그렇게 세 학기를 보내고 마침내 마지막 학기였을 때다. 프로야구도 가을잔치가 시작되고 있었지만 야구장은 고사하고 중계조차 볼 여유가 없었다. 지옥의 레이스라 불리는 마지막 시험이 기다리고 있었기 때문이다.

하필이면 그 연수원 마지막 시험 기간에 그 전화를 받았다. 수능 가채점을 했던 그 친구였다. 연휴에도 연수원을 지키고 있는 나를 위로한답시고 광주에 모인 친구들이 전화를 한 것이다. '돼지 곱창과 소곱창의 차이가 뭐냐?'는 싱거운 질문을 주고받았고 보고 싶다는 인사를 마무리로 전화를 끊었다.

그런데 그 새벽에 다른 친구로부터 전화가 왔다. 빨리 조선대병원에 응급실 자리 좀 알아봐 달라는 다급한 목소리, 퍽치기 사고였다. 나와 통화하고 얼마 후 소매치기를 당했고 그 소매치기를 쫓다가 변을 당했다고 했다. 새벽 다섯시가 되어서야 발견된 곳은 광주 광천동터미널 지하차도였다.

외상성 지주막하출혈, 그 상태로 얼마나 방치되었는지도 알 수 없는 일이었다. 병원으로 실려 왔을 때부터 이미 의식이 없는 상태였다고 했다. 의사는 1%의 희망을 말했고 가족들과 친구들은 기적을 말하며 기도를 시작했다.

하필이면 시험 기간이었는데 친구가 쓰러졌다는 소식에 정신을 차릴 수가 없었다. 소식을 듣자마자 광주로 달려갔지만 중환자실에 누운 친구는 아무 때나 면회가 되지 않았다.

연수원에 돌아와서도 이미 제정신이 아니었다. 형사재판의 판례를 듣고 있어도 눈에 들어오지 않았고 스터디그룹에서 토론하는 데도 온통 친구 걱정뿐이었다. 친구를 보러 간다고 달라질 게 없으니 이성적으로 행동하라는 연수원 동료들의 충고도 귀에 들어오지 않았다. 친구가 죽음의 경계에서 사투를 벌이고 있는데 성적 따위가 무슨 의미가 있겠는가?

금요일 아침 9시부터 오후 4시까지 시험을 끝내고는 곧바로 일산에서 김포공항으로 달려갔고 광주공항에 내려서는 조선대병원까지 택시를 탔다. 하루에 딱 두 차례, 10분간만 허용되는 저녁 7시 면회 시간에 맞추기 위해서였다. 어떻게든 마지막 면회 시간을 맞춰 친구의 얼굴을 보겠다는 생각 밖에는 없었다.

막상 중환자실에 누워있는 친구를 위해 해 줄 수 있는 게 아무것도 없었다. 친구의 얼굴을 바라보는 그 10분 이외에는 모두 고개만 숙이고 있을 뿐이었다. 그렇다고 포기할 수는 없었다. 희망을 버리지도 않았다. 매주 주말마다 그렇게 광주로 달려갔고 그렇게 몇 달을 보냈다.

결국 마지막 시험을 망쳐버렸지만 이미 성적은 내 인생의 우선순위가 아니었다. 그렇게 몇 달이 흘렀고 친구는 중환자실에서 병실로 내려왔다.

나아졌다고는 하나 눈을 깜빡이는 수준에 불과했다. 의사는 여전히 확답을 주지 않았고 회복되어도 장애가 있을 것이라는 조심스러운 답변이 전부였다. 친구의 병실에는 늘 타이거즈의 야구 중계가 틀어져 있었다. 비록 제대로 중계를 보지는 못하지만 친구가 좋아하는 걸 해주고 싶은 마음은 다들 똑같았다. 눈을 뜨고는 있으나 반응은 없는 상태, 기적을 바라는 것 말고는 할 게 없었다. 그 상태가 언제까지일지 아무도 장담할 수 없었다.

희망을 포기하는 순간, 장기기증의 절차로 들어가게 되는 게 통상적인 순서였다. 하지만 포기할 수 없었다. 지금처럼 누워서라도 버텨주길 바라는 간절함이었다. 종교를 가져본 적이 없었지만 아무 신이나 붙들고 매달리고 싶었다.

그 간절함이 닿았을까? 친구를 만나러 간 그날도 어김없이 타이거즈 중계가 켜져 있었다. 타석에 들어선 타이거즈 선수가 힘차게 방망이를 휘둘렀고 잘 맞은 공은 좌중간 외야를 훌쩍 넘어가고 있었다. 웃으며 중계방송을 보고 있는데 뭔가 느낌이 이상했다. 그 순간, '끄응' 소리와 함께 친구가 일어나 앉았다. 분명 조금 전까지 미동도 없이 누워있던 그 친구였다.

다들 너무 놀라서 벌린 입을 다물지 못한 채 잠시 멍한 정적이 흘렀고 TV에선 홈런을 친 타이거즈 선수가 유유히 그라운드를 돌고 있었다. 친구는 타자가 홈플레이트를 밟을 때까지 야구 화면만 보고 있었다. 단연코 내 인생 최고의 홈런이었다. 그해 기아타이거즈와 SK와이번스가 맞붙은 한국시리즈 7차전은 나지완의 9회말 끝내기 홈런으로 끝났다. 기아타이거즈의 첫 번째 우승이었고 타이거즈팬들에게는 10

번째 우승이었다. 오래된 타이거즈의 아홉수를 깨는 쾌거였다. 다음 날 스포츠신문 1면에는 우승에 환호하는 타이거즈팬들의 얼굴이 대문짝만하게 실렸는데 하필이면 내 얼굴이 딱 찍혀있는 게 아닌가?

사법연수원 수석 졸업 기대했는데 스포츠면이 웬말이냐는 장난스런 놀림을 많이 받았다. 뭐 어쨌거나 내 인생 최고의 홈런은 내 친구를 깊은 잠에서 깨워준 기적 같은 홈런이었다. 그 이후 누군가 기적을 믿나요? 라고 물으면 내 대답은 늘 'YES! Always!'다.

사주책 펴든 '마티즈' 법무관

"누가 마티즈예요?"

"모르셨어요? 마티즈 법무관님?"

사법연수원을 수료한 후 군복무는 공익법무관을 지원했다. 논산훈련소에서 4주, 법무연수원에서 2주의 훈련이 끝나고 바로 발령을 받았다.

첫 근무지는 대한법률구조공단 순천출장소 파견이었다. 광주와 멀지 않아서 특히 편했다. 법률구조공단의 기본업무는 사회적 약자들을 위한 법률구조다. 경제적으로 어렵거나 법을 잘 몰라서 법의 보호를 받지 못하는 분들을 위한 공공 법률서비스의 개념이라고 할 수 있다.

공익법무관의 역할 역시 일반 변호사 업무와 크게 차이가 없다. 굳이 차이라면 의뢰인들의 대다수가 경제적 어려움으로 변호사를 선임할 수 없는 분들이고 생계형의 소액사건들이 많다는 정도다. 사실 사회적 약자들에게 작은 사건이란 자체가 없다.

법무관의 신분이라고는 하나 초임지라 정말이지 여러 차례 현장을 찾아가고 법조문과 판례를 뒤져가며 열심히 했던 시절이었다. 결과도 나쁘지 않았다.

한 해 동안 형사재판에서만 무려 7건의 무죄 판결을 이끌어 언론에 화제를 모으기도 했다. 무료로 다문화가정의 성본창설을 돕는 업무 역시 의미 있게 남아 있다. 다문화가정의 경우 일정 기간이 지나면 귀화절차를 밟게 되는데 이때 성본창설을 하고 법원의 허가를 받아야 한다. 특히 기억에 남는 분이 계셨는데 음양오행에 맞춰서 성씨를 만들어 달라는 부탁을 했다. 난감했지만 평생 사용할 성본이니 그 마음도 이해가 갔다.

그날 퇴근길에 사주책을 구입해 펴 놓고는 밤새 이리저리 꿰어 맞춰가며 성본을 만들어 준 적이 있었다. 그해 12월엔 법무부 인권구조과 주관의 세미나에서 '보이스피싱' 관련 연구로 우수논문상까지 받았으니 순천출장소에서 보낸 첫해는 여러 가지로 알차고 보람도 있었다.

순천에서의 생활이 좋았던 것은 맛있는 음식에 더해 순천만국가정원 등 볼거리가 많다는 것도 큰 영향을 끼쳤다. 순천만은 어느 계절, 어느 시간엘 가도 좋았다. 이른 봄에 가서 겨울이 끝날 때까지 순천만의 사계를 다 볼 수 있었던 것도 행운이었다.

참꼬막과 갖가지 조개류, 겨울 짱뚱어까지 남도의 모든 별미를 맛보는 시간이기도 했다. 봄의 선암사, 가을의 낙안읍성도 순천 시절의 빼놓을 수 없는 행복한 기억으로 남아있다.

타 지역의 친구들도 주말마다 나를 핑계삼아 남도여행을 왔다. 여수와 고흥 그리고 지리산이 있는 구례까지가 모두 한 시간 이내에 가능한 거리였다. 나는 기꺼이 남도관광 홍보대사가 되어 그 시간들을 즐겼다. 모처럼 평온하고 걱정 없이 지냈던 시기이기도 했다.

2년 차로 발령받은 곳은 인천지방검찰청이었다. 인천으로 가면서 처음으로 차가 생겼고 운전을 시작한 것도 이즈음이었다. 당시 내 별명이 '마티즈' 법무관이었는데 차가 여동생에게 물려받은 마티즈기도 했고 '붕'소리를 내면서 주차를 하는 마티즈를 보고 있다가 어울리지 않는 덩치 큰 사내가 등장하니 검찰청 여직원들 사이에선 그런 별명이 붙었다고 했다. 마티즈를 몰고 월미도며 을왕리는 기본이었고 경인고속도로를 타는 서울도 문제가 없었다.

인천에서는 검찰청 근처에 있는 인하대 후문 쪽 원룸을 얻어 자취를 했다. 일단 규칙적인 출퇴근이 가능해서 나름대로 집밥이란 것도 열심히 해 먹었던 시절이었다. 가장 자신 있는 음식을 꼽으라면 역시 '소울푸드'라고 할 수 있는 김치볶음밥이다. 김치 외에 어떤 재료를 추가하느냐에 따라 맛이 조금씩 달라지기도 하고 비교적 조리과정도 간단해서 자주 해 먹었다.

요즘은 공기밥 하나면 충분한데 그때는 반드시 즉석밥 2개에 참치캔 하나, 김치가 기본재료였다. 완성된 김치볶음밥 위에 반숙한 계란프라이와 김가루가 빠져서는 안 된다. 스팸이나 소세지를 넣는 경우도 있는데 역시 참치캔을 넘어서지는 못한다. 아마도 익숙한 맛이라서 그럴지도 모른다. 어릴 때 아버지는 난로에다 참치캔을 올려놓고 거기다 김치를 몇 조각 넣어 보글보글 끓인 뒤 소주 안주로 드셨다. 아버지 옆에 앉아 그걸 얻어먹다가 손에 화상을 입은 상처가 아직도 남아 있다.

법률구조공단이었던 순천과는 달리 검찰청이라 법무관의 주업무가 국가소송이었다. 인천이라는 지역의 특성상 노동사건의 지휘가 특히 많았다. 민감하기도 하고 항의도 많이 오는 분야였다. 그래도 노동법연구회에서 갈고 닦은 자신감이 있지 않겠는가? 힘들지만 전담을 하겠다고 자원을 했었다.

대표적인 사건으로 전교조 소속 교원들의 시국선언사건, 이른바 '타임오프'제도와 관련한 단체협약 시정명령 등이 기억에 남는다. 인천검찰청에서 소임을 마칠 때도 역시 적극적이고 깔끔한 업무처리 능력을 인정받아 법무부의 송무 유공자로 포상을 받았고 좋은 인연들을 얻었다.

마지막 3년 차에는 그동안 쌓은 실적을 인정받아 대검찰청 공판송무부로 파견되었고 기획법무관의 업무를 맡았다. 주요 형사판결에 대한 분석보고서도 작성하고 검찰 최초로 구속집행정지 제도와 관련한 업무매뉴얼을 제작하기도 했다. 그 외에도 전국 검찰에 공유되는 여러 가지 업무지침들이 내 손을 거쳐서 만들어졌다.

70년대 최대 시국사건이었던 민청학련 사건, 사법살인으로 악명을 떨친 인혁당 사건의 기록을 읽고 검토하는 흔치 않은 경험을 한 것도 마지막 법무관 시절이었다. 20박스 가까이 되는 인혁당 기록을 읽고 또 읽고 며칠 만에 내용을 단 3페이지 보고서로 요약하는 업무가 떨어졌다. 당시 박근혜 대통령 후보의 "인혁당 판결은 두 개"라는 그 한마디 때문이었다. 내 보고서의 결론은 명확했다.

. . . .

사 법 살 인.

수십 년이 지났지만 그 시절의 혼돈은 서가 기록에도 그대로 녹아 있었다. 내가 작성한 중간보고의 방향이 마음에 들지 않았던 경북 출신의 부장 검사님이 직접 기록을 읽기 시작했고 하루 뒤 다시 나를 불렀다.

"가치관의 혼란이 와서 더는 못 읽겠다. 정 법무관이 알아서 해라."

언젠가는 모두 공개되어야 할 기록, 우리 사법부가 지워서는 안 되는 부끄러운 기록이다.

광주의 레인메이커(Rainmaker)!

"왜 판·검사가 아니라 변호사가 되셨어요?"

"돈 많이 벌고 싶어서요."

영화 속 변호사들의 모습은 거의 정의감만 앞서는 신참내기거나 돈만 아는 자본의 대리인으로 정형화되어 있다. 대표적인 영화가 거장 프란시스 코폴라 감독의 <레인메이커>다. '레인메이커'(rainmaker)란 원래 '기우제에서 주문을 외는 북미 인디언의 주술사'라는 뜻이지만 영화에서는 유능해서 엄청난 실적을 올리는 변호사를 의미한다.

주인공은 로스쿨을 갓 졸업한 후 아직 변호사 자격증도 없는 신참내기 맷 데이먼이다. 죽어가는 암환자를 사이에 두고 신참내기 예비변호사와 보험사를 대리한 대형로펌의 파트너 변호사인 레인메이커 존보이트가 맞붙는다. 철옹성 같은 대형로펌의 공격과 반격에 만신창이가 되지만 결국 재판의 승리자는 주인공인 맷데이먼이다.

하지만 재판을 하는 사이 암환자는 끝내 목숨을 잃었고 영화의 결말은 대형로펌의 항소라는 오픈 결말로 끝이 나지만 아이러니하게도 재판의 승리자가 된 신참내기 변호사는 천문학적 돈을 벌어들이는 레인메이커가 되어 있다.

처음 아내를 소개팅으로 만났을 때 왜 판·검사가 아니라 변호사가 되겠냐는 질문을 받았다. '경제적으로 빨리 독립해야 하니까, 변호사'라는 대답을 했다. 당시 아내는 혹시 내가 별로라는 표현을 이런 식으로 하는 건가? 라는 생각을 했을 것이다. 사실이었다.

나는 변호사란 직업을 가지고 합법적이고 정당하게 돈을 벌고 싶었다. 노심초사 아들의 성공을 기원하신 부모님을 좀 넉넉하게 해드리고 싶었고, 오빠 그늘에서 숨죽였을 동생이 결혼하면 축의금이라도 듬뿍 주면서 그 동안의 미안함을 조금이라도 덜어내고 싶었다.

군산 출신의 아내를 만난 건 법무관 시절, 친한 후배의 소개팅을 통해서였다. 사실 예쁜 데다 인상도 따뜻했지만 첫눈에 반했다거나 운명을 느꼈다거나 그런 기억은 없다. 그런데 만나는 횟수가 거듭될수록 같이 있는 게 즐거웠고 무엇보다 대화가 잘 통했다. 그렇게 반년 정도 연애를 한 뒤 결혼을 했다.

동갑인 데다 굳이 결혼을 미룰 이유가 없었기 때문이기도 했다. 신혼은 반포 고속터미널 근처의 가장 오래된 22평짜리 아파트에서 시작했다. 원룸 보증금을 빼고 아끼던 마티즈도 중고로 팔았다. 마이너스 대출금도 한도액까지 끌어다 썼다.

첫 직장은 이태영 변호사가 설립한 우리나라 최초의 법무법인 '양헌'이었다. 입사하자마자 일복이 터졌다. '타임시트'라고 순수 업무시간을 기록하는 법무법인만의 시스템이 있다. 화장실을 가는 시간까지 전담 비서가 분 단위로 체크하는 시스템이다. 그렇게 엄격히 관리된 타임시트를 근거로 의뢰인에게 시간당 요율을 적용해 비용을 청구하는 방식이다.

입사 후 몇 달 만에 타임시트가 330시간까지 기록된 적이 있었다. 모두가 1년차 변호사에게 있을 수 없는 일이라고 입을 모았다. 아예 주말이 없었다. 토요일은 집에서 점심만 먹고 출근을 해서 밤을 꼬박 새워가며 15시간씩 걸리는 서면을 쓰는 식이었다. 그렇게 일요일 아침에 퇴근해 오후까지 잠을 자고 다시 저녁부터 새벽까지 서면을 마무리하는 일상의 반복이었다.

개인적으로 운이 좋았다고 생각한다. 선임 변호사의 갑작스러운 이직으로 소송에 투입이 되었고, 첫 업무를 성공적으로 처리하면서 비교적 빠르게 자리를 잡았다고 할 수 있다.

한번은 갑작스럽게 인도네시아 출장업무가 떨어졌다. 대기업 계열사가 인수 의사를 밝힌 현지 IT업체의 실사작업이었다. 당시 인도네시아 현지법에 대해 문외한이었고 다른 일도 많아서 출장 준비도 쉽지 않았다. 비행기에 탑승하자마자 한 손에는 영어로 된 인도네시아 상법 조문을, 다른 한 손에는 영어사전을 들고 5시간이 걸리는 비행시간 내내 공부를 했다. 그 모습이 신기했던지 혹시 인도네시아에서 곧 뉴스에 나올만한 문제라도 생긴 거냐는 스튜어디스의 인사를 듣기도 했다. 매사에 최선을 다했고 꼼꼼한 업무처리에 신임을 얻게 되었고, 여러 기업의 구조조정과 M&A 분야에서 제법 굵직한 실적들을 올릴 수 있었다.

이를테면 놀랄 만큼의 압축적인 성장세였다. 스스로를 돌아봐도 한 주 한주가 지날 때마다 늘어나는 법적 지식과 업무 노하우가 눈에 띌 정도였다. 그렇게 가을이 되자 조단위 프로젝트의 담당 변호사가 되어 있었다.

한 번은 국내 굴지의 재벌 사건에 투입된 적이 있었다. 클라이언트 입장에서는 아직 어린 내가 못 미더웠던지 콘퍼런스 콜(Conference call) 내내 까칠한 지적을 계속했고 나 역시 바로바로 맞받아치며 한 시간이 넘게 이어진 컨퍼런스 내내 팽팽한 긴장이 감돌았다.

회의가 끝났을 때 전담 변호사로 확답을 부탁하며 수백만 원 짜리 와인까지 선물로 보냈다. 입사 1년이 채 되지 않았지만 며칠 밤을 새우거나 보기 드문 큰 규모의 자문은 당연히 내 몫이 되었다.

결국 슬슬 번아웃(Burnout)이 찾아왔다. 그럴 만도 했다. 1년 차에는 휴가도 반납한 채 단 하루 쉬었고, 2년 차에는 휴가를 갔다가 연락을 받고 2일 만에 돌아왔다. 사흘밤을 새워가며 수백 페이지짜리 보고서를 작성하는 초인적인 상황도 있었다. 그러다 결정적인 사건이 터졌다. 국내 최고 펀드의 기업 인수 후 정리해고 방안을 마련하는 역할이었다. 아무리 변호사라고 하지만 노동법연구회 경험을 이런 식으로 활용하는 것은 고통스러운 일이 아닐 수 없었다. 주어지는 일이 아니라 일을 선택할 수 있는 변화가 필요했고, 조건에 맞는 법무법인으로 자리를 옮겼다,

상생의 의미, 우리 사회 전반에 대한 근본적인 고민이 시작된 것도 이즈음이었다. 마침 '대중소기업협력재단'이 막 설립되던 시기였고 노동법연구회의 후배 변호사가 연락이 왔다. 대기업과 협력업체 사이의 고질적인 결제 관행을 해결하기 위해 고안 중인 결제시스템

의 법적 자문역으로 참여해 달라는 부탁이었다. 흔쾌히 수락했다. 상생결제시스템이라고 명명된 이 시스템은 어음을 남발하는 당시 결제 관행에 재단이 개입, 15일 정도의 간격으로 결제 여부를 추적할 수 있는 내용이었다.

이 일을 계기로 자연스럽게 중소기업인 협력업체들을 돕는 역할에 욕심을 내게 되었고 대중소기업협력재단에서 조정위원의 역할로까지 활동 범위를 넓혀가게 되었다. 개인적으로는 하도급법 전문가로 가는 소중한 경험의 시작이기도 했다.

기업을 상대로 한 업무가 대부분이라 지방 출장도 잦았는데 대부분이 부산, 울산이었다. 광주나 호남은 서울의 법무법인을 찾을 만큼 규모를 갖춘 기업의 수 자체가 적었고 대형 프로젝트 자체가 없었다. 평화롭던 법무법인에 내가 입사하면 곧바로 일복 터지는 변호사가 되곤 했는데, 광주에 가면 광주에서도 레인메이커가 될 수 있을까?

나는 스스로가 남다른 일복을 타고났다고 확신하고 있다. 레인메이커는 어떤 조직이나 사회에 엄청난 이익을 가져오는 사람을 일컫는다. 메마른 땅에 비를 부르던 주술사처럼 선한 영향력으로 세상을 변화시키는 레인메이커, 나는 광주의 레인메이커가 되고 싶었다.

고인물 NO!

"무슨 생각으로 삼보일배(三步一拜)를 한 거예요?"
"민주당의 광주가 아니라 광주의 민주당이어야 하는 거 아닌가요?"

6년 전인 20대 총선에서 '청년 DJ'라는 수식어와 함께 전략공천으로 정치를 시작했다. 이른바 호남정치 복원과 뉴DJ 이슈가 정치권을 강타하고 있을 때였고 광주에서 민주당이 열세를 면치 못하는 상황이기도 했다.

출마 제의를 받고부터 제법 긴 날들을 고민했고 주변 어른들, 선후배들의 조언도 들었다. 대부분이 출마를 말렸다. 나를 아낄수록 반대는 더 거셌고 민주당에 대한 비판도 신랄했다. 결국 희생양으로 끝날 것이라고 했다. 청년 DJ라면서 뻔히 지는 싸움에 불쏘시개로 던지는 게 말이 되냐며 분노하는 친구도 있었다. 모두가 본투비 타이거즈 키즈들이었고 민주당이 곧 우리당이었던 사람들에게서 민주당에 대한 원성이 쏟아지고 있었다.

마침 내가 부모님과 함께 살던 북구 지역이 비어 있었다. 지원자도 없었다. 그때 돌아가신 홍창선 위원장이(제17대 국회의원, 한국과학기술원 총장) 찾아오셨다. 염동연 전 국회의원의 추천이라고 했다. 그 분이 국회의원으로 계실 때 인턴으로 잠깐 모시던 인연이 전부였다. 다음날 신문에 "깜짝 놀랄 젊은이"라는 단어가 등장했다. 이어 공천 실무팀에서도 연락이 왔다. 서울 강북지역으로 내정이 되었다고 했다. 당선 가능성을 고려해서 나에게 큰 배려를 해준 것이라고 했다. 그렇지만 나는 생각이 달랐다.

"광주 북구로 가겠습니다. 지원자도 없어요."

"거기는 마침 시민단체 출신 지원자가 생겼어요."

"내가 연고가 뚜렷한 내 고향을 놔 두고 다른 곳을 왜 갑니까? 그리고 나 혼자만 광주 못 갑니다. 청년을 한 명 더 광주로 같이 보내주세요. 둘이서 스크럼을 짜고, 하고 싶은 이야기 다 하면서 마음껏 선거운동하고 오겠습니다."

"그럼 이번 선거에서 빠지세요."

"예, 마음대로 하세요."

국회의원 배지가 탐나서 줄 서서 받은 공천이 아니었다. 낙선은 당연했다. 서울이 아니라 광주에 가서 하고 싶은 이야기가 있었다.

당시 흔들리는 민주당의 중심을 잡아 줄 곳은 광주 밖에는 없다고 생각했다. 그러려면 누군가의 석고대죄가 필요했다. 광주시민들을 향한 민주당의 석고대죄를 어떻게 할지 고민했다.

그리고 오랜 고민이었던 30-40대 젊은 인재를 발굴하고 육성하는 이른바 '떡잎 육성론'도 준비했다. 2016년 총선에서 호남지역에서 40대 국회의원 3명만 만들어도 20년이 지나면 그 3명 중 한 명은 대통령이 된다는 단순한 논리였다. 지역주의를 전제로 짜인 '호남 후보 불가론'에 동조하는 이유를 받아들일 수 없었다. 10년이든 20년이든 키우고 준비하는 방향으로 가야 한다고 판단했고 지금도 그 생각에는 변함이 없다.

그 시작을 여는 제물이라면 기꺼이 받아들일 준비도 되어 있었다.

내가 중요한 것이 아니라 광주가 호남이 먼저라는 생각, 그래서 광주 출마는 내 나름의 희생이었고 봉사였다. 아이러니하게도 출마를 반대하며 쏟아 놓는 수많은 민주당 성토에서 출마의 명분도 찾았다.

누군가는 반드시 책임져야 한다고 생각했다. 광주시민들이 돌아선 이유를, 민심이반의 원인을 제공한 당사자의 사죄가 필요하다고 판단했다. 삼보일배(三步一拜)는 일종의 자성이었고 민주당에 화난 민심을 향한 석고대죄였다. 그렇게라도 마음을 돌리고 싶었고 판을 바꾸고 싶었다. 여전히 찬반이 갈리지만 감히 지역정치인 누구도 하지 못한 용기를 보여줬다는 어르신들의 격려도 많았다. 분명한 건 정치적 쇼가 아니라 진심이었다는 점이다. 앞으로도 마찬가지다. 결코 원칙과 소신을 버리지 않을 것이고 책임을 회피하지도 않을 거라는 사실이다.

그 후로 6년이 지났다. 광주로 주거지를 옮기고 온전한 광주사람으로 살겠다는 약속도 지켰다. 서울에서 유치원을 다니던 아들은 광주 사투리를 쓰는 광주 아이로 자라고 있고, 대형마트 쇼핑이 전부이던 아내는 말바우시장에 단골 가게를 늘여가고 있다.

그 사이 광주는 얼마나 달라졌을까? M&A 전문가의 시선으로 보자면 민주당의 지분구조는 여전히 비정상적이다. 투자하기에는 선행되어 해결되어야 할 불안요소와 왜곡된 지배구조가 분명히 존재한다.

계산대로라면 지금 민주당의 최대주주는 광주와 호남이어야 한다.

DJ시절에는 광주가 결정하면 수도권이 움직였다. 민심의 리딩섹터, 그게 광주의 무게였고 힘이었다. DJ 이후 광주 호남은 민주당의 보급기지로 전락해 버린 느낌을 지울 수 없다. 그나마 역할을 하던 인재풀이 아닌 권리당원 공급기지가 되어 버린 지 오래다.

여전히 586의 운동권 세대가 주류고 운동권 문화가 광주정치를 좌지우지하고 있다. 운동권 선후배로 촘촘하게 그물망을 치고 또 다른 그들만의 리그를 형성하고 있는 셈이다. 그나마 자생적 구조도 아니다. 중앙권력에 줄을 대고 다단계처럼 엮여 있다. 그들만의 리그, 고인물들의 돌려막기다.

선택지가 사라지면서 시민들의 목소리도 사라졌다. 민주당은 있지만 광주는 없다. 언제든 2016년의 반란과 같은 민심의 철퇴가 반복될 수 있다. 광주의 민주당이지 민주당의 광주로 군림해서는 안 되는 이유가 여기에 있다.

제목부터가 도발적인 『전라디언의 굴레』의 작가 조귀동은 고등학교를 같이 다닌 친구다. 역시 본투비 타이거즈 키즈인 그가 다시 호남차별이라는 묵직한 화두를 던지고 나섰다.

운동권 이념이 쇠퇴한 2000년대에 대학을 다닌 80년생, 마흔을 갓 넘긴 세대가 호남의 본질적인 문제들을 정면으로 응시하기 시작했다는 의미이기도 하다. 남강의 지주는 폰을 만들고 영산강의 지주는 폰팔이를 하는 차별과 격차가 당연하게 고착돼서는 안 된다는 반격이기도 하다. 체념하지 않고, 포기하지 않고 반기를 들겠다는 일종의 선전포고다.

달라져야 한다. 광주에서부터 시작해야 한다. 더는 고인물 속에서 지체할 여유가 없다. 고인물이 아니라 용천수(湧泉水)처럼 솟아나서 샘이 되고 강물이 되어 흐르게 해야 한다. 본투비 타이거즈 키즈들에게, 내일의 광주, 미래의 광주는 그렇게 달라야 한다.

정준호, 할 말 있습니다

PART + 02

광주다움의 의미를 찾아서

광주는 명예로운 도시라는 수사(修辭)가 어쩌면 그 동안 강요되었던 것 아니냐는 비판이다. 광주 내부에서는 광주의 명예를 이야기하지만 광주의 외부에서는 광주가 짊어지고 있는 멍에를 더 크게 바라보는 것 아닐까.

-「멍에와 명예의 간극에 서 있는 2021년 광주」 중에서

멍에와 명예의 간극에 서 있는 2021년 광주

2021년 여름이 지나가고 있다. 여름이 시작되던 지난 6월 끔찍한 참사가 광주 한복판에서 일어났다. 후진국형 재해라고 했다. 불법 철거와 하도급 단가 후려치기의 문제, 지분 쪼개기, 조합장 선출 과정에서의 문제와 정관계로비 그리고 조폭 문제까지 현대 사회의 부조리에 관한 종합사례라고 해도 좋을 단어들이 한꺼번에 뉴스를 장식했다.

타 지역 사람들에게 가장 많이 노출 된 뉴스는 5·18 3단체 중 한 곳의 회장이 이와 관련하여 해외로 도주했다는 것이었다. 뉴스에 달린 댓글들은 이 곳에 언급하기조차 어려운 내용들이 많았다. 해당 단체는 사과문을 발표했다. 그러나 얼마 전 한 공중파의 생방송 토론에서는 사과 발표 이후 어떠한 실질적인 자정노력이 있었는지에 대해서는 명확한 입장이 확인되지 못하는 풍경이 벌어졌다. 상대 패널은 애초에 기대를 하면 안된다는 취지의 주장도 했다.

경찰의 중간 수사 결과가 발표되었지만 그야말로 무기력과 허탈함 그 자체였다. 수사의 진척을 위해서는 핵심 관계자의 귀국만을 마냥 바라고 있었고, 지분 쪼개기는 실질적인 처벌규정이 없어서 공백만을 확인했단다. 이목이 집중된 이른바 딱지 분양권을 매개로 한 정관계 로비는 리스트가 소문에 돌고 있음에도 공식적인 일부 확인조차 없었다.

사고 발생 후 두 달을 훌쩍 넘긴 지금쯤이면 얽히고 설킨 지역의 이권 관계를 부분적으로나마 확인하면서 재개발 사업을 지렛대로 지역의 토호로 변신을 꾀하고 있는 세력과 이를 묵인하고 있는 정관계 인사들에 대한 비난의 화살이 있으리라 예상했다. 전국의 이목이 집중된 만큼 타 지역의 시민들의 예상 역시 이와 크게 다르지 않았으리라.

그러나 실상은 너무도 무기력한 수사 결과 발표, 도피한 해외 인사와 유력 대권주자의 사진만이 네거티브 정쟁의 도구로만 활용되고 있다. 그 사이에서 확인되는 2021년의 광주의 모습은 사람들의 조롱거리로 전락해버린 5·18과 조폭 도시라는 오명 그리고 상대의 흠집

내기 재료를 찾는 지역으로서의 광주라는 참담한 현실뿐이다.

어느 지역보다도 목소리가 큰 재야와 시민단체들도 특별한 모습을 보여주지는 못했다. 제보를 기다린다는 진보정당의 현수막이 거리에 나타났지만 과거 고 노회찬 의원의 삼성장학생 명단 폭로와 같은 풍경은 나오지 않고 있다. 오히려 학동 참사로 시장 측근 비리 문제가 관심에서 멀어지고 있다는 푸념만 늘어나고 있는 실정이다.

보기에 부끄러운 이번 사건 뉴스에 달린 댓글들을 관통하는 한 가지 정서가 있다. 광주는 명예로운 도시라는 수사(修辭)가 어쩌면 그동안 강요되었던 것 아니냐는 비판이다. 광주 내부에서는 광주의 명예를 이야기하지만 광주의 외부에서는 광주가 짊어지고 있는 멍에를 더 크게 바라보는 것 아닐까.

"5월은 명예가 아니고 멍에이며, 채권도 이권도 아니고 채무이고, 희생이고 봉사입니다. 5월은 광주의 것도, 구속자, 부상자, 유가족의 것도 아니고 조국의 것이고 전체 시민과 민족의 것이라는 것을 깨달은...(후략)"

기념재단의 창립취지문이다. 냉정히 광주의 명예는 현재 오염되어 있다. 학동 참사와 같은 비극에도 불구하고 누구 하나 제대로 작금의 명예와 멍에의 간극을 해소하자는 이야기가 없는 현실이 슬프다. 시장 팥죽집의 자식은 버스안에서 꽃다운 나이에 죽음을 당하고 수사 대상자는 해외로 도피하고 로비를 받은 공무원들은 소문에만 그친다. 2021년 광주 여름의 모습이다.

2021.08.23. 광주일보

환경과 광주의 미래 산업

환경에 관한 문제는 더 이상 미래세대를 위한 배려가 아니라, 오늘을 살고 있는 우리 자신들의 문제가 된 지 오래다. 이제 미세먼지는 황사와 같은 봄의 불청객이 아니라 일년내내 지속되고 있는 현상이 되었고, 정부의 정책에서도, 정치권의 정략적 대상으로도 심심찮게 거론되는 현실의 문제다.

환경문제와 관련한 최근 서울에서 주한유럽상공회의소와 유럽자동차제작자협회(ACEA)가 공동 주최한 '미래자동차 컨퍼런스'에서 제기된 다양한 의견은 광주의 신성장산업과 관련해 많은 것을 시사해주었다. 이날 행사를 주관한 ACEA 에릭 요나트 사무총장은 오염물질 배출을 최소화하는 '클린 모빌리티'를 실현하려면 탈(脫)탄소와 더불어 새로운 모빌리티 서비스의 등장, 그리고 커넥티비티와 자율주행 등의 신기술이 융합돼야 한다고 진단했다. 현대자동차를 예로 들어가며 이미 전기자동차와 수소자동차의 상용화, 시장의 개방 등에 관한 다각적이고 국제적인 연계와 협력이 이루어지고 있다고 한다.

여기서 이른바 광주형 일자리로 시작된 광주자동차 생산기지 건설과 시장 개척에 대한 현주소를 다시 한 번 점검해 볼 필요가 있다는 생각이다. 자동차는 생산이 중요한 것이 아니라 시장의 확보가 중요하다. 수요와 공급이 함께 작용하는 것이 시장의 원리다. 그렇다면 현재 광주형 일자리로써 자동차 생산기지 건설은 당초 광주광역시와 현대자동차가 합의한 협약의 내용에만 머물 것이 아니라, 친환경 자동차와 미래형 자동차 산업을 전망하고 이에 관한 전략적 기획이 포함되어야 한다는 것이다.

일전에 다른 지면을 통해 광주형 일자리의 지속성과 확장성을 위해 광주광역시청, 현대자동차와 대학의 연구소 등이 참여하는 공동대책기구를 구성할 것을 제안한 바 있다. 이미 세계 자동차 시장은 대체에너지와 미래형 자동차, 예컨대 자율주행 등의 미래기술로 바뀌어 가고 있다는 점에 주목해야 하고, 이미 늦은 감이 없지는 않지만 지금이라도 광주의 미래먹거리, 일자리 등을 감안한 중장기적 준비와 투자를 서둘러야 한다는 생각이다.

그런 점에서 이미 미래형 자동차 개발에 많은 투자 계획과 함께 국제적 협력에 힘을 쏟고 있는 현대자동차와 전략적 협력을 이끌어낼 수 있는 광주 스스로의 노력이 대단히 중요하다고 본다. 이미 광주형 일자리에 대한 협약이 끝났다고 해서 광주자동차 생산기지 건설에만 만족하거나 머물러서는 안 된다는 것이다. 광주광역시가 서둘러 선제적이고 효율적인 대응을 담당할 수 있는 특별 기구를 구성해야 한다.

돌이켜보면 김대중 대통령 시절 국가부도의 위기에서도 정보통신(IT) 산업에 대한 과감한 투자가 20년이 지난 지금도 한국경제의 상당한 생산성을 차지하고 있다는 점을 상기할 필요가 있다. 신성장산업과 동력을 확보하는 것은 당장의 발밑만 보고서는 결코 불가능하다. 지금의 상황이 어려울수록 미래를 예측하고 지속가능한 성장산업 중심으로 과감한 투자가 필요하다는 것이다.

최근 미세먼지가 국가 최대의 화두가 되면서 관련 산업과 시장에도 큰 변화가 일어났다. 에어컨은 더 이상 여름을 나는데 필요한 전자제품이 아니라 실내 공기를 정화하는 기능을 포함해야 하고, 전국의 모든 학교마다 미세먼지의 대책 일환으로 공기정화 시설을 갖추게 될 것이다. 환경의 변화가 시장의 변화를 불러일으키고 있는 것이다. 미래 산업, 혹은 미래먹거리와 일자리 역시 이런 변화에 능동적일 수 있어야 가능한 일들이다. 광주의 하남공단 백색가전 해외이전설 등이 현실화한다면 이를 대체할 새로운 산업시설의 유치는 사실상 암담하다는 게 현실이다. 지금 광주 경제의 절반에 가까운 비중을 차지하고 있는 자동차 산업도 하남공단의 백색가전 단지의 경우와 같은 상황에 직면하지 말라는 법은 없다. 내일의 걱정을 앞당겨 고민하고 대책을 마련하는 것이 지방정부가 시민들을 위해 해야 할 일이다. 광주광역시의 적극적인 대책을 주문한다.

2019.04.23. 전남일보

SRF 열병합발전소 갈등, 법정 밖 상생협의로 해결해야

나주 고형폐기물(SRF) 열병합발전소 가동을 둘러싼 갈등이 법정에서 이어지고 있다. 한국지역난방공사가 나주시를 상대로 한 발전소 사용승인처분 등 부작위위법확인 소송, 즉 행정소송절차가 그 하나고, 작년 2월경 열병합발전소의 가동중단을 손해배상 원인으로 하는 40억원 상당(소제기 당시 기준)의 민사소송 절차가 또 하나다.

광주시는 반대로 한국지역난방공사를 상대로 한국지역난방공사가 예정된 생활폐기물을 가져가지 않자 연간 180억원 상당을 배상하라는 취지의 민사소송을 작년 가을경 제기했다. 이 소송에서 한국지역난방공사가 패소하면 한국지역난방공사측은 고스란히 패소금액 그대로 나주시를 상대로 구상금 청구의 소를 제기할 것이다. 한편, 나주시가 발전소를 가동해선 안 된다는 주민 요구를 수용해 열병합발전소 가동금지 가처분 신청을 냈으나, 법원은 작년 5월 기각결정을 내렸던 것까지 합하면 5건의 소송절차가 진행되거나 예정된 셈이다.

비단 광주·전남 만의 문제가 아니다. 전북 전주 팔복동에 위치한 발전시설의 경우 SRF 발전시설의 철거 시정명령에 대한 행정소송에서 발전사업자가 1심에서 승소한 후 항소심 절차가 진행 중이지만, 정동영 민주평화당 대표가 신재생에너지에서 SRF를 배제하는 취지의 법안을 발의하는 등 여전한 진통을 겪고 있다. 경기도 여주에서는 환경단체 출신 단체장의 당선 직후 SRF 발전소 허가 자체를 전격 취소해버리는 등 역시 찬반 양론이 뜨겁게 대립하고 있다.

다행인 것은 최근 광주시와 전남도, 나주시 그리고 산업통상자원부 등으로 구성된 민관협력거버넌스에서 6개월 시험가동에 극적 합의를 했다는 점이다. 일단 발전소를 가동해 주민들이 우려하는 환경의 유해성이 실제로 현실화하는지 조사하고 그 결과를 토대로 주민투표와 공론화를 거쳐서 발전소의 정상가동 여부를 결정할 것으로 보인다.

그러나 여전히 걱정인 것은 공론화 절차로서도 근본적인 해결방안이 마련되기가 쉽지 않다는 점이다. 공론화를 거쳐서 만약 발전소의 가동 중지가 결정된다면 이미 2,700억원 상당을 투입하여 사업을 진행한 한국지역난방공사측에서 지역자치단체를 상대로 손해배상청구를 할 것이 명확히 예상된다. 광주시의 입장에서도 나주 열병합발전소 가동을 전제로 이미 남구 양과동에 1,000억원을 들여서 건설한 폐기물 연료화 시설이 무용지물이 될 것이기에 이에 대한 소송절차도 예상된다. 거기에 양과동 매립지의 가동연한이 30년 가량 줄어들 것이라는 예측까지 더하면 광주시의 피해도 결코 적은 것이 아니다.

SRF 열병합발전소를 LNG발전소로 대체하는 경우, 매몰비용이 발생하는 부분도 불가피한 피해다. 반대로 공론화 및 환경조사결과 발전소의 가동에 문제가 없다는 결정이 나오더라도 과연 나주지역 시민들이 여론상 이를 온전히 받아들일 수 있을지 의문이다. 실제로 현재 나주지역에서는 왜 광주에서 배출된 쓰레기로 만든 SRF가 주민들 동의없이 나주로 반입되어야 하는지에 대한 지적이 많다.

쓰레기의 처리방식은 매립과 소각 그리고 재처리연료제작 방식이 사실상 전부다. 해외 토픽으로도 소개되는 매립지의 쓰레기산더미의 문제점 그리고 상무소각시설과 관련한 갈등을 통해 이미 확인된 소각 방식의 문제점은 굳이 자세하게 말하지 않아도 널리 알려진 이야기다. 결국 연료화하는 방식이 쓰레기 처리의 대안으로 자리잡았고,

전국 광역권을 기준으로 SRF 발전설비를 공모 방식으로 선정하게 되었다. 광주 역시 양과동에 SRF 발전설비를 신청하였으나 나주가 SRF 발전시설 입지로 선정되면서 선정에서 탈락된 것으로 알려졌다.

이러한 설립 경위 등을 살펴보자면 이 문제는 근시안적인 합의로 해결될 문제는 결코 아님을 알 수 있다. 공론화 절차를 거치더라도 전문적이고 장기적인 시각이 보장되지 않은채 단순한 '찬반양론'에 대한 '다수결'로만 해결될 수 있는 문제가 아니라는 점이다. 당장 주민투표를 도입하더라도 투표인단의 구성에서부터 나주시민만으로 이를 구성하는 것이 타당한 지에 대한 논란이 생기는 것도 이러한 측면에서 이해될 수 있다. 특히 실질적으로 주민들이 궁금해하는 것은 SRF 발전시설의 유해성이라는 점에서 민관협력거버넌스에 중앙부처에서 에너지 담당 부처만 참여하고 환경부가 제외되어 있는 점 역시 아쉬운 대목이다.

혁신도시가 광주와 전남의 합의로 전국 유일의 공동혁신도시로서 유치된 배경은 철저히 상생협력이었다. 작금의 SRF 문제처리 방식과 그 결과에 따라 앞으로도 제기될 광주·전남의 상생문제해결 방식의 단초가 결정될 것이다. 상생의 대안이 조속히 마련되길 바란다.

2019.04.01. 전남일보

시내버스의 단상, 두 가지 풍경

일정이 여유로운 날에 가끔 일부터 시내버스를 탄다. 시내버스 안에서는 도시의 삶의 현재를 확인할 수 있기 때문이다. 시내버스의 풍경은 이 도시 구성원의 한사람으로 함께 살아가는 사람들의 모습을 보는 것은 곧 내 삶의 단면을 확인하는 거울이기 되어주기도 하는 것 같다.

며칠 전 시내버스를 탔다가 내가 광주에서 청소년 시절을 보내면서 이용했던 시내버스의 풍경과 비교해 본적이 있다. 중고등학교 시절 버스 안에서 연로하신 어르신들이나 아이를 안고 있는 사람, 또는 몸이 불편한 장애인들이 버스에 오르면 너무나 당연하게 앉은 자리에서 일어났던 기억이 오래된 박물관의 유물처럼 느껴졌다. 며칠 전

이용한 버스 안에서는 어르신들이 올라와도 젊은 사람들 대부분이 손에 든 핸드폰에 시선을 고정한 채 미동조차 하지 않는 것이다. 세상이 돌아가게 하는 가치와 규범이 달라져도 이렇게 달라질 수 있구나 싶었다.

그러나 일상의 가치와 규범이 달라진다고 해도 바뀌지 않아야 할 기본적인 것들이 있다고 생각한다. 인간의 존엄은 자신의 권리만을 앞세워서 실현되는 것이 아니라 나눔과 배려가 오히려 그 존엄을 더욱 강화시킬 수 있을 것이기 때문이다. 광주는 특별한 공동체의 경험을 가지고 있다. 생명조차 함께 나누었던 5·18역사의 공동체 경험이 그것이다. 그래서 광주의 도시정체성은 어느 시점부터 민주, 인권, 평화의 도시로 자리매김 되어 왔다. 인권의 도시라는 점에서 광주의 시내버스 풍경은 조금은 달라야 한다고 주문하는 것은 너무 진부하고 무리한 것일까? 나보다 더 불편하고 어려운 사람의 고통을 이해하고 덜어줄 수 있는 노력이 시민들의 일상에서 확인되는 도시, 어쩌면 '광주다움'의 모습이 아닐까 생각한다.

효제(孝悌)의 정신은 과거의 유물이 아니라 여전히 세상을 더 따뜻하게 만들 수 있는, 현재도 반드시 필요하고 작용해야 할 사회적 규범이자 가치가 되어야 한다. 웃어른을 공경하고 아랫사람을 배려하는 문화야말로 공동체의 질서를 가장 극대화할 수 있는 힘이 될 수 있을 것이다.

시내버스 안에서 볼 수 있었던 또 하나의 풍경은 자신도 적지 않은 연세임에도 자신보다 더 나이든 어르신이 버스에 오르자 학생들에게 부드러운 어조로 이 분에게 자리를 양보할 것을 권유하는 모습이었다. 어른이라는 권위로 윽박지르는 것이 아니라 마땅히 해야 할 일임을 넌지시 일깨워주는 힘이었다. 길을 지나다 보면 청소년들의 일탈을 가끔 목격하게 된다. 그냥 지나치기에는 어딘가 모르게 마음 불편한 모습과 대면하는 경우마다 나서야 할지 그냥 지나쳐야 할지 갈등한 적이 여러 번 있다. 그 갈등에 대한 자책이 되살아났다.

세상의 풍파를 온몸으로 겪어 오신 어르신들의 삶은 그 자체로 이미 하나의 박물관이라고 한다. 그래서 독일의 경우 나이 들어 대학에 진학하는 사람들에게는 자신이 살아 온 경험과 평생 해 온 일에 대한 내용을 리포트로 제출하면 입학이 허용된다고 한다. 이 시대의 어른으로 살아간다는 것이 그리 녹록치 않은 것은 속도와 결과만을 중시하는 압축적 경제체제에 길들여져 있어 다른 사람들의 삶을 살필 겨를이 없었기 때문일 수도 있다. 그럼에도 어른이 어른으로서 역할을 주저하지 않을 때, 그것도 자신의 삶의 경륜에서 자연스럽게 배어 나오는 지혜로 어른에게 주어진 역할을 다 할 때 핸드폰에 시선을 고정한 채 미동도 하지 않는 이 시대의 젊은 친구들에게 작은 변화라도 주는 것은 아닐까.

인권의 도시 광주! 외지에서 찾아 온 사람들이 광주에서 처음 발견하는 '광주다움'이 시내버스의 두 상반된 풍경이 아니라 젊은 친구들과 어르신들이 서로 배려하는 시내버스 풍경이기를 희망해 본다. 요즘 학교폭력이 단순히 청소년들 일탈의 정도를 넘어 사회적 충격을 주는 경우를 자주 접하게 된다. 그래서 어떤 어르신들은 '밥상머리 교육'을 강조한다. 인성교육에 관한 기본법도 제정된 지 몇 해가 지났다. 그럼에도 이런 일들이 되풀이되거나 더 끔찍해져 가는 것은 어쩌면 어른들의 책임이 더 큰 것은 아닌지 되돌아 봐야 할 것 같다. 인성은 하루아침의 계기교육을 통해 이루어지는 것이 아니라 공동체 구성원의 일상적 삶의 영향으로 형성되는 것이기 때문이다.

2018.12.03. 남도일보

행정구역 개편, 주민의 이해부터 구하라

광주의 기초단체 행정구역 개편을 둘러싸고 해당 동네마다 현수막이 나붙고 주민들의 걱정이 많다. 내가 살고 있는 북구의 풍향동에서는 주민자치위원회가 열릴 때마다 이에 대한 의견이 분분하다고 한다. 거리마다 현수막도 나붙었다. 행정구역 개편안이 준비되고 있는 상황에서 풍향동을 비롯한 북구의 일부 지역이 동구로 재편될 가능성이 많다는 이야기가 구체화되고 있기 때문이다.

그러나 정작 지역의 언론조차 이에 대한 주민들의 궁금증을 제대로 풀어주지 못하고 있는 듯하다. 시·구의원들은 물론, 지역의 정치인이나 주민단체들로부터도 이에 대한 공개적이고 책임 있는 입장 표현이 확인되지 않는다. 그래서 일부 주민들은 혹여 지금의 행정구역 개편이 지역 국회의원 자리 하나를 늘리려는 것 아니냐는 의심을 갖고 있다.

행정구역을 재편하는 것은 행정의 편의성이나 정치적 이해관계의 산물이 아니라 철저하게 지역주민들의 생활편익을 우선 고려해야 한다. 행정구역의 개편에 관한 문제는 해당 주민들에게는 절대 간단한 문제가 아니다. 생활의 여러 요소들이 달라지는 것을 의미하기도 하지만, 동네에 대한 정체성과 자신들이 살아 온 동네에 대한 정서적 측면도 적지 않다. 가령 북구 주민으로 평생을 살아 온 어르신들의 입장에서 북구민에서 동구민으로 바뀌는 문제는 단순하지 않다는 것이다. 아울러 행정구역 개편은 적지 않은 예산이 수반되는 일이다. 지명에서 도로명으로 주소가 바뀌는 과정에서 들어 간 막대한 국고도 결국 국민의 세금이었다. 아직도 도로명 주소로 인한 불편함은 다각적인 형태로 드러난다. 이 사회적 비용까지 생각한다면 행정구역 개편 후 달라진 환경, 소요될 예산을 생각한다면 지금의 개편안은 '정치적 목적과 의도'가 더 크게 작동하고 있는 것 아니냐는 해당지역 주민들의 의심이 꼭 볼멘소리만은 아닌 것 같다.

우선 최종 발표된 것은 아니지만 주요 내용의 골자는 광산구의 일부를 북구로 편입하고, 북구의 일부를 동구로 편입해 인구가 감소한 동구의 규모를 늘리자는 방향으로 잡혀 가고 있는 것 같다. 현재 광주광역시 기초자치단체들 중에서 전체 예산 대비 고정비용이 가장 많은 곳이 북구와 동구다. 또한 광주는 1990년대 이후부터 줄곧 서남진 정책으로 일관해 왔다. 특히 광산군이 광주광역시로 편입되고 상무대 군부대가 이전 후 그 부지가 광주광역시에 무상 양여되면서 서남진 현상이 본격화되기 시작하였다. 동구는 지금의 국립아시아문화전당이 들어서기 직전까지만 하더라도 수창초등학교와 중앙초등학교가 폐교의 직전까지 갈 정도로 정체성이 심각한 수준이었다. 북구도 별반 다르지 않다. 대한민국 대부분의 신도시들이 그렇지만 광주도 신도심이 들어서면서 정주지역의 평면적 이동에 의해 북구의 인구수는 눈에 띄게 감소하기 시작하였고, 그것은 북구의 정체로 이어졌다. 또 하나의 문제점은 광주광역시청이 상무지구로 옮겨가면서 남은 구시청사 중심의 구도심에 대한 배려는 전혀 고려되지 않았다. 도시계획의 행정편의주의가 만든 전형적인 폐단이었다. 해묵은 이야기를 꺼내는 이유는 지금의 행정구역 개편 역시 행정편의주의와 정치적 목적에 의해 주민들의 이해가 뒷전으로 밀리지 않도록 해야 한다는 당부를 하고 싶어서다.

행정구역개편의 궁극적 목적은 주민들에게 더 편하고 효율적인 행정서비스를 제공하는 것과 지역공동체의 특성과 여건을 더욱 의미 있게 강화하여 삶의 질을 개선하는데 있어야 한다. 주민들의 삶의 질을 개선하는 것은 지역공동체를 흩트리지 않는 방법이 가장 이상적이라고 생각한다. 그래서 행정구역 개편의 문제는 오랜 세월 지역공동체로 물리적이고 정서적으로 묶여 있던 환경을 조정하는 문제라는 점을 충분히 반영해야 한다. 물론 광주는 광역도시라고 하지만 생활권의 구분은 그리 크지 않은 것이 사실이다. 그럼에도 개인이 이사를 한 번 하더라도 뒤따르는 많은 일들이 있을진데, 행정구역이 개편되면서 주민들에게 뒤따르는 적지 않은 불편을 헤아리는 지혜가 우선되기를 바란다.

2018.11.25. 광주매일

광주솔로몬파크, 옛 교도소 부지에 건립되는 의미

대전과 부산에 이어 광주에도 솔로몬파크가 건립된다. 법무부가 2021년 개관을 목표로 추진하고 있는 광주솔로몬파크는 옛 광주교도소 자리에 들어설 예정이다. 광주솔로몬파크는 법체험관과 법연수관으로 구성되며, 법체험관은 모의법정, 모의국회, 과학수사, 주부로스쿨 등의 다양한 프로그램으로 운영될 예정이라고 한다.

옛 광주교도소는 역사적 의미가 특별한 곳이다. 5·18민주화운동의 사적지이면서 이른바 양심수들이 많이 수용되었던 곳이기도 하다. 5·18민주화운동도, 양심수들의 억울한 옥살이도 결국 사법정의가 제대로 역할을 하지 못한 시대적 상황과 무관하지 않다. 그런 점에서 옛 광주교도소에 들어설 광주솔로몬파크는 법이 정의와 공정의 기능을 상실할 때 얼마나 잔혹한 인권유린의 도구로 전락되는지를 확인할 수 있는 내용이 포함되어야 한다. 서대문 형무소가 독립지사들에 대한 일제의 악랄한 만행을 증언하고 있듯이 광주솔로몬파크는 그 장소가 갖고 있는 서사성에 바탕을 두고 사법의 이름으로 행해진 인권유린의 불행했던 역사를 확인할 수 있는 공간도 함께 조성되어야 한다.

'인권유린' 역사적 의미 커

불행했던 과거의 진실을 확인하고, 그 진실을 기억하는 것은 그와 같은 불행이 되풀이되지 않게 하려는 최소한의 노력이다. 최근 법과 제도를 정권안보에 사용하려 했던 '불행한 역사의 되풀이'시도가 잇달아 확인되고 있다. 양승태 대법원장의 법질서 유린과 비상계엄을 선포하고 계엄군을 투입해 촛불시위에 참여한 시민들을 무참히 학살하려했던 계획들이 그것이다. 역사에는 만약이 존재할 수 없다.

특히 국가권력의 이름으로 자행되는 반인륜적 범죄는 그 피해의 규모와 후유증이 얼마나 큰지 우리는 1980년 5월과 세월호 참사를 통해 뼈저리게 경험했다. 그와 같은 불행이 되풀이 되지 않게 하는 것이 곧 그 불행했던 역사적 진실을 기억하는 것이며, 국가는 제도와 법을 이용해 국민의 인권을 유린했던 과거를 확인하고 그 사실을 국민이 기억할 수 있도록 장치를 마련하는 것으로 국가는 '정의의 실현'

을 위한 역할을 다 해야 한다.

독일의 중세 범죄 박물관에는 중세 시대에 유럽 전역에서 자행되었던 고문과 체벌의 도구 3,000여점이 전시되어 있으며, 이와 함께 법률과 형벌제도에 관한 내용이 함께 전시되어 있다. 보기만 해도 끔찍한 인권유린의 도구들과 함께 법과 형벌의 역사가 인권을 보호하는 최후의 수단으로 자리하게 된 역사를 확인할 수 있다. 과거의 청산, 혹은 불행했던 과거의 진실을 기억하기 위한 국가의 역할에서 독일은 홀로코스트 기념관을 비롯한 다양한 측면에서 우리에게 타산지석의 대상임에 틀림없다.

우리 현대사에서 법의 이름으로 자행된 인권유린의 사례는 인혁당사건과 민청학련 사건을 비롯해 셀 수 없이 많다. 이 사건에 연루되어 억울하게 목숨을 빼앗긴 사람들도 적지 않다. 이른바 사법살인이다. 법이 국민의 생명을 지키는 최후의 수단이 아니라 국민의 생명을 유린하는 최악의 수단으로 전락한 것이다. 그런 불행했던 역사를 확인하는 것이야말로 법을 제정하고 집행하는 당사자들이 반드시 체득해야 할 기본 교양이어야 한다. 그와 같은 불행이 법제정과 집행 과정에서 되풀이되지 않아야 하기 때문이다.

따라서 광주솔로몬파크에서는 주권자로서 국민이 법을 지켜야 할 주체이면서 동시에 법정의를 지켜야 할 주체임을 확인하고, 국민의 힘이 법정의를 제대로 지킬 때 국민의 권리도 함께 지켜질 수 있다는 것을 확인하고 체험할 수 있는 공간이 되기를 바란다.

법정의 바로세우는 계기되길

예컨대 1980년 8월의 어느 일간지에 실린 전두환 용비어천가의 내용과 1997년 4월 대법원에서 전두환 등의 내란 및 내란목적 살인죄가 확정된 후 같은 신문에 보도된 내용을 비교해보면 더욱 분명해진다.

법이 법질서와 법정의를 유린하고, 권력과 결탁한 언론이 이를 뒷받침했던 과거의 불행을 확인하고 이를 반면교사로 삼아야 한다. 정의로운 대한민국은 법정의를 바로 세울 때 비로소 가능해지는 것이며, 정의로운 대한민국을 지향하는 문재인 정부에서 추진되는 광주 솔로몬파크에 그 실천이 담겨지기를 희망한다.

이곳에서 다시 「1987」 영화를 확인하고 그 영화 속 주인공들이 왜 희생되었으며, 우리는 왜 그들을 기억해야 하는지를 확인할 수 있는 공간이 되기를 바란다.

2018.10.03. 전남매일

광주가 주목해야 할 공론화

공론화위원회가 출범할 당시 속된 표현으로 '어용 위원회'가 아니겠느냐는 생각이 있었다. 결과는 딴판이다. 거기다 김지형 전 대법관의 목소리로 2,30대의 결론이 뒤집히게 된 것이 재개 권고의 주된 이유였다는 설명을 듣고 보니 참 복잡하다. 곰곰이 생각해보니 3달 동안의 공론화위원회에서는 참 많은 일이 있었겠구나 싶었다. 무엇보다 단시간에 미래세대의 의사가 이렇게 바뀔 수도 있느냐라는 생각에 이르니 그 과정을 복기해야 한다는 생각이 들었다.

이런 저런 게시판과 기사들을 찾아다니다 보니 대부분의 이야기가 공론화 과정에서의 토론 이야기다. 감성적인 반대여론을 전문적인 수치를 들어가면서 반박한 재개측 토론자들의 역할이 상당했다는 취지다.

토론의 역할이 강조되는 것을 보니 이제 중대한 전환기가 시작되었다고 생각한다. 여론을 뛰어넘는 공론의 시대가 열릴 것으로 예상한다. 여론과 공론의 차이가 무엇인가. 의사결정에 필요한 충분한 자료를 열람하고 토론과정을 거친 '숙의민주주의'가 공론절차가 아닌가. 전화 넘어로 들려오는 기계적인 목소리의 설문에 어쩔 수 없이 선택지 중 하나를 택하는 절차가 여론조사가 아닌가.

직접민주주의, 주권자는 이제 정부와 관계자들에게 당당히 자료를 요구하고 토론을 요구할 것이다. 결정을 내가 할테니 어디 한 번 입장을 개진해 보라는 취지다. 법정으로 치자면 방청석의 손님들이 판사자리로 올라가겠다는 이야기다.

가장 긴장하고 반성해야 할 주체는 누구인가. 단연코 의회권력이다. 냉정하게 이야기해서 독재정권 시절에는 실질적인 입법권을 행정부에 빼앗기더니 이제 주권자들에게 '패싱'을 당할 가능성마저 높다. 과연 이제 '맛을 봐버린' 투표권자를 어떻게 감당할 것인가.

정계개편이 우리나라처럼 변화무쌍하고 다채롭기도 어렵지만 각 사안과 정책별로 결정되는 의회의 의사결정은 전혀 탄력적이지 않다. 그러니 사안에 따라 주권자들이 스스로 결정을 내리겠다고 할 가능성이 높다. 주권자가 스스로 운전석에 앉아 운전대를 잡겠다고 한다는데 과연 이를 어떻게 물리칠 것인가.

개인적으로는 바야흐로 '대토론의 시대'가 열리기를 바란다. 선거철에만 주권자로서의 지위가 확인되는 것이 아니라 사회에 대한 의구심을 확인하고 참여하는 절차로서 '토론사회'가 열리기를 바란다. 스스로 자료를 찾아서 자신의 이론을 구축하되 유연한 자세로 자신과 다른 입장과 조율하고 의사를 결정하는 것만큼 성숙된 사회가 과연 또 있겠는가.

그 과정의 중심에 광주가 있기를 바란다. 이미 수많은 시민단체가 존재하고 지금 이 순간에도 광주의 현안을 가지고 누군가가 토론회에서 발언을 하고 있다. 그렇지만 '아시아문화중심도시 조성을 위한 특별법'에서 정한 시민협약 하나도 아직 체결하지 못할 만큼 한계도 있는 도시다. 그러나 광주만큼 시민사회와 시의회 권력 그리고 시정 권력이 서로 소통할 수 있는 여건을 가진 도시도 없다.

'광주형 의사결정 구조'가 정립되기를 감히 바란다. 도청 원형 복원 문제를 보더라도 진즉 광주형 의사결정 모델이 정립되었다면 이렇게 지난하고 피로감 있는 과정은 없었을 것이라는 생각이다. 정부가 제멋대로 아시아문화전당 설치장소를 정하고 정권이 바뀌니 다시 주무장관이 광주를 방문해 예고없이 복원에 관한 결론을 이야기하고 올라가는 혼란을 이제는 반복하지 말아야 한다.

이를 위해서는 먼저 시민사회는 시민의 의사를 정확하게 대변할 수 있어야 한다. 현안이 발생할 때마다 끊임없는 현안별 전문성을 확보하여야 한다. 정당이 당원배가운동을 하는 것을 뛰어넘어 대표성과 대의성을 확보할 수 있는 시민단체 구성원의 배가운동을 전개해야 한다. 확장성이 없는 시민단체가 시시각각으로 바뀌는 민의를 대변할 수 있다고 생각한다면 오산이기 때문이다.

광주의 지역의회는 별도 비용이 들어가는 공론화위원회와 공론화 비용를 대신할 수 있어야 한다. 각 상임위가 설치되는 것도 애시당초 같은 취지였다. 시민들에게 언제라도 상임위 별로 현안 관련 자료를 제공할 수 있어야 한다. 그런 측면에서 전문위원제도는 활성화시키되 시민에게 그 창구를 열어야 한다.

우스갯말로 '주인은 도망갈 곳이 없어서 주인'이라는 말이 있다. 대의제가 나름의 기능이 있더라도 중차대한 의사결정에 주권자들이 직접 의사결정에 참여하려는 시도는 제도적으로 보장되어야 한다. 광주가 선도지역이 되길 바란다.

2017.10.22. 광주매일

도시철도 2호선 공론화와 광주형 의사결정모델

민선 7기 이용섭 광주광역시장은 취임 초기 가장 뜨거운 현안인 도시철도 2호선 문제를 시민권익위원회로 넘기되, 결정시한까지 늦어도 10월초까지로 정하면서 본격적인 논란의 해결을 도모하고 있다. 시민권익위원회는 7~9명의 전문가그룹으로 공론화 위원회를 구성하여 결론을 내리겠다고 결정했다. 숙의조사 등 구체적인 여론반영 방법은 보완해서 이른 시일내에 이를 결정하겠다고 한다.

광주에서 논의되고 있는 이야기를 정리해보자면, 2호선 착공에 우려를 나타내는 목소리는 2가지 정도다. 우선 적자가 불보듯 뻔하게 예상되는 현실에서 무리하게 재정과 예산을 축낼 수 있는 정책을 강행하지 말고 한번 냉정하게 따져보자는 입장이다. 그리고 2호선을 건립하더라도 도시 교통 수요에 맞게 트램과 BRT 등 병행교통수단을 활용하자는 입장도 있다. 이에 반해 조속한 착공을 원하는 목소리는 대체로 '피로감'에 호소한다. 다른 광역자치단체는 이미 2호선 건설을 마치고 나서 대안교통체계 등이 논의되는데 광주는 10년 넘게 착공 여부 논의만 지속되고 있으니 지역발전에 역행한다는 입장이다. 여기에 한 번 착공으로 정했으면 그대로 승복하는 것이 맞는데 번번히 반대 목소리를 반영하다보니 이도저도 되지 않는 상태라는 불만도 있다. 마침 옛 도청 별관 원형복원문제 등 비슷한 구조의 현안들이 남아있다보니 자연스럽게 광주 자체의 문제해결력에 의문을 나타내기도 한다.

이제 당장 50일 이내에 무려 16년간의 논쟁의 종지부가 찍혀질 예정이다. 그러나 2호선 공론화의 과정의 목표는 단순히 2호선의 문제를 해결하는 것에서 더 나아가 광주의 현안을 해결하는 이른바 '광주형 의사결정모델'을 정립하는 단초가 될 수 있을 때 그 의미가 있다는 점에서 많은 아쉬움이 있다.

사료를 보면 조선시대 세종대왕은 세제개혁 과정에서 무려 17년의 시간을 공론화를 위해 투자했다고 한다. 당시로는 파격적으로 무려 17만 명 이상의 백성들에게 의견을 물었다. 개혁안에 반대하는 7만여 명의 백성들을 상대로 지난한 설득의 과정을 거쳐서 전분6등법과 연분9등제를 17년만에 출범시켰다. 세종대왕의 이러한 공론화는 정책추진자가 공론화 방식을 통해서 반대 의견을 설득한 방식으로 현재에도 참작할 만한 요소가 있다.

반면에 현재 논의되는 공론화방식은 '숙의민주주의'라는 용어에서 보듯이 토론과 토의 과정을 통한 일반 시민의 눈높이 향상을 도모하면서 정책결정 과정에서의 참여수준을 높이는 것을 목표로 한다. 일방적인 결론을 가지고 반대세력의 의견을 설득하는 세종대왕식 의사결정과는 상당한 차이가 있다. 실제로 숙의민주주의에 해당하는 영어 'deliberative democracy' 중 'deliberative'는 '토의하는'이란 뜻이다.

실제로 신고리원전 공론화과정에서는 공론화 초기의 의견이 마지막에 뒤바뀌게 되었는데 주된 이유는 20대와 30대의 위원들이 토론과 심화학습을 병행하면서 문제의 본질을 파고드는 과정에서 의견이 바뀌게 된 것으로 알려져 있다. 이렇게 피상적인 정보만을 가지고 여론을 좇는 입장에서 벗어나 짧은 시간 동안 전문가들의 의견을 이해할 정도의 학습과 토의과정을 통해 일반시민들에게 전문가 수준의 정책결정 과정을 이끌어낼 수 있다는 것이 신고리원전 공론화 과정을 통한 소득이었다.

그러나 현재 한 자릿수의 전문가집단만으로 공론화위원회를 구성하고 일반 여론반영 방법은 구체적으로 확정되지 않은 상태에서 진행되는 2호선 공론화 과정은 속도감 이외에 과연 무엇을 얻을 수 있을지 우려가 된다.

도시철도 2호선의 문제는 장기적으로 대중교통체계를 도시철도 체계를 중심으로 지속할 것인지, 버스 등 지상교통체계로 갈 것인지 아니면 자가운전차량 중심으로 진행하여 고속화도로 확충으로 방향을 잡을 것인지 등등 대전제에 해당하는 논의구조확립이 우선시 되는데 과연 한자릿수 전문가 집단의 약 한 달간 논의를 통해서 어떤 장기적인 해법 수립이 가능할지 의문이다. 신고리원전 공론화와 같이 일반 시민들의 갈등해결 과정 참여기회 확대 등도 묘연하다. 기왕이면 금번 공론화 방식을 토대로 옛 도청 별관 복원문제 등 산적한 갈등형 현안 해결방안에 접목할 만한 의사결정구조를 수립하였으면 하는데, 적어도 지금 구조로는 일반적인 광주형 의사결정모델로 정립하기는 쉽지 않아 보인다.

찬바람이 불기 전에는 해결될 문제라니, 16년 동안 표류해 온 세월의 의미가 뭔지 아쉽다. 일단 빠른 결정으로 피로감은 해소될 것으로 보인다. 그렇다면 차라리 높은 본선지지율을 고려했다면 시장 개인의 정책방향을 공약으로 명문화해서 당선지지율을 바탕으로 과감하게 추진하는 것도 나을 뻔했다.

2018.08.13 남도일보

정준호, 할 말 있습니다

PART + 03

새로운 지도자를 꿈꾼다는 것

뉴DJ 발굴은 단순히 스펙만 좋은 지역 인재를 찾아서 기존의 정치문법에 길들이는 것이 아니다. 취업 자리에 목메달면서 길들어 질대로 길들어진 청년들을 해방시켜주면서 현 세대의 가치를 공유하는 작업을 하고 그 가치를 선제적으로 발전시켜 미래의 시대의식으로 담아내는 숙제를 감당할 인재를 찾는 것이 바로 뉴DJ의 발굴일 것이다.

-「과연 호남 지도자는 나타날 것인가」 중에서

‘86퇴진론’을 ‘깐부선언’으로

대선이 한 달 남짓 앞으로 다가왔다. 박빙 승부가 계속되고 있다. 이재명의 열세다. 안철수와의 단일화 변수가 남아있지만 전망이 밝지는 못하다.

윤석열 측이 MZ세대로 대표되는 2030표심을 이준석을 앞세워 붙잡았기 때문이다. 아니 그보다 세대 포위론으로 이야기되는 60대 표심과의 시너지가 더 직접적이었다. 민주당은 세대 포위론에 반박하지만 지금의 여론조사 열세는 포위된 상황 때문이라는 설명이 맞는 것 같다.

4050표심이 결집되고 있다. 호남과 4050표심이 이재명 지지율의 핵심이다. 선거전략 상으로 어떤 전략이 나오는 것이 맞을까? 이미 결집된 4050표심의 극단적 강화? 단순히 생각해도 그리 좋은 전략은 아닌 것 같다. 40%를 넘지 못하는 박스권 탈출 전략으로 4050표심을 강화하자는 참모가 있다면 결코 능력있는 참모가 아니다.

이런 맥락에서 송영길 더불어민주당 대표의 '86퇴진론'을 살펴볼 필요가 있다. 86퇴진론을 끝나지도 않은 선거의 책임론으로 바라본다면 착각이고 잘못이다. 실제로 지금 4050세대 그리고 호남의 핵심 인사들이 86그룹이고 이재명 지지의 핵심세력인데 왜 끝나지도 않은 선거에서 86그룹이 책임을 져야 하는가? 이러한 맥락에서 86그룹의 반발이 있다면 이해도 된다. 86퇴진론이 책임론의 성격이라면 실제로 선거가 패배한 뒤 물어도 늦지 않다.

세대 포위론에 대비되는 세대 포용전략의 관점에서 86퇴진론을 바라보고 해석해 보면 어떨까?

MZ세대는 이제 막 사회생활을 시작했거나 시작을 준비하고 있다. 불확실성의 세대다. 비정규직과 아르바이트로 경제활동을 하고 있다. 4050세대는 정규직의 세대이고 대한민국 경제를 떠받치고 있는 주력 세대이다. 60대 이상 표심은 살아보니 민주정부와 이념 따위 별로라는 인식이 깔려 있다. 그저 젊은이들이 편한 세상이라면 MZ세대의 여론에 동조하겠다는 의지가 있다.

이렇게 살펴보면 MZ세대와 장년 세대가 사회 주력 세대인 4050의 표심에 대해 일종의 반발과 반감이 있지 않느냐는 해석이 나온다. 그 원인은 부동산 정책의 실패로 대표되는 민주당 정부에 대한 반감이고, 이미 민주당 그리고 이재명 후보와 한 몸이 된 4050세대에 대한 반발이다. 4050표심의 결집이 강화될수록 이 현상은 계속 심화될 것이다.

86그룹의 퇴진론을 MZ세대에 대한 권력 이양 시각으로 접근하자. 86퇴진으로 2030세대에 공간을 만들어 주고 60대 이상의 세대에게는 이제 정치적 기득권을 내려놓고 선배 세대에 대한 예우를 다하겠다는 선언으로 결론을 내리자. 그렇게 된다고 결집된 4050표심이 민주당과 이재명 후보를 떠날까? 86그룹이 정치적 주류인 호남 표심이 민주당과 이재명 후보를 떠날까? 선거 전략의 핵심 키워드가 확장성이라면 지금 언급된 86퇴진론 이상의 전략이 과연 존재하는가?

송영길 대표의 기자회견 이후 특별한 86그룹의 움직임은 없었다. 특히 다수의 86그룹 출마가 예상되는 호남에서의 움직임은 더더욱 없었다. 이 지역 초선 국회의원이 앞으로 3선 연임하지 않겠다고 선언을 했지만, 시민들에게는 재선은 꼭 하겠다는 말로 들릴 뿐이다. 내려놓고 위임하는 움직임이 없으니 바라보는 상대방이 '그러니까 기득권이 맞다'고 소리치면 과연 반박이 가능한 상황인가..

김대중, 노무현, 문재인 정부의 법통을 계승하려는 이재명 후보의 시대정신은 '청년대한민국'이다. IMF를 극복하고 국민의 참여를 이끌어 냈으며 통일의 불씨를 살리면서 여기까지 왔지만 이재명 민주정부의 다짐은 청년대한민국이어야 한다. 그러기 위해서는 민주당과 이재명 후보의 외침만으로는 안된다. 김대중, 노무현, 문재인 정부를 떠 받쳐온 주력세대들의 동의와 동조 그리고 내려놓음이 함께 이루어져야 한다.

결론을 내릴 때다. 기왕 어렵게 나온 86퇴진론, '깐부선언'이 되어야 한다.

2020.02.07 광주일보

이철희 국회의원의 불출마선언을 보며

더불어민주당 이철희 국회의원이 더 이상 부끄러워 견딜 수 없다며 다음 국회의원 선거에 불출마를 선언했다. "우리 정치가 한심하고 많이 부끄럽고 앞으로 바꿀 자신도 없다."는 것이 그의 불출마 선언의 이유이다. 내 편, 네 편으로 갈라서 국가와 국민은 안중에도 없이 자신들의 주장만 일삼고 있는 패거리 정치판에 대한 신랄한 비판이자 절치부심의 자기반성이다. 국회에 입성하기 전에도 이철희 의원은 정치권에 쓴소리를 마다치 않았던 사람이다. 우리 사회의 정의롭지 못한 구석구석을 살피고 마땅한 대안들을 제시했던 흔치 않은 국회의원 한 사람을 잃을 것 같아 안타까운 마음이 앞선다.

적반하장, 여반장, 후안무치, 내로남불, 아니면 말고 등 이루 헤아릴 수 없이 많은 우리 정치상황을 비꼬는 말들이 넘쳐난다. 그래도 국회의원 어느 한 사람도 "내 탓이오"라고 말하는 이는 찾아볼 수 없었다. 그런 점에서 국회의 민낯을 여실히 드러내는 이철희 국회의원의 불출마 선언은 '용기'라기보다는 '절망'에 가까운 것으로 보인다. 이에 대해 바른미래당 김성식 의원은 그에게 정치를 계속해야 한다고 했지만 그 주장의 이유들이 어딘가 모르게 공허해 보이기까지 한다.

이철희 의원 불출마 소식을 접하면서 이미 현실정치에 참여를 결심한 나 자신을 돌아봐야겠다는 생각이 들었다. 만약 나도 저와 같은 상황이라면 저런 절망을 토로하며 저와 같은 용기 있는 결정을 할 수 있을까? 정치란 결국 '약속'을 내놓고 '책임'을 평가받는 일이다. 약속은 정책과 무수한 말들로 이루어질 것이며, 그에 대한 평가는 여론과 최종적으로는 투표에 의한 선택이 될 것이다. 안타깝게도 우리 정치현실은 약속도 손바닥 뒤집기보다 쉽게 이루어져 왔고, 그래서 책임도 뒤따르지 않았다. 더욱 심각한 것은 약속과 책임에 대한 평가도 지역감정이니 진영논리니 해서 부실한 것이 사실이었다. 이런 현실정치에 참여해서 '너는 무엇을 할 작정이냐'고 자문하면서 내린 결론은 그래도 네편 내편이 아니라 '국민의 편'이 자신의 가장 중요한 설 자리로 여기는 사람이 정치를 해야 한다는 것이었다.

국민의 편에 선다는 것이 이념과 진영의 논리에 의해 철저히 지배되고 있는 각 정당들의 뿌리와 현실을 생각하면 결코 쉬운 일이 아닐 것이다. 그럼에도 국회의원의 기본 자질은 국민의 편에 서는 것이며, 국민의 삶을 최우선의 가치로 여기는 것은 정치의 본령에 다름 아니다. 아직 국회에 들어가 보지 않은 필자가 섣부르게 정치의 본령과 정치인의 자세를 입에 올리는 것부터가 온당치 못하게 들릴 수 있겠으나 이 역시 현실정치에 발을 들여놓은 한 사람으로서 '약속'이 될 것이며, 이 약속에 대한 '책임'을 일상적인 삶의 가치로 여기는 것 또한 기본적인 자질을 연마하는 방법이 아닐까 한다.

한 걸음 더 들어가자면, 특히 우리 사회의 정치인들에게 요구되는 것이 공정한 기회를 제공받을 수 없는 이른바 사회적 약자에 눈높이를 맞추는 것이다. 옛날에는 그래도 가끔 개천에서 용이 난 적도 있었고, 개천의 용을 보면서 기회의 출발점에서 공정함을 보장받지 못한 청년들이 자신도 그와 같은 용이 되기 노력하는 희망이라도 있었다. 그러나 우리 사회에서 청년들에게 그런 '헛된 희망'은 사라진 지 오래다.

며칠 전 필자는 학생들을 대상으로 광주 북구의 한 도서관에서 '독서'를 주제로 특강을 한 적이 있었다. 강의에 참석한 학생들의 한 명 한 명의 눈망울들을 보면서 나는 지금 이 친구들에게 '어떤 말로 희망을 갖게 해 줄 수 있을까' 하다가 결국 누구나 했음직한 인문학의 중요성을 강조하는 것으로 강의를 마친 적이 있었다.

다시 돌아와 나는 왜 정치를 하려는 것이며, 내가 하는 정치는 다른 정치인과 무엇이 다를 것인가, 그리고 내 정치는 이 세상에 어떤 작은 밀알이라도 될 수 있을까를 고민하게 된다. 이철희 의원의 불출마 선언이 많은 정치인들에게 뼈아픈 성찰의 기회가 되기를 희망한다. 그 한 사람의 불출마로 우리 정치가 바꾸지 않는다는 것은 너무나 당연한 이야기이지만 그래도 이런 절망을 국민과 함께 확인하고 스스로 그 책임을 지는 용기는 우리 정치가 조금은 달라지는데 진정한 불쏘시개가 되어야 할 것이다.

2019.10.16. 전남매일

대한민국 미래와 청소년들의 정치참여

내년 4월에 치러질 국회의원 총선거는 그 어느 선거보다 청년들의 표심과 선택이 결정적 영향을 미치게 될 것으로 생각된다. 사회지도층들의 자녀 입학과 취업과정에서 저지른 부정이 대입과 취업 과정에 있는 우리 사회 청년들에게 적잖은 상실감을 주었기 때문이다.

공정한 사회, 정의로운 세상은 특권과 반칙이 허용되지 않아야 하고, 그것 없이도 노력한 만큼 성공할 수 있어야 한다. 그러나 우리 사회는 아직도 법과 제도의 범위 밖에서 이런저런 특권과 반칙이 횡행하고 있고, 자녀들의 입시비리와 취업청탁 등의 부정과 비리는 어제 오늘의 일이 아니다. 금수저와 흙수저로 나뉘어 '타고난 신분'이 되기도 한다. 심지어 더 이상 개천에서 용이 날 수 없는 세상이 됐다고도 한다.

청년들의 희망절벽 현상은 출산율과도 연결된다. 아이를 낳아 기르는 것이 두려운 청년들에게 보육과 교육의 국가 의무를 확장한다고 해도 국가의 보육과 교육지원의 질적인 면에서 한계가 또 다른 사교육 시장을 부추기고, 그 과정에서 교육의 질적 차이는 대학입시와 취업의 차별로 이어지기 때문에 특권과 반칙이 횡행하는 사회구조에서는 청년들의 의식변화를 기대하기 어렵다. 내가 지금 겪고 있는 불공정만으로도 벅찬데 내가 낳을 자식에게까지 그런 불공정을 겪게 하고 싶지는 않은 것이다.

그러나 이와 같은 우리 사회의 현실에도 불구하고 나는 대한민국의 민주공화국으로서 전망은 어둡지 않다고 생각한다. 얼마 전 사회단체에서 활동하는 선배로부터 의미 있는 이야기를 들은 적이 있다. 한 고등학교 학생들이 광주의 5·18과 제주의 4·3을 비교 연구하는 공동과제를 수행하는 과정에 대한 이야기였다. 이 학생들은 7명이 한 팀이 돼 광주와 제주를 대표하는 역사적 사건을 주제로 자신들의 또래집단의식과 인지도 조사를 실시해 광주는 제주 4·3을 모르고 제주는 광주 5·18을 잘 모르는 현실을 확인하고, 과거의 불행했던 역사를 어떻게 기억하고 민주주의와 인권을 어떻게 실천할 것인가를 관련 단체의 전문가들을 찾아가 면담 형식으로 해답을 모색해 보고서로 만들었다는 것이다.

지금 홍콩에서 벌어지고 있는 민주화운동을 주도하고 있는 세대 역시 청소년들이라고 한다. 박근혜 정권의 국정농단을 탄핵했던 광화문의 촛불혁명에서도 청소년들의 활동은 여러 측면에서 두드러졌다. 수백만이 모인 촛불집회 현장에서 청소년들은 자신이 왜 이곳에 나왔는지를 너무나 명쾌하게 설명해 사람들의 박수를 받았다. 지금도 계속되고 있는 소녀상지킴이 활동과 정신대 할머니들의 고통을 보듬고 있는 수요집회 등에서도 청소년들과 청년들이 주도적인 역할을 하고 있다. 우리 청소년들이 입시지옥에 갇혀만 있는 것이 아니라 더 나은 세상을 위해 자신들이 해야 할 사회적 역할을 다양하고도 적극적인 방법으로 해내고 있는 모습에서 나는 대한민국 민주주의의 밝은 미래를 확신한다.

그런 점에서 2040세대를 생각하는 '정치혁신'의 시작은 선거와 투표의 적극적인 참여를 통해 시작될 수 있다고 본다. 혹자들은 청년들의 상실감이 투표의 포기로 이어질 것이라 전망한다. 그러나 분명한 것은 우리 사회의 청년들은 민주주의의 가치를 지켜야 하고, 지키는 방법이 무엇인지 너무나 잘 알고 있다. 자신들의 투표가 곧 '정치혁신'의 시작임을 잘 알고 있는 것이다. 또한 정치혁신 없이는 특권과 반칙이 난무하고, 태어날 때의 환경이 평생의 길을 결정짓는 불공평

한 세상을 바로잡는 길임을 우리 청년들은 잘 알고 있다. 우리 정치사에서 불행했던 과거를 바로잡고 오늘의 민주발전을 이루어낸 동력이 청년이었다. 청소년들의 역사의식과 사회 현실에 대한 관심과 참여는 이미 어르신들이 생각하는 수준을 넘어서 있다. 나는 그런 점에서 우리 청소년들에 대한 사회적 믿음과 격려, 청년들의 희망 절벽의 상황을 극복하려는 의지와 노력을 북돋고, 그 기회를 확장해 주는 것이 필요하다고 생각한다. 그래서 이철희 국회의원은 자신의 불출마 선언을 하면서 적어도 청년들 20~30명 정도가 들어와야 국회가 변할 것이라고 단언했을 것이다.

대한민국 청년들의 파이팅을 응원하며, 청소년들의 아름다운 참여를 더없이 기꺼운 마음으로 환영한다.

2020.11.19 전남매일

그들만의 리그, 그 불편함

'그들만의 리그'는 1992년 개봉한 미국의 스포츠, 코미디 영화다. 2차 세계대전 당시 대부분 남성들이 참전하게 되자, 여성이 야구리그에 참가하게 된 전미 여성 프로 야구 리그(AAGPBL)를 다룬 작품이다. 여성 선수에게 미니스커트 유니폼을 강요하고 메이크업을 강조하는 등 당시 사회의 부당한 모습들이 코믹하게 그려진 수작이다.

영화 제목으로 시작된 이 단어는 이제 서민들이 경험할 수 없는 특권층을 상징하는 단어가 되어 버렸다. 짐작만 할 뿐 몸소 체험하거나 확인하기도 어려운 세계를 의미한다. 그래서인지 뉴스에서 '그들만의 리그'라는 제목이 나올때마다 시민들의 반응은 대부분 비슷하다. 애써 불편한 진실을 외면한 채 생업에만 매진해 왔는데 확인하고 싶지 않았던 세상이 드러나면 당연스러운 좌절감과 피로감이 몰려오기 때문이다.

특권층만의 특혜 '좌절감' 확산

'사다리 걷어차기' 또는 '불평등한 사다리'와 같은 단어에서 보듯이, 일반인들은 한순간의 점프로 그들만의 리그에 도달할 수 없다. 사다리를 위태롭게 한칸 한칸 조심스럽게 밟아올라가는 과정이 필요하다. 부모들은 자식들이 밤잠을 줄여가면서 사다리를 한 칸씩 올라가는 과정을 눈물겹게 바라본다. 현 정권의 가장 대표적인 캠페인인 "기회는 평등하고, 과정은 공정하며, 결과는 정의로울 것"이라는 문구도 결국 일반시민들에게 좌절감과 박탈감이 없는 사다리를 제공하겠다는 다짐과 같은 말이었다.

고위층의 입시환경을 그려내 23%의 높은 시청률로 흥행을 올린 'SKY 캐슬'을 '재난물'로 분류하는 우스갯소리가 있다. 현재의 입시와 취업문제는 누구에게도 자유로울 수 없는 '자연재난'과 같기 때문에 그 대응방식에서 나오는 인간군상을 그려낸 작품이라는 것이다. 이렇게 입시와 취업문제가 '자아실현'이 아닌 빠져나오기 급급한 현실이 되어 있는 상황에서 조금이라도 배경에 따라 특권을 누리는 이야기가 들리면 당연히 예민한 반응이 나오기 마련이다.

이런 상황에서 법무부장관 후보자를 둘러싼 뉴스가 연일 홍수를 이루고 있다. 후보자의 임명 여부를 따지는 의견은 찬반이 극명하게 갈리고 있다. 그러나 후보자의 임명 여부를 둘러싼 논쟁을 빼고 자녀의 특권문제를 다루는 뉴스를 바라보는 시민들의 반응은 이와 같은 관점에서 실망스럽다거나 뉴스에 대한 피로감을 호소하는 것이 대부분이다.

얼마 전 개최된 대학생 집회에서는 “우리는 무엇을 믿고 젊음을 걸어야 합니까"라는 문구가 등장했다. 이 물음에 대한 정답은 “노력해야 청춘이지, 성공하려면 젊을 때 공부해라”가 아니다. 결국 “기회는 평등하고, 과정은 공정하며, 결과는 정의로울 것”이라는 다짐을 받고 싶은 것이다. 실제로 이 집회에서는 “정보와 권력이 있는 소수의 특권층만이 특혜를 누리고 있다는 의혹은 해당 기회에 접근할 수 없는 우리에게 큰 좌절감을 안기고 있다”는 대자보의 구절이 나오기도 했다.

한 편에서는 이를 가짜뉴스에 선동당한 청년들의 분노로 치부하고, 해명과정을 통해서 바로잡힐 것이라는 시각도 있다. 그러나 “평등하고, 공정하며, 정의로울 것”이라는 문구로 상징되는 정권이 중반기로 접어드는 과정에서 취임 일성이 여전히 유효한 가치로 유지되고 있는지, 정권은 이를 위해서 실질적인 노력을 하고 있는지에 한 번은 진정성있게 답하는 것이 마땅하다.

현 정부 '평등하고 공정한가'

최근 여당에서는 'NO 일본 분위기를 배경으로 정부와 공공기관이 발주하는 사업에 대해 일본 전범기업의 국가계약 입찰자격을 원천 배제하는 '국가를 당사자로 하는 계약에 관한 법률' 일부 개정법률안을 발의했다. 전범기업이 피해자들에게 피해 회복을 하기 이전에는 어떠한 공공사업에 참여할 수 없도록 한 것이다. 사회적 여론에 따라서는 이렇게 엄격한 규제책이 곧바로 나오는 마당에 사회의 근원적인 문제의식을 정면으로 지적하여 출범한 정부가 '수긍 가능한 사다리 만들기'를 위해서 구체적으로 어떠한 제도적 노력을 해왔는지를 적극적으로 홍보해야 한다.

짐작은 하지만 애써 확인하고 싶지는 않았던 진실, 그들만의 리그를 없애는 노력은 단순히 취임 일성으로만 끝나지 않기를 바란다.

2019.08.28. 전남매일

김대중 전 대통령께 '평화의 길'을 묻다

오는 8월 15일은 74주년 광복절이다. 그리고 3일 뒤는 한반도의 긴장을 완화시키고 역사적인 남북정상회담으로 평화의 길을 열었던 고 김대중 전 대통령 서거 10주기다. 1998년 김대중 대통령은 광복절 경축사에서 IMF외환위기 극복을 '제2의 건국'이라고 명명했다. 이어서 대북포용정책으로써 햇빛정책을 강조했던 것으로 기억한다. 그리고 2년 뒤인 2000년에 드디어 남북정상이 북한에서 만나 역사적인 6·15남북공동선언을 발표했다. 이 선언을 바탕으로 본격적으로 시작된 남북의 교류와 협력은 민간으로까지 확장되었다. 김대중 대통령의 햇빛정책은 한반도를 둘러싼 국가들로부터 지지를 받았다.

최근 나경원 자유한국당 원내대표는 우리 국민들이 "제2의 IMF사태를 우려한다"고 했다. 일본 아베정권발 경제침탈에 대한 국민들의 분노가 들끓고 있는 상황에서 내놓은 이 발언의 진의는 무엇일까! 당연히 문재인 정부의 경제정책의 실정을 비판하는 것이겠지만 시기도 내용도 의도도 적절치 못하다. 항간에서는 그래서 황교안, 나경원 투톱의 자유한국당 정치를 '자살골 정치'라고 표현한다. 이인영 대표가 황교안 대표를 향해 "우군인지 적군인지 모르겠다"고 말한 부분에 일면 수긍이 간다. 일반국민이 보는 시각에서는 본질이야 어쨌든 한국이 외교적으로 고립되고 일본 아베정권 때문에 경제적으로 어려움을 겪게 될 것이라는 우려를 갖고 있는 것이 사실이다. 황교안, 나경원 투톱의 자유한국당이 국민의 우려를 불식시키기보다는 우려를 증폭시키는데 더 열을 올리지만 정작 국민들의 입장과 시각은 그런 자유한국당에 대해 냉담하다. 최근 발표되는 정당 지지율이 이를 확인해준다. 그래서 사람들은 자유한국당을 '자살골정치'라고 말하는 것이다.

한반도를 향한 미국과 일본, 중국과 러시아의 움직임들이 심상치 않은 것은 어제, 오늘이 아니다. 미국의 트럼프는 대놓고 주한미군 주둔 경비의 증액을 요구하고 있고, 일본은 '경제침략'이라는 표현이 나올 만큼 한국에 대해 노골적인 경제제재와 혐한 분위기 조성에 열을 올리고 있다. 여기에 북한도 연일 미사일을 발사하며 남남갈등을 부채질하는 모양새다. 러시아도 중국도 한국에 우호적인 분위기는 아닌 것으로 확인된다. 김대중 대통령의 취임사를 다시 들여다보면 최근 한국이 겪고 있는 외교와 경제문제는 별개의 문제가 아님이 분명해진다. 김대중 대통령은 취임사에서 "21세기 외교의 중심은 경제와 문화로 옮겨갈 것"이라고 선언했다.

그런 점에서 문재인 정부 출범 이후 '한반도, 새로운 평화의 시작'은 유라시아 경제공동체까지 나갈 수 있는 큰 그림의 시작이었고, 국민들의 지지를 받기에 충분하였다. 그러나 주변국들의 생각은 달라도 많이 다른 것 같다. 우선 남북당사자들을 제외한 한반도 주변국들은 남북당사자들이 주도하는 '한반도의 자주적 평화정착'을 달가워할 리 없다. 특히 국제사회에서 입김이 점차 줄어들고 있는 일본의 입장에서 보면 더욱 그렇다. 우리의 의지와는 다르게 한반도 문제는 당사자들만의 노력으로는 한계가 있음을 확인하지 않을 수 없다. 일본의 아베정권 못지않게 트럼프의 한반도에 대한 정치적 계산 역시 철저한 자국의 이익 중심이다. 더 구체적으로는 내년 1월의 대통령 재선의 유불리를 확인하는 계산기만 있을 뿐이다. 어쩌면 트럼프와 아베의 계산기는 같은 방향의 숫자로 맞춰져 있는 것인지도 모른다.

때문에 문재인 정부의 '새로운 한반도 평화'는 주변국들의 적절한 참여와 개입을 이끌어낼 수 있어야 한다. 김대중 대통령은 처음부터 한반도의 평화를 위한 6자회담을 강조했다. 정치도 외교도 예측가능한 수준일 때 국민들과 상대국들로부터 지지를 받을 수 있다. 국내정치와는 달리 외교는 고도의 기술을 요하는 이벤트여야 한다. 주변국들을 이벤트의 관람객으로 전락시키는 것은 '자주적'이 아니라 '자조적'으로 고립을 자초할 수 있으며, 불만을 드러낼 때 적절하게 대응할 명분을 제공받기 쉽지 않다. 외교는 실리도 중요하지만 어떤 상황에 대해서도 적절하게 들이댈 수 있는 명분이 필요하다. 김대중 대통령이 한반도의 평화를 강조할 때마다 6자회담의 역할을 강조한 이유이기도 하다. 하나 덧붙이자면 남북정상회담 이후 김대중 대통령이 남북이산가족 상봉과 관광사업 등의 후속사업들을 곧바로 추진했던 것을 상기할 필요가 있다. 일반 국민이 체감할 수 있는 교류와 협력 사업이 이어져야 한다는 의미다.

2019.08.11. 광주매일

‘82년생 김지영’ 그리고 ‘맘충’

2018년 무술년 개띠의 해가 뜨거운 여름과 함께 절반을 훌쩍 넘어서고 있다. 가장 유명한 개띠는 단연 58년 개띠다. 더불어 최근 조남주의 소설『82년생 김지영』이라는 작품으로 82년 개띠 역시 세대명사화되고 있는 중이다. 그러나 24년 터울인 두 계층사이에는 적지 않은 차이가 존재한다.

58년 개띠는 베이비붐세대의 대표격이다. 콩나물교실에서 교련을 배우면서 자라나 80년 광주의 모습을 보고 의식을 형성하고 86년 넥타이부대로 뜨거운 20대의 마지막을 보낸 뒤, 40대의 시작을 IMF와 함께하면서 구조조정의 극한 시기를 감내했다. 이제 58년 개띠는 환갑에 이르렀다. 이렇게 58년 개띠는 현대사의 산증인으로 요동치는 사회의 바람을 두 다리 힘주고 버텨낸 아버지의 모습이다.

'82년생 김지영'은 반대로 저출산사회의 대표격이다. 비교적 민주화된 학창시절을 보냈지만, 고교시절 IMF를 겪으면서 안정적인 직장으로 진로를 수정한 사람들이 태반이다. 학생운동 대신 세계화시대에 맞추어 적지 않은 비용으로 어학연수까지 받았지만, '이태백'이라는 극한 취업난을 겪고 부모님의 경제적 도움으로 겨우 신혼집을 마련해 결혼에 성공한다. 이제 한창인 30대 중반을 경력단절로 고민하면서 직장생활과 육아로 보내고 있다. 82년생 김지영은 '육아우울증'과 같은 단어처럼 가정에만 충실했던 어머니세대의 그늘을 벗어나지 못하고 있는 여동생의 모습이다.

불과 20여년 사이에 베이비붐 시대에서 저출산 사회로 변모된 것 자체도 놀랍지만, '자식만' 바라보면서 위안을 얻었던 어머니세대가 직장생활에 '자식까지' 책임져야 하는 여동생세대로 변화된 것이 좀처럼 실감나지 않는다. 산업화를 거치면서 이제 먹고 살만해졌지만 결국 출산과 육아를 책임져야 하는 맞벌이부부 시대 여성의 역할은 여전히 만만한 것이 아니다.

특히 『82년생 김지영』 소설에서는 커피를 마시는 김지영에게 '맘충'이라는 단어로 비하하는 사람들이 등장한다. 실제로 몰지각한 어머니를 뜻하는 '맘충'은 인터넷에서 꽤 많이 볼 수 있는 단어다. '맘충'이라는 단어만 놓고 보면 우리나라의 가장 큰 문제가 '인구절벽' 등 저출산 문제가 맞는지 혼란스럽다. 제발 아이 하나라도 더 낳아달라고 권장하면서도 막상 아이를 낳고 나서는 '맘충'과 '노키즈존'이라는 단어들에 직면하여야 하는 현실처럼 육아부담자에게 너그러운 사회분위기는 아닌 것이다.

'맘충'이라는 단어가 가장 많이 등장하는 곳은 이른바 '아줌마 커뮤니티'다. 육아부담자들이 모인 지역커뮤니티에서는 자연스럽게 아이에게 친절하지 않는 업체정보가 공유되는데 간혹 과장되거나 허위의 체험을 토대로 업체를 비방할 경우에 '맘충 갑질'이라는 단어가 사용된다. 워낙 지역 내부에서 파급력이 센 커뮤니티다보니 지목받은 업체는 폐업 위기 수준의 매출감소를 겪게 되기 때문이다.

문제점은 이러한 '맘충' 문제를 인성교육이 필요한 개별적인 부모와 아이의 문제로 치부하는 분위기다. 사실 '맘충 갑질' 문제는 많은 사회적 문제를 반영하고 있다. '맘충 갑질'의 본질은 극심한 취업난에 안정된 직장생활 대신 창업 전선으로 몰리게 된 청년 문제와 경력단절 또는 일·가정양립의 부담을 지고 있는 여성간의 감정적 대립에 익명성을 토대로 무책임하게 과장되거나 제한된 정보만으로 사건을 단정짓는 인터넷공간의 문제가 더해진 것이다. 마침 대가를 지불하고 입장한 업체내에서 도대체 불편해야하는 이유를 찾지 못하는 이용자들은 '노키즈존'을 통해서 구미에 맞는 장소를 확보하려고 한다. 이러다 인종차별의 대명사인 'separate but equal' 판결이 '키즈존'과 '노키즈존'에 적용될지도 모르겠다.

맞벌이부부생활과 워킹맘생활을 해야 하는 82년생 김지영에게는 출산장려금이나 보육지원금이 문제의 해결책이 아니다. '훈장'까지는 아니더라도 최소한 '육아우울증'에 사회가 관심만이라도 가지길 원할 것이다. 아니, 어쩌면 이미 힘드니 '꽃으로도 때리지만 말아라'는 말을 하고 싶은 지도 모른다. 이쯤되면 저출산문제의 시급과제는 정책이나 제도적인 부분보다는 사회 인식의 문제가 우선일지도 모른다.

문득 카프카의 '변신'이 떠오른다. '변신'에서 벌레가 된 그레고르는 벌레가 되어서도 가족의 생계를 걱정하다가 아버지가 무심코 던진 사과에 맞아 죽는다. 우리가 제멋대로 벌레로 만들어버린 82년생 김지영들. 이제는 꽃으로 건들기만해도 큰 일 날 수 있다.

2018.08.05. 광주매일

역사와 문화의 도시에서 청년들의 설자리를 생각하며

'광주; 인권의 도시'라는 도시 정체성은 5·18민주화운동을 정점으로 한 민주화운동의 역사적 경험을 바탕으로 한다. 도시의 이름 뒤에 정신이 붙어 특별한 의미를 상징하는 명사로 자리한 경우는 '광주정신'이 유일하다고 한다. 이 또한 5·18민주화운동의 역사적 경험과 무관하지 않다. 1980년대에는 매년 5월이 되면 '성지순례'라는 이름으로 전국의 대학생들이 광주를 찾기도 했다. 광주를 찾아 민주화와 5·18진실규명과 책임자 처벌을 위해 시위를 벌였고, 광주시민들은 그 학생들에게 먹을 것과 잠자리를 제공하기도 했다. 영화 '택시 운전사'와 '1987'이 연이어 흥행에 성공할 수 있었던 것도 정치, 사회적 환경의 변화도 작용했겠지만 그 시대를 살았던 청년(지금의 50대)들의 기억을 불러내는 소재였고, 그 소재를 여전히 가슴에 담고 살고 있기 때문일 것이다.

광주는 이제 문화와 예술의 옷을 갈아입고 있다. 국립아시아문화전당을 중심으로 한 아시아문화중심도시 사업이 그것이다. 국립아시아문화전당을 설계한 우규승 설계사는 "광주의 랜드마크는 옛 전남도청 일원의 5·18사적지여야 하기 때문에 전당을 지하로 설계했다"고 말한다. 역사와 문화, 역사에 대한 기억과 예술이 만나는 지점이기도 하다. 아시아의 인권과 민주주의 발전에 다양한 영향을 미친 '광주의 경험'이 '아시아의 공영'과 '인류 보편적 가치'를 지향하는 아시아의 문화로 광주가 새로운 역할을 자임하고 있는 것이다.

이 두 개의 과정이 '세계청년축제'의 바탕이 되었다. 역사적 기억은 문화와 예술의 콘텐츠가 되고, 문화와 예술은 다시 인권과 민주주의라는 인류 보편의 가치를 구현하는 아시아인들의 공동목표와 행동으로 이어지고 있다. 여기서 '청년들의 이야기와 설자리'를 위해 청년들 스스로 지혜와 힘을 모아가는 다양한 시도가 있어 왔다. 그 결과물의 하나가 '세계청년축제'일 것이다. 제4회 세계청년축제가 성료되었다. 세계의 청년들이 겪고 있는 현실을 바탕으로 구성된 다양한 행사가 7만 명이 넘는 참가자들의 신명을 만들어냈다. 물론 즐기고 발산하는 데만 그치지 않고 청년들의 아픈 현실도 확인하고 청년들에게 주어진 과제도 확인할 수 있는 행사였다. 이 행사를 통해 확인된 것이 청년들의 열정과 다양성과 역량이라고 한다면 그 모든 가치가 일회성

이벤트로 그치지 않아야 한다. 그러나 현실은 그 모든 것이 청년들의 희망과 연결되고 고통스러운 현실을 극복할 수 있는 직접적인 기회로 이어져야 한다.

안타깝게도 현실은 그리 녹녹치 않은 것 같다. 세계청년축제를 통해 확인된 청년들의 능력과 그 능력을 제대로 발휘할 수 있는 환경과는 아직 거리가 있어 보인다. 국립아시아문화전당이 광주청년들에게 얼마나 많은 기회가 되고 일자리가 되고 있는지를 보면 그 현실은 금방 확인된다. 아시아문화중심도시라고 하지만 문화와 예술의 콘텐츠를 생산하고 예술분야의 전문기술을 공부할 수 있는 특성화대학이나 특목고 하나 없는 곳이 또한 광주다. 한 편의 뮤지컬이 무대에 올려지는 데는 많은 사람들의 전문성 있는 역할이 필요하다. 문화와 예술의 모든 영역이 그러하다. 그 역할이 바로 청년들의 일자리고 먹거리고 능력과 끼를 발현할 수 있는 기회지만 정작 광주청년들에게 그 기회는 바늘구멍이다.

광주의 청년들에게 아시아문화중심도시 조성 사업과 인권과 평화의 인류보편적 가치를 지향하는 광주의 도시정체성에 부합하는 청년들의 역할을 확장하는 것부터 모색해야 한다. 민선 7기 이용섭 시장은 일자리 시장을 자처하고 있다. 문화와 역사적 자산을 바탕으로 한 일자리야말로 미래형이고 지속가능하고 양질의 일자리가 될 수 있다는 점에서 이용섭 시장은 광주의 청년들에게 이런 기회를 제공하기 위한 시스템부터 확인하기를 바란다. 인권과 민주주의, 평화를 향한 한반도의 새로운 변화는 세계의 이목을 다시 집중시키고 있다. 그만큼 인류공영을 위한 다양하고 직접적인 광주의 역할이 가능해지고 있음을 의미한다.

더 나아가 광주의 역사와 문화를 바탕으로 한 국제연대, 문화 예술 분야의 콘텐츠산업에서 광주청년들이 능력을 발휘하고 끼를 발현할 수 있는 설자리가 제공되어야 한다. 우선 내년에 개최될 세계수영선수권대회부터 그 계기가 될 수 있도록 방법을 모색해주기를 희망한다. 아울러 문화예술 분야의 전문 능력을 키울 수 있는 문화콘텐츠 특성화대학 등의 인프라를 구축하는 것도 장기적인 관점에서 양질의 일자리 창출에 꼭 필요한 우선의 과제가 되기를 희망한다.

2018.07.23. 광주일보

왜 청년정치가 필요한가

몇 해 전만 해도 청년층이 투표에 참여하지 않고 해외여행을 떠난다면서 젊은 층의 투표를 이끌어내기 위한 고민을 곳곳에서 발견할 수 있었다. 그러나 19대 대선과 20대 대선의 20,30대 투표율은 각각 68.5%, 70%에서 76.1%, 74.2%로 상승하였는데, 이는 젊은 층의 정치 참여와 관심도가 급격히 높아졌다는 점을 의미한다. 더 이상 젊은 층의 투표율 저하를 걱정하는 보도는 찾아 보기 어렵다.

그러나 현재 한국 사회의 청년 정치인의 등장은 주목할 만한 수준이 아니다. 프랑스는 '마크롱'이라는 청년대통령이 등장해 프랑스의 획기적인 변혁을 주도하고 있다. 유교적 문화의 영향 때문인지 청년 정치인에게 다소 의구심을 갖는 우리나라에서도 얼마전 문재인 대통령을 여유있게 응대하는 34세 김정은의 모습을 보면서 젊은 청년지도자에 대한 시각이 상당 부분 바뀌고 있다고 한다. 그렇지만 이번 지방선거에서도 광주지역의 청년 당선자는 손에 꼽을 정도의 수준으로 아직 청년정치의 교두보가 마련되었다고 보기는 어려운 수준이다.

개인적으로 광주가 정치 선도 지역이 되기 위해서는 이제는 5·18과 같은 상징적 사건을 뛰어넘어 가장 젊은 정치적 자산을 가장 다양하게 보유하는 것이 한 방법임을 강조해왔다. 그러나 그렇기에는 광주의 경제적 현실이 젊은 정치적 자산의 결심을 이끌어 내기 어려운 수준이다. 실제로 현재의 청년세대들은 학교·취업·결혼 모두 자발적 선택이 아닌 선택되기 위한 구걸(?)이 일상화된 시대를 살아가고 있다. 그 과정에서 청년들은 자연스럽게 사회에 길들여지고 있고, 이로써 사회는 역동성을 잃어가고 있는 셈이다. 이러한 상황에서 과연 1987년의 상황이 다시 온다면 그 시절만큼의 학생운동과 넥타이부대들이 활동할 수 있을지 의문이다. 그것이 현재 청년층의 문제고 비판받아야 한다면 과연 이러한 1987년을 주도하고도 30년의 시간 동안에 이러한 부조리 사회구조를 방치한 선배들은 책임이 없다고 할 수 있을까. 결과적으로 길들여질 대로 길들여진 청년세대의 해방 과제는 단순한 일방 세대의 문제가 아닌 청년층의 정치 참여의식을 전세대가 함께 도모하는 것을 전제로 이루어져야 마땅하다.

전국적으로 눈을 돌려보면 청년의 정치 참여를 현실적인 시각에서 고민하고 실천하기 위한 시도들이 이미 시작되고 있다. 국회의원에게 청원을 하는 시민참여 입법 플랫폼인 '와글'과 신인 정치인의 등장을 도울 수 있는 청년 정치인 펀딩 플랫폼 '바글'이 그것이다. 정치참여의 경우, 기탁금과 선거사무소 마련 등 금전적인 고민을 결코 무시할 수 없는데, 정책플랫폼과 펀딩플랫폼만이라도 정착이 된다면 보다 많은 청년유권자들이 스스로 선출직에 뛰어들 가능성이 높다. 관심을 가지고 지켜봐야 할 대목이다.

그렇다면 이렇게 청년정치의 교두보가 마련된다면 어떤 변화가 이루어질까. 우선 지역의 현실을 보더라도 끈끈한 카르텔을 형성하고 있는 토호세력에게 어떠한 부채의식도 없는 청년정치로 '소신의 정치'가 가능할 수 있다. 돈과 선거조직의 도움 등으로 지역정치에 확실한 목소리를 내고 있는 기득권층의 변화가 필요하다면 청년정치세력의 등장이 한 방법이 될 수 있는 것이다. 그리고 이른바 직업정치인 제도의 폐혜가 극복될 수 있을 것이다. 시대의식에 맞는 목소리를 내면서 이루고 싶은 정책과 공약으로 선출직에 도전한 뒤 자신의 역할이 끝난 뒤에는 생업으로 과감히 돌아가는 정치가 청년정치를 통해서 가능하다. 선수(選數)가 높아질수록 높은 자리만을 원하는 정치적 기득권 역시 청년정치를 통해서 바뀔 수 있는 부분인 것이다. 실제로 프랑스 마크롱 대통령의 최측근인 30대의 한국계 하원의원 델핀 오는 "우리는 재선을 위해 존재하는 것이 아니라 일하러 온 것"이라며 의원수를 줄이고 의원 연임을 최대 3선으로 제한하는 정치개혁에 앞장서고 있다.

프랑스의 유명 혁신가인 스테판 에셀은 생전에 "나치 독일 점령기에는 집단행동이 힘을 모아 기차를 폭파하는 수준이었다. 어찌보면 그 때가 오히려 쉬웠다. 지금은 상황을 개선하려면 깊은 성찰과 그에 따른 설득력 있는 글이 필요하다. 또한 현명한 정치인의 당선을 위해 선거에 참여하여야 한다. 요컨대 이 시대의 레지스탕스는 매우 오랜 시간이 걸린다"는 말을 했다. 과거 학생운동 시절보다 더욱 고차원화된 레지스탕스의 시대를 살아가기 위해서는 선배 세대가 과거 경험을 청년 세대에게 공유하면서 청년층과 미래지향적인 사회변혁의 방법을 함께 고민하여야 하는 셈이다.

어느새 민주화의 성지 광주는 대권주자 한 명 내세우지 못하는 지역이 되어버렸다는 탄식을 많이 접한다. 그러나 청년정치가 답일 수 있다. "떡잎부터 육성하라!!"

2018.07.01. 광주매일

광주의 사회, 경제적 현실과 지방선거

문재인 정부는 출범 후 4대 국정과제의 하나로 자치분권과 균형발전을 제시했다. 이제 3월 20일부터 지역균형발전특별법 개정안이 시행된다. 이 특별법 개정안의 주요 내용은 지역발전위원회의 명칭을 지역균형발전위원회로 변경하고 10조원 규모의 지역균형발전특별회계를 편성하는 것이다. 지역은 혁신도시 등 지역의 주요 발전거점과 주변 산업단지, 대학 등을 연계한 클러스터 계획을 수립해야 하고, 이를 국가균형발전위원회에서 심의, 의결하면 지방자치단체가 정부부처와 포괄지원협약을 체결하고 이 협약이 실행될 수 있도록 정부는 국비를 우선 반영한다는 계획이다. 참여정부에서 추진해 온 국가균형발전 정책이 다시 복원되고 있는 것이다.

그러나 다가오는 6.13지방선거를 앞두고 있는 광주와 전남의 현실은 정부의 국가균형발전 정책의 기조와는 거리가 있어 보인다. 우선 광주시장 선거는 '정책'은 실종되고 피로감 있는 정쟁만 되풀이되고 있다. 특히 광주경제의 15% 이상을 차지하고 있는 금호타이어가 해외매각을 앞두고 있고, 금호타이어 노조는 해외매각을 반대하며 총파업에 돌입했다. 광주공항의 이전과 광주역 활성화는 선거 때마다 공약으로만 제시되었을 뿐 한걸음도 진전된 것이 없다. 옛 전남도청에서는 여전히 원형보존을 주장하며 점거농성이 계속되고 있고, 국립아시아문화전당 역시 전당장조차 임명되지 않고 있다. 뿐만 아니라 아시아문화중심도시 조성 사업에 반영된 7대 권역별 사업들도 서류로만 존재할 뿐 이렇다할 가시적인 성과는 시작조차 되지 않고 있다. 이러한 상황에서 광주시장 출마를 선언하고 나선 예비후보들로부터 들려오는 이야기는 나름의 광주발전과 혁신, 그리고 지역경제 활성화를 위한 다양한 정책 보다는 '광주시장 선거의 유불리를 계산하는 정쟁'의 목소리가 더 큰 것이 현실이다.

시민의 한 사람으로서 답답한 것은 지역에 중핵기업(中核企業)을 유치할 수 있도록 보조금, 세제, 금융, 규제특례, 혁신프로젝트 등 5대 지원패키지까지 정부가 제공한다고 하지만 정작 광주와 전남은 정부의 지원을 받기 위해 무엇을 준비하고 있으며, 특히 광주시장과 전남도지사 후보들은 어떤 정책과 계획을 갖고 있는지 확인할 수 없다는 점이다. 더구나 지금의 시사이슈는 자치분권의 검색 순위조차 저 멀리 후순위로 밀어내고 있는 상황이다. 우선 남북정상회담과 함께 한국전쟁 후 처음으로 북미정상회담이 추진되고 있다. 유명 정치인과 연예인의 상당수가 미투운동에 의해 하루아침에 나락으로 떨어지는 자극적인 뉴스들도 검색어를 채우고 있다. 전직 대통령인 이명박 전 대통령의 수사와 구속도 눈 앞에 두고 있다. 이 모든 사안들로 인해 오는 6.13지방선거는 지역을 이끌어갈 지역의 일꾼을 뽑는 선거지만 정부와 중앙정치에 의해 정작 지역성을 상실하게 될 가능성도 많다.

그러나 분명한 것은 지방선거의 핵심의제는 지역의 발전과 혁신, 그리고 지역주민들의 삶의 질을 개선하기 위한 내용이어야 한다. 그렇기 때문에 후보들이 문재인 대통령의 인기에 기대고 싶다면 문재인 대통령의 지역 공약에 대한 실행계획이라도 구체적으로 내놓아야 한다. 지지율 높은 대통령의 탄생에 일조하였고 정부 초기 한자리했다는 점을 유권자들에게 알리고 싶겠지만 유권자들에게 중요한 것은 해당 후보자가 당선되었을 때 지역이 어떻게 변화되는지에 관한 것이기 때문이다.

이 차제에 시민사회단체의 역할과 노력도 함께 주문하고 싶다. 시민사회단체는 객관적이고 중립적인 입장에서 후보들의 정책과 도덕성과 자질을 검증하고 결과를 시민들과 함께 공유함으로써 시민들이 올바른 선택을 할 수 있게 도와야 한다. 아울러 지역사회의 갈등을 해소하고 지역경제를 활성화할 수 있는 방안을 찾아 후보들의 공약에 반영하기 위한 노력도 병행해야 한다. 지방선거 후보자들의 자질을 강화시키는 한편, 유권자들에게는 더 좋은 선택을 할 수 있도록 정보를 제공하자는 것이다.

4년마다 치러지는 지방선거야말로 지역의 현실을 점검하고 지역발전을 위해 지혜를 모을 수 있는 계기가 되어야 한다. 지난 4년에 대한 평가와 이후 4년에 대한 준비를 함께 할 수 있기 때문이다. 더욱이 문재인 정부는 우선 국정과제로 제시한 국가균형발전을 추진하기 위해 지역혁신의 구체적인 방안까지 내놓고 있다. 향후 지방자치단체, 시민단체, 대학, 기업, 과학·산업 관련 기관 등이 참여하는 지역혁신협의회도 광역자치단체별로 설치해야 한다. 이러한 정부의 정책기조와 의지가 우리 지역발전의 동력이 될 수 있도록 지방선거 후보자들은 구체적이고 실현가능한 방안들을 제시해야 한다. 시민의 한 사람으로서, 유권자의 한 사람으로서 광주와 전남의 지역혁신 의제는 무엇이어야 하고 지역기업의 육성과 중핵기업 유치를 위해 지역사회는 어떤 노력을 기울여야 할 것인가에 대한 혜안들이 이제는 정책과 공약으로 제시되기를 기대해 본다.

2018.03.17. 광주매일

과연 호남 지도자는 나타날 것인가

비교적 짧은 정치계 입문 기간 동안 많은 조언을 들었는데, 그 중에서 선출직을 '정치꾼'과 '정치인', 그리고 '지도자'로 구분하는 내용이 인상 깊었다.

자기 자리 욕심만 부리면서 민심을 호도하는 방식으로 다음 선거를 준비하는 정치꾼, 진솔된 자세로 민의를 수용하면서 표를 얻으면서 대중성을 확보하는 정치인, 그리고 시대의식을 간파하고 사람들에게 길을 열어주면서 대중을 이끌어나가는 지도자로 정치권 인사들이 나뉜다는 것이 골자였다. 동의한다.

지금의 광주 상황에 대입해보자면, 비록 문재인 대통령에 대한 지지가 확고한 편이지만, 김대중 전 대통령이 세상을 떠난 뒤 호남 민심을 의탁할 호남지도자 부재의 혼란상을 여전히 겪고 있지 않느냐는 생각을 해본다. 실제로 문재인 정부 이후의 호남 민심을 책임질 지도자는 현재 뚜렷하지 않다.

돌이켜보니 수십 년간 광주는 김대중 전 대통령에게 한과 고통을 투영하면서 '행동하는 양심' 등 김대중의 의식을 공유해 왔다. 미국에서 돌아와 5·18 구묘역에서 서럽게 울던 김대중의 모습, 그리고 노무현 서거 당시 반쪽이 무너져 내리는 슬픔을 국민들 앞에 숨김없이 보여줬던 김대중의 모습을 대신할 지도자를 찾기란 당연히 쉽지 않을 것이다.

김대중 전 대통령의 당선 이후 준비된 지도자가 없었던 광주는 진정성 있게 지역감정 타파를 외치는 노무현 전 대통령에게 그 자리를 허락했다. 지역감정의 타파와 지역균형발전 등 숙제도 함께 주었다고 생각한다. '참여'와 '사람사는 세상' 등의 시대의식도 꽤나 멋졌다. 그러나 탄핵 등 여러 곡절을 거쳤고, 결국 노무현은 한스럽게 광주의 곁을 떠났다.

그렇게 떠나보내고 보니 김대중과 노무현 이후의 호남을 이끌어갈 지도자가 없었다. '결집'과 '전략적 선택'을 통해서 지도자와 시대의식을 공유해 왔고 앞으로도 그럴 준비가 되어 있는 것 같지만, 당장 마음에 드는 광주의 시대의식을 제시하는 사람도 없다. 문재인 대통령이 지난 총선 과정에서 겪었던 어려움도 이런 시대의식을 진정성 있게 제시하지 못했기 때문이라고 생각한다.

그런 상황에서 천정배 전 대표의 입을 통해서 제시된 호남정치의 복원 또는 '뉴DJ' 발굴과 같은 단어를 한 번 냉정하게 돌아볼 필요가 있다.

기존의 정치권 인사들이 본인이 직접 당장 호남의 지도자가 될 수 없다면 이제까지 정치를 해 오면서, 숙지한 가치를 공유하면서 미래의 시대의식을 만들어내는 작업을 해야 한다. 특히 뉴DJ 발굴은 단순히 스펙만 좋은 지역 인재를 찾아서 기존의 정치문법에 길들이는 것이 아니다. 취업 자리에 목메달면서 길들어 질대로 길들어진 청년들을 해방시켜주면서 현 세대의 가치를 공유하는 작업을 하고 그 가치를 선제적으로 발전시켜 미래의 시대의식으로 담아내는 숙제를 감당할 인재를 찾는 것이 바로 뉴DJ의 발굴일 것이다. 그러한 과정을 거쳐서 비로소 제대로 된 지도자가 나타났을 때, 호남은 또 다시 특유의 전폭적 지지를 신명나게 보내줄 것이다. 자연스럽게 호남정치는 복원될 것이다.

현재 문재인 정부는 남북관계 개선, 청년 일자리 창출과 같은 매우 어려운 숙제를 수행하고 있다. 위 과제들을 성공적으로 마무리하면서 남북관계 등 새로운 비전을 제시하고 호남 민심이 이에 적극 찬동한다면 이 지역 출신이 아니더라도 문재인 정부의 정신을 계승하는 자가 당분간 호남 민심을 책임질 지도자로서 자리매김 할 수는 있을 것이다.

그러나 이 지역 출신으로 호흡을 같이 해 온 지도자에 대한 갈망은 여전할 것이다. 그동안 지역감정 타파와 균형발전과 같은 가치를 위해서 호남이 선택한 영남 또는 타지역 후보는 명분과 당위성이 있었겠지만, 그 이후의 가치나 시대의식이 공유되지 않은 채 단순히 이번에도 정권을 재창출하기 위해 결집하고 표를 달라는 것은 설득력이 떨어질 수밖에 없기 때문이다. 그렇기 때문에 지금부터라도 호남 지도자를 발굴하는 작업이 계속되어야 한다.

짧은 생각에도 쉽지는 않아 보인다. 이 글을 읽으면서 '나 정도라면 가능하지 않느냐'는 생각을 하시는 분들이 계시리라 믿는다. 그러나 만약 괜찮은 정치인으로 평가받는데 왜 차기 지도자로서 왜 적극적인 지지를 안 해주느냐라고 한다면 제가 앞서 말씀드린 내용과 같은 지도자로서의 준비가 되어있는지를 한 번 돌아보라고 권유하고 싶다. 그런 측면에서 호남이 까다로울 수는 있다.

2018.03.07. 남도일보

원칙과 기본이 바로서는 광주의 새해를 위하여

촛불혁명으로 새정권이 창출된 2017년을 편하게 마무리하지 못했던 것은 제천 화재참사 때문이었다. 세월호 참사와 비교는 어렵지만 주변 지인들의 생명을 앗아가는 사고를 목전에 두고 느끼는 무력감은 결코 가볍지 않기 때문이다.

화재 수습 과정에서의 이런저런 분석과 시시비비는 놔두고서라도 제천 화재참사를 통해서 드러난 여전한 우리 사회의 몰원칙성은 시급한 대책이 필요하다. 특히 소방당국에서 사고 발생 3분만에 선착대를 도착시켰음에도 불구하고 인근에 불법주차된 차량 때문에 화재수습이 5분 가량 지연되었다는 소식처럼 구성원들이 전혀 의식조차 하지 않는 '사소한 원칙 위반'이 어떤 참사로 이어질 수 있는지에 대해서는 근본적인 고민이 필요해 보인다. 세월호 참사에서 그렇게 외쳤던 '골든타임'이라는 단어에는 모든 구성원들이 공감하고 있지만 당장 사소한 개인적 불편과는 동떨어진 단어로 느끼고 있는 것 같아 안타깝다.

새해 첫날마다 일출을 보기 위해서 전국에서 사람들이 몰리는 정동진의 경우, 소방서 앞까지 차량을 불법주차하는 사진을 보고 있자니 제천 화재참사를 겪고서도 과연 나아진 것이 무엇인가하는 또다른 무력감이 생긴다. 공직 사회에 대한 날카로운 비판의식만큼 주권자들의 공동체의식이 따라가지 못하는 것 같아 매우 유감스럽다.

광주로 시각을 돌려보면 어떠한가. 먹자골목 상가 대로변에는 해가 떨어지면 불법주정차된 차량들로 매일 차선 하나씩은 사용이 불가능하다. 소방차는 커녕 일반 승용차량도 교차 통행을 못할 정도로 많은 불편이 초래되고 있다. 이면도로에도 과연 소방차가 진입할 수 있을까 싶을 정도로 많은 차량들이 주정차되어 있다.

실제로 지난해말 국토교통부가 실시한 '2017년도 교통문화지수 평가'에서는 광주가 전국 최하위 수준을 기록했다. 특히 광주 광산구는 전국 69개 자치구 중에서 67위를 기록했다. 17개 전국 광역자치단체 중에서 광주광역시의 순위는 14위 였다.

흔히 지역의 단체장 분들께서 '광주다움'을 자주 언급하지만, 타 지역에서도 공감할 수 있는 광주의 선진의식은 교통문화와 같은 사소한 원칙과 기본이 상대적으로 바로 세워져 있는지가 기준이 될 수 있음을 명심해야 한다. 실제로 자랑스러운 촛불혁명의 경우에도 100만 시민들이 모인 장소에 쓰레기가 하나도 없었던 장면이 외신에 주로 등장했던 것처럼, 선진의식은 구성원들의 목소리가 아니라 남을 배려하는 사소한 행동 하나하나를 통해서 형성되는 것이기 때문이다.

2018년부터 바뀌는 제도 중 하나가 도로에서 긴급출동하고 있는 소방차에 양보를 하지 않을 경우에 부과된 과태료 부분이다. 과거에는 20만원 정도였던 과태료가 올해부터는 200만원 수준으로 대폭 상향조정된다. 이러다 사소한 잘못에도 곤장을 때리는 싱가포르와 같은 사회가 되지 않을까하는 걱정이 든다. '나 하나쯤이야'하는 생각을 나부터 버리지 못한다면 사회제도는 어떻게 변경될지 모르는 것이다.

흔히 변호사업무를 새로 시작하는 변호사에게 법무법인에서 가장 먼저 가르치는 것은 이메일 작성법과 의뢰인과의 전화 응대법 등이다. 서면작업과 관련하여서도 오탈자와 같은 사소한 잘못을 우선 지적한다. 잘못된 습관이 초창기에 형성되어 버리면 좋은 변호사로 성장하기 어렵다는 업계의 확신이 있기 때문이다. 광주의 구성원들도 잘못된 습관들이 있다면 사소한 것부터 이를 바로잡는 노력을 하는 것이 광주의 세계적인 명성에 부합하는 길임을 깨달아야 한다.

다사다난했던 2017년을 표현하는 사자성어로 '파사현정(破邪顯正)'이 선정되었다. 정확한 뜻을 찾아보니 "가르침에 어긋나는 사악한 생각을 버리고 올바른 도리를 따른다"는 의미이다. 부디 위 사자성어를 완수하는 새해가 되길 바란다. 특히 가르침이 부족한 사회는 아닐 것이므로, 모두가 인식하고 있는 모든 '사소한 불법'들이 차츰 사라져가는 사회를 위해 모두가 노력하길 진심으로 바란다.

원칙과 기본이 바로서는 2018년 무술년 새해의 광주 모습을 기대해 본다.

2018.01.07. 광주매일

PART + 04

광주의 미래를 해결하라

광주가 정치적으로 다른 지역과 차별되는 선도지역이 되고 싶다면 이제는 가장 젊은 정치적 자산을 가장 풍부하게 보유한 지역이 되는 것이 그 방법 중 하나일 수 있다. 이제 이들에게 광주의 가치를 적극적으로 전파하면서 미래를 준비하는 것이 광주정치의 당면 과제일 수 있다.

-「피그말리온 효과」 중에서

2022년 주먹밥은 어떤 맛으로 만들까

2021년 41주년 5·18기념식이 마무리되고 어느 덧 오월의 마지막날이다. 코로나 때문에 여느 해처럼 유수의 정치인들이 찾지는 않았지만, 올해 5·18은 단연 유족회의 보수정당 의원들 초대가 화제가 되었다. 법안 통과에 진정성을 보였던 성일종 의원 등 보수 야당 의원들의 광주 방문은 다른 지역 국민들에게도 깊은 인상을 남겼다.

김기현 국민의힘 원내대표가 송정역에서 깜짝 주먹밥 미팅을 했다. 이제는 연대의 상징이 된 주먹밥을 송영길 더불어민주당 대표와 함께 무릎을 맞대고 함께하는 모습 또한 다른 지역 국민들에게 깊게 각인됐다.

5월 16일에는 양동시장에서 당시 어머니들이 직접 41년 전 주먹밥의 원형을 복원하는 행사가 열리기도 했다. 41년 전에는 특별한 재료가 들어가지 않았다. 밥과 소금과 김이 전부였다. 허기를 달래기 위해서 군부 몰래 삼키던 주먹밥에 별다른 재료가 들어가지 않았던 것은 어찌 보면 당연한 것이다. 당시 광주에서 구할 수 있는 주먹밥 재료가 없었던 때문이기도 할 것이다. 김기현 대표가 식사를 한 송정역 주먹밥은 멸치와 참치를 넣어서 만든 것이다. 역시 누구라도 집에 있는 재료로 손쉽게 만들 수 있는 것들이다.

멸치와 참치 그리고 밥과 소금만으로 41년 전의 나눔과 연대의 상황을 다른 지역 사람들에게도 체험할 수 있도록 하는 소중한 음식이 된 주먹밥. 보수정당과도 함께 나누고 체험하는 음식이 되었으니 이제는 어떤 주먹밥을 만드는 것이 좋을까.

인천 인하대 후문에는 대학생들이 즐겨 찾는 스팸볶음밥이 있다. 대학생들이 좋아한다니 2022년 주먹밥에는 스팸도 넣어 보면 어떨까. 경상도 거제 장승포에서는 오돌뼈를 넣어 만든 주먹밥이 인기라고 하니 내년 5·18 기념식에 찾아오는 영남 분들에게는 오돌뼈 주먹밥을 만들어서 대접하는 것도 좋을 것 같다.

하기야 원래부터 주먹밥은 독립운동 시절에도 나누어 먹던 것이기도 했으니 어떤 메뉴로 만들어도 5·18 당시의 나눔과 연대의 체험을 할 수만 있다면 뭐가 대수랴. 보수정당과도 나누어 먹게 된 주먹밥이 이제는 전 국민과 함께 나누어 먹으면서 그 의미를 되새기는 음식이 되길 희망한다.

마침 2022년은 대통령 선거가 있는 해다. 대통령 당선자가 처음으로 광주를 찾게 될 것이다. 민주당 출신이 올 수도 있지만 그렇지 않을 수도 있다. 민주당 출신의 당선인이 온다면 이제 5·18 주먹밥은 모든 지역 국민들이 나누어 먹을 수 있는 음식이 되었으니 당선인도 주먹밥 정신으로 온 국민의 화합과 나눔 그리고 연대를 꿈꿔 달라고 주문해야 할 것이다. 민주당 출신이 아니라도 광주에서 맛보는 주먹밥은 41년 전 서슬퍼런 상황에서도 포기할 수 없었던 공감과 소통의 정신이 깃들어 있는 것이니 보수의 가치가 공감과 소통 그리고 나눔과 연대의 가치와 공존할 수 있도록 해 달라는 주문이 가능할 것이다.

그렇게 하기 위해서는 우선 광주 안의 반목이 남아 있다면 그것부터 해결되어야 한다. 5월 단체들의 공법단체 설립을 둘러싼 갈등이나 과거 국민의당과 민주당으로 나뉘어서 치열한 선거전을 펼친 뒤의 앙금이 있다면 양측의 입맛을 모두 충족시킬 수 있는 주먹밥을 만들어 해소하기를 바란다.

내년 대선을 앞두고 또 다시 편가르기와 갖은 공격이 난무할 생각에 걱정이 앞선다. 어느 때보다 치열한 대선이 될 것으로 예상되는데, 대선 직후의 5·18 기념식은 전 국민의 갈라진 상처를 확인하는 것이 아닌 추스르고 공감하는 행사가 되어야 한다. 이를 위해 지금부터 내년 5·18 주먹밥을 어떻게 만들지 한 번쯤 미리 생각해 보아야 할 것이다.

2021.05.30 광주일보

사회복지지도 다시 그리자

얼마 전 한 봉사단체와 함께 집치우기 봉사에 참여하면서 내가 살고 있는 동네의 복지 현주소를 다시 한 번 확인할 수 있게 되었다. 지방자치단체가 앞다투며 사회복지 관련 프로그램을 개발하고 운영하지만, 정작 실효성이 미치지 못하고 있는 곳이 가까운 곳에 있다는 사실도 확인할 수 있었다. 텔레비전의 어느 프로그램에서나 볼 수 있었던 "이것이 실화냐"싶은 집들이 의외로 많았다. 집안에 쌓인 쓰레기 때문에 대문을 열 수 없을 정도였다. 이런 환경에서 어떻게 생활하고 있는지 안타까움을 넘어 복지행정이 미치지 못하는 것에 대한 속상함도 적지 않았다.

몇 년 전쯤으로 기억된다. 서울 서대문구가 '방문복지지도' 프로그램을 개발, 운영해 전국 자치단체 중에서 '2015 생활불편개선 우수사례 경진대회'에서 대통령상 대상을 받았다는 내용의 신문 기사를 읽은 적이 있다. 관리가 필요한 취약계층 대상자를 지역 지도에 표시해 위험도에 따라 색으로 분류하는 등 위기 가정을 한눈에 파악할 수 있도록 했고, 또 방문 대상의 상시 발굴, 수급 결정, 관리의 전 과정을 전산화해 체계적인 처리가 가능하도록 설계했다고 한다. 2단계로 복지방문지도와 지역 155개 사회복지시설 정보를 연동하는 작업으로 주민 누구나 휴대전화와 인터넷을 통해 사회복지시설 및 복지자원의 실시간 검색, 출력이 가능하도록 했다고 한다. 찾아가는 복지, 주민이 참여하는 복지를 위해 반드시 필요한 프로그램이 아닐 수 없다. 지방자치단체 전체 예산에서 복지비용이 차지하는 비율이 점점 높아지고 있고, 많은 봉사단체들의 참여가 늘고 있지만 여전히 복지행정의 사각지대는 존재하고 있다. 그런 점에서 복지행정의 효율성을 높이는 한편, 봉사단체의 참여도 쉽게 접근될 수 있는 서대문구의 방문복지지도는 매우 의미 있는 프로그램이라 생각된다.

지난 4월과 5월에는 지역아동센터 아이들을 초청한 음악회와 다문화가정을 대상으로 한 보성 대원사의 템플스테이에 함께 참여할 기회가 있었다. 음악회를 준비하신 분들은 '문화를 향유할 기회가 많지 않은 아이들에게 동기를 부여하고 자신들도 제대로 모르고 있을 재능을 개발하거나 확인할 수 있는 계기'를 주고 싶어 기획했다고 했다. 또 대원사 템플스테이에 참여한 한 다문화 가정은 한국에 들어와 생활한 지 7년이 넘도록 단 한 차례도 아이들과 함께 소풍을 다니지 못했다고도 했다. 북구의 지역아동센터장 님께서는 특히 한부모와 다문화 가정의 아이들이 의사전달 과정의 문제점으로 또래집단에서 스스로 위축되는 아이들이 많다고 했다. 이런 아이들이 집에만 있지 않고 지역아동센터에서 다른 아이들과 어울려 공부도 하고 소통할 수 있도록 방법을 찾는 일과 이런 아이들에게 다양한 기회를 만들어주고 싶다는 지역아동센터장님의 말씀 안에 지역아동센터의 사회적 역할이 얼마나 크고 소중한 것인지가 담겨져 있었다.

사회복지는 이제 국가가 베풀어주는 시혜가 아니라 공동체사회가 건강하게 유지되기 위해 반드시 필요한 국가와 사회의 의무로 자리잡아가고 있다. 사회복지가 추구해야 할 목표와 방향 역시 공동체사회의 건강한 유지와 발전에 맞춰져야 한다. 예컨대 다문화가정의 아이들이 소외되거나 스스로 자신감을 잃고 있는 상황을 방치하면 그 아이들에 의해 발생하게 될 사회적 비용이 결코 만만치 않을 것이다. 뿐만 아니라 사회봉사활동을 지속적으로 해 오고 잇는 단체관계자들의 이야기에 따르면 특정한 기관이나 시설에 수혜가 집중되면서 복지를 필요로 하는 기관과 시설의 부익부 빈익빈이 존재한다는 것이다.

복지행정의 시작은 복지사각지대를 제대로 확인하는 작업이어야 한다. 내가 살고 있는 동네의 환경과 공동체 구성원의 삶의 환경을 돌아보고 확인된 복지사각의 현황을 지도로 제작하는 것, 사회봉사단체들과 행정이 함께 해야 할 일이 아닐까 싶다. 나아가 법과 제도 안에서만 방법을 찾을 것이 아니라 서대문구처럼 복지사각지대를 발굴하고 봉사단체와 행정이 쉽게 접근할 수 있는 지도가 제작된다면 복지행정의 실효성도 높이고, 사회봉사단체의 참여도 활성화시킬 수 있을 것이다. 우선 필자부터 지인들과 함께 내가 살고 있는 동네의 사회복지지도를 만들어볼 생각이다.

2019.07.10. 전남매일

노인과 아동 횡단보도 교통사고 근본 대책 없나

국토교통부 발표에 따르면 지난해 교통사고 사망자 중에 44.5%가 고령자라고 한다. 여기에 미취학 아동들을 포함시키면 그 심각성은 훨씬 높아질 것이다. 국토교통부를 비롯한 여러 지방자치단체들도 문제의 심각성을 감안하여 횡단보도 이용에 관한 교육과 홍보를 지속적으로 강화하겠다는 계획을 내놓았다.

그러나 교육과 홍보에 의존한 '고령자와 아동들의 횡단보도 교통사고 줄이기'는 한계가 있어 보인다. 어르신들의 경우 경로당을 방문해 해당 교육과 홍보를 강화하고, 미취학 아동들에 대해서도 어린이집과 유치원 등에서 맞춤형 교육을 강화하겠다는 것인데 문제는 어르신들의 경우 교육과 홍보의 효과가 실제 일상생활에 적용되기가 쉽지 않을 것이기 때문이다.

며칠 전 지인과 함께 점심을 먹고 횡단보도를 건너는데 한 어르신이 보행기에 의존한 채 신호등이 없는 횡단보도를 건너는 모습을 본 적이 있다. 순간적으로 어르신이 건너는데 걸리는 시간, 일시 정지선과 횡단보도 우선 멈춤의 기본적인 교통 법규를 지키지 않는 차량이 적지 않다는 점에서 정말 근본적인 대책이 시급하다는 생각을 했다. 누구든 일부러 사고를 낼 일은 없겠지만 사고라는 것이 잠깐의 방심과 예기치 않은 상황에서 발생하는 것이라는 점에서 특히 어르신들의 행동과 젊은 사람들의 예측에는 상당한 차이가 있을 수밖에 없고, 이런 경우에 얼마든지 사고로 이어질 수 있는 것이다.

우리나라의 교통문화는 사람보다는 차량 중심, 심지어 초등학교 앞 횡단보도에서도 사람이 차량의 속도와 운행의 상황을 먼저 고려하고 판단해야 하는 것이 일반적이다. 이런 문화와 환경에서 어르신들과 아이들을 대상으로 한 교육과 홍보만으로 횡단보도 교통사고를 얼마나 줄일 수 있을까? 기대 효과를 무시하는 것이 아니라 운전자들을 대상으로 한 교육과 홍보가 더 시급하고 더 나아가 근본적인 대책 마련이 필요하다는 생각이다.

우선할 대책으로는 모든 초등학교와 어르신 계층이 많은 지역을 교통안전취약 지역으로 지정하고 보행자를 우선 보호할 수 있는 장치를 더 강화하는 방안이 있을 수 있다. 예컨대 초등학교 앞 횡단보도 등은 이미 시행하고 있는 '옐로우 카펫' 등을 의무화하여 운전자들에게 시각적 예방 조치를 주는 것이다. 또한 어르신 계층이 많이 살고 있는 지역의 경우에도 이와 유사한 방법의 대책이 강구되어야 한다. 아울러 교통안전취약 지구에서의 속도 제한 역시 좀 더 강화하는 방안으로 도로 교통 법규와 관련 제도를 개선하는 방안도 함께 마련되어야 한다.

자동차는 이미 우리 삶의 필수품이다. 문명의 이기가 인간의 생명을 위협하는 상황에 이르지 않게 하는 것은 결국 그것을 사용하는 인간에게 있다. 더구나 생명의 위협에 노출되는 대상이 어르신들이나 미취학 아동들과 같은 사회적 약자라고 한다면 문명의 이기를 다루는 인간의 세심한 주의와 배려가 더욱 중요하지 않을 수 없다. 사고 가능성에 대한 인지력이 떨어질 수밖에 없는 어르신들과 아이들에게 교통사고를 줄이기 위한 교육과 홍보 못지않게 자동차 운전자들을 대상으로 한 교육과 홍보의 강화, 교통 문화의 개선을 위한 법적, 제도적 보완을 통한 근본적인 대책의 마련, 나아가 사람 중심의 교통 문화를 정착시키기 위한 다양한 사회적 노력이 병행되어야 할 일이다.

흔히 광주를 '인권의 도시'라고 말한다. 인권의 도시란 인간의 개인적 조건과 주어진 환경에 따라 차별받지 않도록 실질적인 제도와 문화가 선행되어야 한다. 다른 도시에 비해 약자들을 배려하고 그들의 삶이 사회로부터 보호받고 있다는 것이 실효적으로 확인되는 도시여야 한다. 광주가 명실상부한 인권의 도시로 인정받기 위해서는 우선 사회적 약자들을 배려하는 사회적 가치를 정립하고, 이를 정책에 반영하는 특별한 노력이 뒤따라야 한다. 그것이 인권 도시로서 광주의 '인권 지수'를 높여 도시 경쟁력까지 끌어올리는 '광주다움'일 수 있다고 생각한다.

구체적인 대책의 하나로 교통안전취약 지구에 "어머니가 건너는 횡단보도입니다", "내 아이가 집으로 가는 횡단보도입니다" 등의 문구를 사용해 볼 것을 제안한다.

2019.04.15 광주일보

음악회에서 알게 된 지역아동센터 역할의 소중함

음악회에 초대를 받아 갔다가 의미 있는 경험을 했다. '도시락(圖詩樂)'이라는 문화단체가 준비한 찾아가는 아름다운 음악회였다. 북구 지역아동센터 6곳의 아이들을 초청해 자선음악회를 개최했고, 이 자리에 초대되어 지역아동센터 운영자 님들과 아이들과 함께 음악회를 즐겼다. 처음 음악회장에 들어섰을 때부터 시종일관 집중하는 아이들의 모습에 적잖이 놀랐다. 어린 지역아동센터의 아이들이 다소 생소한 테너와 요들과 같은 공연에 과연 관심을 보일까하는 걱정은 전혀 할 필요가 없었다.

공연 후 지역아동센터장 님들로부터 이야기를 들어보니 요즘 지역아동센터의 역할과 기능이 좀 달라지고 있다고 한다. 우선 주무부서를 보면 사회복지를 담당했던 부서에서 출산과 인구정책을 총괄하는 부서로 바뀌었다. 지역아동센터에 다닐 수 있는 대상 아이들도 과거 저소득층 아이들에서 맞벌이 부부나 다자녀가정 그리고 다문화가정의 아이들에게도 그 폭이 넓어졌다고 한다. 지역아동센터가 방과후의 가정과 돌봄교실 그리고 학교의 공교육이 담당하지 못하고 있는 여러 역할과 기능을 하고 있다는 사실을 새롭게 인식할 수 있었다.

그러고 보니 요즘 아이들은 초등학교에 입학하기 전부터 유치원 혹은 사교육을 통해 한글을 익히는 경우가 대부분이다. 그러나 다문화 가정의 아이들의 경우는 좀 사정이 다르다고 한다. 우선 엄마와의 소통이 원활하지 않기 때문에 다문화 가정 아이들의 한글과 어휘 구사 능력이 일반 가정과는 비교가 된다는 것이다. 특히 어휘력의 문제는 또래집단에서 소외의 원인으로 작용하게 되고, 그런 상황이 아이들의 성장과 사회성에 적잖은 영향을 미치게 된다.

금번 음악회에 아이들을 데리고 오신 한 센터장 님께서는 그런 아이들을 보살피는 데 남다른 지혜와 노력을 기울이고 계셨다. 한글을 제대로 익히지 못한 다문화 가정의 아이 상황을 확인하고, 이 아이를 센터의 다른 아이에게 보살피고 가르치도록 배려한다고 했다. 보살피고 가르치는 아이 입장에서는 자신보다 더 어려운 아이의 입장을 이해하고 배려하는 마음이 길러지고, 배우는 다문화 가정의 아이는 공동체 구성원으로서 소속감과 사회성을 갖게 된다는 점에서 센터장님의 노고가 특별하게 느껴졌다.

이제는 흔해져 버린 맞벌이 부부들에게 양육 문제는 늘 어려운 일이다. 아이도 학교와 가정에서 보내는 시간보다 지역아동센터에서 보내는 시간이 더 많을 수 있다. 가정에서 부모와 소통하는 시간, 학교에서 선생님과 소통하는 시간보다 지역아동센터의 선생님들과 소통하는 시간이 더 많을 수 있다. 그런 점에서 지역아동센터의 순기능이 우리 사회의 건강을 유지하는데 중요한 역할을 한다는 것을 확인할 수 있었다. 지역아동센터야말로 정부로부터 받는 지원에 비해 그 역할과 기능이 너무 큰 것이 아닐 수 없다. 실제로 가정과 공교육으로 채워지지 않은 상당 부분의 보살핌을 지역아동센터가 담당하고 있다는 점에서 더욱 그렇다.

건강한 사회의 기초단위가 가정임은 주지의 사실이다. 아이들의 성장 과정에서 무관심과 방임이 어떤 문제로 이어지는지는 충분히 예상되는 일이다. 특히 가정환경이 보통의 일반적인 환경과 다른 경우의 아이들, 예컨대 다문화가정이나 조손가정, 한부모 가정 등의 아이들에 대해서는 지역아동센터가 아이들의 심리적 상황을 확인하여 가정과 학교가 같이 연계해 문제를 사전에 해결할 수 있도록 시스템을 갖추는 것이 필요해 보인다. 여기에 출산을 장려하기 위한 국가의 지원정책도 지역아동센터의 순기능에 더 많은 관심과 지원이 필요할 것으로 생각된다.

교육복지의 보편성 확장 이전에 아이들이 학교와 가정에서 방임되지 않도록 사회가 다 함께 책임지는 문화와 정책이 필요하고, 이미 그 한 축을 담당하고 있는 지역아동센터가 그 기능과 역할을 다하게 하는 것도 중요한 복지정책이자 출산장려정책 중의 하나로 고려될 수 있다고 본다.

최근 우리 사회를 떠들썩하게 했던 사립유치원의 문제는 우리 사회에서 보육과 교육현장에 계신 분들의 의식과 노력이 얼마나 중요한 지를 확인하는 계기였다. 그러던 중 이번 음악회에 초대받아서 함께 이야기를 나눈 지역아동센터 관계자 님들의 노고와 남다른 열정에서 많은 것을 배우게 되었다. 지역아동센터 아이들의 문화적 소외와 갈증을 풀어주기 위해 이런 음악회를 만들어 주신 분들도 더 없이 고마운 분들이고, 아이들과 함께 이런 음악회를 찾아주신 지역아동센터 관계자 님들의 마음도 너무나 고마운 일들이었다. 이 분들의 건투와 건승을 빌어본다. 우리사회의 건강을 위해, 좀 더 나은 대한민국의 미래를 위해.

2019.03.18. 광주매일

전국소년체전 폐지 논란을 통해 살펴보는 엘리트 체육

유명 정치인을 비롯한 사회 각계의 주요 인사들에 의한 '미투(Me Too)'바람이 한동안 광풍처럼 우리 사회를 휩쓸었다. 체육계도 예외가 아니었다. 특히 체육계는 엘리트 육성과정이 폐쇄적이라는 점과 어려서부터 개인밀착형 지도과정이 유지되기 때문에 그 심각성이 크게 와 닿는다. 동시에 미투 문제뿐만 아니라 집단폭행과 집단 따돌림, 지도자들의 학맥과 학부모들의 과도한 개입 등의 문제들이 복합적으로 드러났다.

최근 한 체육단체에 고문변호사로 위촉되면서 체육인들로부터 이런 제반 현안과 논란 등에 관한 입장을 확인할 수 있었다. 그 중 체육계 미투에 대한 문화체육관광부에서 대책을 발표하면서 이슈가 된 전국소년체전의 폐지에 관한 논란이 있었다.

돌이켜 보면 한국사회의 체육 엘리트 정책은 1988년 서울올림픽으로 거슬러 올라간다. 전두환 집권 이후 사회적 관심을 비정치적으로 유도하기 위해 선택한 것이 스포츠였다는 것이 정설이다. 이 때 등장한 구호가 '체력은 국력이다'였다. 1988년 서울올림픽을 목표로 비인기 개인 종목, 예컨대 레슬링이나 복싱, 양궁과 같은 종목을 집중 육성하여 성과를 내는 방식이었다. 이 서울올림픽이 세계 4위라는 대회 성적을 통해 대한민국의 국위를 선양하는데 많은 영향을 미치게 되었고, 그 성과에 힘입어 엘리트 체육은 더욱 공고한 정책으로 자리 잡게 된다. 그 와중에 논의된 전국소년체전의 폐지 문제는 고등부를 전국체전에서 분리시켜 소년체전에 편입하여 전국학생체육제전으로 전환하는 것이 주요 내용이었다. 한편 이 과정에서 문체부 장관의 '소년체전폐지' 표현으로 엘리트 체육대회 자체의 폐지 여부 논란이 불필요하게 생겨났다.

오히려 이런 논의를 통해서 대두된 중요한 문제는 엘리트 체육 자체에 대한 반론이었다. 금메달로 상징되는 성과지상주의와 청소년들의 학습권과 인권에 관한 문제 등을 들어 엘리트 체육에 대한 정책 전환의 요구가 만만치 않았다. 어린 나이부터 엘리트 체육 정책에 편입되거나 선택된 아이들은 학습권으로부터 멀어질 수밖에 없고, 폭행과 집단 따돌림 등의 인권 문제 역시 대단히 심각하다는 점은 충분히 귀 기울여야 할 문제다. 그래서 이 차제에 엘리트 체육 정책을 사회체육 정책으로 바꿔야 한다는 주장이 제기되고 있는 것으로 보인다.

반면 엘리트 체육이 이루어낸 성과 역시 가볍게 여길 문제는 아니라는 입장도 만만치 않았다. 국위를 선양하는데 엘리트 체육이 기여한 측면은 당연히 평가받아야 한다는 것이다. 또한 어린 나이부터 많은 것을 포기하고 성과를 위해 치열하게 노력해 온 체육 꿈나무들의 미래 역시 고려되어야 한다는 주장이다. 사실 엘리트 체육 정책에 편입되어 집중적인 지도를 받고 있는 학생들의 경우 이미 학습권으로부터 멀어져 있을 뿐만 아니라 이들이 중, 고등학교와 대학교 진학, 나아가 사회적 진출 역시 모든 과정이 대회의 성적과 관련되어 있는 시스템이 엘리트 체육 정책이었다는 점에서 엘리트 체육 정책의 갑작스러운 전환은 이들에게 미래를 포기하게 만드는 결과에 다름 아니라는 것이다.

사실 개인적으로 최근 체육계 인사들과 자주 접하면서 알게 된 현실은 체육 꿈나무를 키우고 있는 학부모들의 입장 등을 통해서 이 문제를 단순히 사회적으로 드러난 미투와 지속적인 폭행 등의 사회적 문제를 극대화해서 엘리트 체육 정책 자체를 폐지하는 극단의 정책 전환은 신중해야 한다는 생각을 하게 되었다. 오히려 이러한 지도자들과 학부모들의 엘리트 체육의 필요성이 국민 일반의 공감을 얻기 위해서는 엘리트 체육계 내에 만연되어 있는 폭행과 집단 따돌림, 학맥에 의한 특정 세력의 독점적 세습, 심지어 성폭행과 체육계 내의 부정과 비리 등에 대한 근본적 대책 마련에 체육계가 앞장서야 한다고 생각한다. 아울러 엘리트 체육 교육 과정에서 일정한 결과에 이르지 못하고 중도에 포기하거나 중단할 수밖에 없었던 아이들에 대한 사회적 배려와 지원책도 반드시 모색되어야 한다. 이를 위해 체육 꿈나무들이 폭력과 집단 따돌림 등으로부터 보호받을 수 있는 인권과 인성, 학습권 등에 대한 제도적 보완이 동시에 이루어져야 한다. 정책은 책상머리에서 만들어지는 것이 아니라 해당 주체들의 열린 가슴과 맞댄 머리에서 만들어질 때 비로소 그 가치가 드러나기 때문이다.

2019.02.25. 남도일보

'광주형 일자리' 우려와 기대, 그리고 대안

지난 1월 31일 광주광역시와 현대자동차가 완성차 합작공장 설립 투자협약을 체결함으로써 4년여 동안 진행되어 온 '광주형 일자리'사업이 본격적인 궤도에 오를 수 있게 되었다. '광주형 일자리'에 대한 관심은 국내외 지방정부와 기업들의 이목을 집중시키고 있다. 성공 여부에 따라 새로운 일자리 창출의 모델이 될 수 있기 때문이다.

산업구조와 시장질서의 변화에 따른 일자리 감소는 이미 예견된 일이었고, 이로 인한 고통을 분담하고 기업과 노동자와 지방정부가 상생하는 방향을 모색하는 과정에서 시작된 '광주형 일자리'사업은 처음 독일 폴크스바겐의 아우토(AUTO) 5000을 벤치마킹하면서부터다. 그러나 과정은 순탄치 않았다. 협의 주체인 현대기아차와 노동계의 입장이 수평선을 달렸고, 현대차와 광주광역시의 입장 또한 그 간극이 적지 않았다. 결국 문재인 대통령까지 나서 일은 성사되었지만 사실상 이제 시작에 불과하다는 것이 중론이며, 우려와 기대의 목소리가 뒤섞여 나오고 있다.

오랜 진통이 있었지만 이 진통은 소모적이었다고 생각하지 않는다. '광주형 일자리'의 성사는 우선 광주의 도시이미지를 바꿀 수 있는 절호의 기회라는 점에서 연착륙을 통한 성공여부에 따라 광주의 도시이미지는 그동안의 부정적 이미지에서 상생의 새로운 이미지로 탈바꿈하게 될 것이다. 광주의 입장과 현실과 의도와는 무관하게 그동안 광주의 도시이미지는 노동계의 강성과 투쟁 이미지만 부각된 채 기업들이 투자를 기피해 온 것이 현실이었다. 이제 고통을 분담하는 상생의 선험적 모델을 통해 광주는 민주화를 위한 투쟁의 역사를 바탕으로 '광주다움'의 새로운 이미지를 만들 수 있게 될 것이다.

따라서 '광주형 일자리'는 많은 우려에도 불구하고 꼭 성공해야 할 사업이다. '광주형 일자리'사업이 성공하기 위해서는 몇 가지 선행조건이 충족되어야 한다. 첫째는 상생이라는 대원칙에 입각한 고통분담이 어느 한쪽으로 기울어져서는 안 된다는 점이다. 노사의 관계, 원청과 하청의 관계, 1대주주로서 광주광역시와 2대주주로서의 현대기아차의 관계가 상생의 원칙에 충실해야 할 것이다. 둘째는 이 사업의 지속가능성 여부다. 현재의 협약 내용대로라면 5년 후의 상황에 대한 여러 우려가 제기되지 않을 수 없다. 그러나 많은 전문가들이 예상한 대로 완성차 제조 공장이 5년 후에도 생산을 이어가기 위해서는 무엇보다 해외시장을 개척해야 한다. 국내 경차 시장을 잠식할 것이라는 노동계의 우려에 귀를 기울여야 한다. 그런 점에서 광주광역시와 현대차는 함께 해외시장 개척을 위한 전담기관을 설치하는 것을 검토해야 한다. 특히 광주광역시는 임금의 절반 정도를 교육, 보육, 주거 등의 지원으로 자기 할 일을 다 하는 것이 아니라 국가기관의 적극적인 협력을 받아 해외시장을 개척하는데 더 실질적인 노력을 기울여야 할 것이다. 셋째, 1만 2,000명의 직접 고용효과 외에도 간접고용효과를 창출할 수 있는 관련 산업의 다각화를 위한 연구와 개발에도 많은 투자가 동시에 이루어져야 한다. 예컨대 자동차 튜닝산업이라든가 미래형자동차 산업과 관련된 R&D투자 등이 될 수 있다. 넷째, 현대자동차는 독일의 폴크스바겐이 그랬던 것처럼 5년 후 이 사업이 성공적으로 안착되면 완성차 공장의 숙련된 노동자들을 정규직으로 전환시키겠다는 적극적인 의지가 필요하다. 다섯째, 노동계 역시 노사협약을 제약하는 법적 규제가 없다고 하더라도 이 사업의 취지와 목적에 적극적으로 임해야 한다. 이 사업의 성공이 곧 안정된 직장, 더 향상된 삶의 질을 보장받을 수 있을 것이기 때문이다. 마지막으로 광주의 시민사회의 역할이다. 광주형 일자리가 성사되기까지 시민사회의 노력이 적지 않았다는 점에서 이 사업의 성공적 안착과 지속가능한 광주의 먹거리가 될 수 있도록, 그래서 세계가 벤치마킹하는 광주가 될 수 있도록 지혜와 힘을 모아야 한다.

돌이켜 보면 국가부도의 위기에 김대중 대통령은 과감한 정보통신 분야의 투자를 통해 대한민국 경제 20년 먹거리를 만들어 놓았다. 광주형 일자리 역시 그런 발상과 먼 미래까지를 내다보고 지금부터 하나하나 매듭들을 슬기롭게 풀어가기를 희망한다. 기해년 새해가 그 원년이 되어야 한다.

2019.02.10. 광주매일

서울 집값, 과연 남의 이야기인가

그야말로 난리다. 서울 집값뿐만 아니라 광주에서도 10억 원이 넘는 아파트 거래가 나오기 시작했다. 서울 강남지역에서는 100억 원짜리 경매매물이 나오기도 했다. 누가 봐도 정상이 아니다. 문제는 전문가들 중에는 아직 상승의 여지가 더 남아 있다는 분석이 존재한다는 점이다.

최근 부동산 급등세의 원인은 여러 가지가 있을 수 있다. 정책실패 등을 많이들 언급하지만 근본적인 원인은 마땅한 투자처가 없는 시중 자금이 부동산으로 몰리기 때문일 것이다. 여전히 최저임금 인상 등 물가상승의 여지가 남아 있고, 금리는 여전히 낮다 보니 현물 중 가장 인기 있는 재화인 서울, 그 중에서도 강남쪽 부동산으로 자금이 몰리는 것이다.

지역에서 자기 집을 가지고 안정적인 직장을 구한 분들에게는 그야말로 남의 이야기일 수 있다. 이런 상황을 보면서 굳이 뭐하러 복잡하게 서울 가서 사느냐 하는 말이 나올 수 있을 법하다. 보유세를 대폭 부과하면 집값이 잡힐 텐데 왜 시간 낭비하느냐는 이야기도 제법 나오고 있다.

그러나 문제는 그렇게 단순하지 않다. 많은 지역의 젊은이들이 여전히 일자리를 찾아 수도권으로 가야 되는 상황이다. 자식을 좋은 대학에 보내고 싶은 부모의 욕심은 그래야 자식에게 조금이라도 더 좋은 직장과 높은 연봉이 생길 확률이 높아지기 때문이 아니던가. 어렵게 하숙생활을 하면서 학교를 졸업하고 겨우 찾은 일자리로 결혼에 성공해 맞벌이 생활을 하면서 몇 년 동안 저축하는 금액보다 몇 달만에 더 크게 오르는 집값에 지역 출신 젊은이들은 말 못할 좌절을 겪고 있다.

지역 상황도 좋지 않다. 지방대를 육성해서 미래를 대비하면 좋겠지만, 대표 사학인 조선대의 상황만을 보더라도 낙관적이지 않다. 한전공대 설립에 다들 반기는 분위기지만 광주 대표 국립대 측에서는 경쟁을 반기는 분위기도 아니다. 그렇다고 양질의 사무직 일자리가 늘어날 것으로 보이지도 않다. '광주형 일자리'가 화두지만 당장 내년도 정부예산안에도 반영되지 않아 정부의 추진 의지 또한 신뢰하기 어렵다.

이런 상황에서 정부의 최고 정책책임자는 모두가 강남 살 필요가 없다는 일반 정서에 공감하지 못하는 발언을 하고 있다. 서울 변두리 지역 아파트도 10억 원을 우습게 호가하는 상황에서 놔둘 곳은 그냥 놔두자는 취지의 발언이 과연 어떤 위로가 되는가. 사회생활을 시작하자마자 10억 원 정도를 모아야 내 집 마련이 가능하다는 부담감을 느껴 보지도 못했을 테고 아이가 초등학교라도 입학하면 2년마다 오르는 전세금에 맞추어 아이를 전학시킬 수도 없고, 이사도 쉽게 가지 못하는 상황을 과연 이해는 하면서 하는 발언인가.

모두가 개천에서 용이 될 수 없으니 개천에서 가재, 붕어로 행복하게 살자는 말도 종교지도자가 아닌 청와대 고위공직자로서 할 수 있는 적절한 발언은 아니다. '살만한 개천 만들기'는 모든 정치인의 숙제이다. 그렇지만 과연 가재, 붕어로서 어떻게 사는 것이 바람직한지에 대한 선택지를 제시한 적이 없으면서 할 이야기는 아닌 것이다.

최저임금이 인상되어 가처분소득이 늘어나고 주거지는 굳이 자가가 아니어도 되니 과도한 절약보다는 적당한 소비로 실물경제가 선순환되어 경제규모가 성장하는 결과를 바랐을 지도 모르겠다. 그러나 지금 사회초년생인 청년들은 학창시절에 '공부 열심히 해서 서울에 있는 좋은 대학을 가고 대기업에 취직해서 허리띠 졸라매고 맞벌이하면서 학부모 되기 전에 내 집 마련해서 자리잡으라'는 지극히 절제된 목표를 강요받았다. 아직 정부가 개인을 완벽히 책임지지 못하는 상황에서 안정적인 내 집 마련을 포기하고 소비규모를 키우면서 정부 정책에 순응할 사회초년생이 과연 얼마나 될까.

지금의 부동산 문제는 이렇게 지역과 동떨어진 문제도 아니고, 남의 이야기도 아니다. 청년들이 일찍 결혼해서 한 명이라도 더 많은 아이를 낳기를 바란다면 가장 시급하게 해결해야 할 문제일지 모른다. 어쩌면 지역을 떠나지 않고 청년들이 돌아오는 도시를 만들려면 바로 지금이 지역 일자리 대책이 가장 시급하게 마련되어야 할 시점일지도 모른다. 연일 계속되는 부동산 뉴스를 광주에서 편하게 바라보지 못하는 이유다.

2018.09.09. 광주매일

불타는 자동차를 만든 회사에게 징벌적 손해배상을

연일 도로에서 불타는 고급외제차가 화제다. 정부에서 드디어 운행중지명령을 발동했고, 예방책으로써 징벌적 손해배상제도의 확대가 논의되고 있다. 기존 손해배상제도가 '입증된 손해액'을 기준으로 엄격하게 배상책임을 제한하는 책임법리를 강조했다면, 징벌적 손해배상제도는 그 예외로써 손해액의 3배까지 배상책임을 부과하는 것이다.

이미 징벌적 손해배상제도의 확대는 문재인 정부 시작부터 활발히 논의되었던 사안이다. 실제로 작년 4월 가습기 살균제 사건 재발 방지 등을 명분으로 제조업체에 징벌적 손해배상제도를 도입하는 제조물책임법이 개정된 한편, 작년 6월 당시 공정거래위원장으로 내정된 김상조 후보자의 인사청문회 과정에서도 김상조 위원장은 보다 대폭적인 징벌적 손해배상제도의 확대와 3배수 배상원칙을 10배수까지 확대할 필요성을 주창하기도 했다.

그로부터 1년만에 BMW 사고를 계기로 다시금 징벌적 손해배상제도의 확대가 본격적으로 논의되고 있다. 현행 법체계로는 신체적 위해가 발생하는 제조물에 대해서만 징벌적 손해배상제도가 적용이 되는데, 금번 BMW 사고와 같이 인명피해 없이 차량피해만 있는 재산상 위해에 대해서도 징벌적 손해배상제도를 도입하여 예방책으로 활용하자는 것이다.

당연히 재계에서는 난색을 표하고 있다. 반대 논리는 크게 2가지 정도다. 기업에 대한 제재가 과징금 등 행정 규제와 형사처벌 같은 현행 제도로 충분히 강하게 이뤄지는 상황에서 민사재판에서까지 징벌적 배상제도를 확대할 경우 이중, 삼중의 과잉처벌이 될 수 있다는 과잉처벌 논리가 첫째다. 두 번째는 소송 남발로 기업활동이 위축될 수 있다는 우려다. 징벌적 손해배상제도가 가장 폭넓게 적용되고 있는 미국에서 징벌적 손해배상제도를 우려해 많은 기업이 신제품 출시를 미루고 있다는 조사결과가 원용되기도 한다.

개인적으로는 징벌적 손해배상제도의 부작용은 크지 않다고 생각하며, 손해의 입증책임을 완화하는 제도로서의 확대 도입되어야 한다는 입장이다.

소송 실무적인 관점에서 살펴보면, 손해액의 입증 절차가 여간 까다로운 것이 아니다. 감정절차까지 진행하고서도 손해액의 산정 불가능 판정이 나오기도 하고, 손해액의 입증 곤란을 이유로 재판부에서 조정을 강권하는 모습이 자주 연출된다. 이러한 상황에서 3배까지의 손해배상책임을 인정하는 징벌적 손해배상 제도는 오히려 피해자에게 입증 곤란을 구제하고 보완된 손해배상제도로써 기능하는 경우가 많을 것이다. 추정되는 손해액보다 입증된 손해액이 훨씬 적더라도 3배까지의 손해배상제도를 활용하면 현실화된 손해배상이 가능하기 때문이다.

결국 과잉배상 등으로 위헌성이 제기되지만 현실적인 제도 운용의 측면에서는 피해자의 입증책임을 완화하는 기능이 우선한다는 점에 주목할 필요가 있다. 법원 역시 추정된 손해 이상의 배상책임을 인정하는 것에는 대단히 신중한 태도이므로, 일각에서 제기되는 문제는 그렇게 크다고 보이지 않는다. 오히려 이러한 측면에서 '징벌적 성격'이 형해화되는 것 아니냐는 지적마저 있는 상황이다. 게다가 징벌적 손해배상제도의 확대는 소비자 권리를 강조하고 있는 이번 정부의 정책기조와도 부합한다는 점을 강하게 고려해야 한다.

징벌적 손해배상제도의 핵심은 징벌이 아니라 소비자의 안전과 재방방지 그리고 피해자에 대한 구제 노력의 확대에 있다. 실제로 하도급법 등에서는 징벌적 손해배상과 관련하여 배상액을 산정하는데 고려하는 사정으로 '위반행위의 기간과 횟수', '원사업자의 피해구제 노력의 정도' 등이 포함되어 있다. 소송절차 이전에 기업이 피해발생과 관련한 예방책을 어느 정도 마련하였는지를 따져본다는 것이다.

작년 옥시의 가습기사태, 애플의 아이폰 문제 그리고 올해 BMW의 화재사고까지 국민의 생명과 재산을 위협하는 외국기업의 문제가 반복되고 있음에도 뚜렷한 재발방지책이 마련되지 않고 있다. 징벌적 손해배상제도의 확대는 국내 기업활동의 위축 이전에 국내 소비자를 간과하고 있는 대형 외국기업에게 보내는 정부의 경고장일 수도 있다. 국내 기업활동의 위축을 우려해 징벌적 손해배상제도의 확대를 미룰 이유는 전혀 없다. 명심하자. 결론은 소비자 보호다.

2018.08.09. 전남일보

욕망이라는 이름의 전차

철학자 니체는 인간의 욕망을 '푸줏간 앞의 개'로 비유했다. 푸줏간의 고기가 먹고싶어 개는 호시탐탐 푸줏간 안을 노리지만 푸줏간 주인의 칼이 무서워서 정작 들어가지는 못하고 그 앞에서 한참을 머뭇거리고만 있다. 이러한 모습이 현 사회의 구성원들이 가지고 있는 욕망과 닮아 있다는 뜻이다.

모든 사회구성원은 욕망을 가지고 있다. 더 좋은 직업을 가지고 싶고, 더 좋은 집에서 살고 싶어 한다. 그러나 한정된 재화의 특성상 보다 더 좋은 집과 환경 등은 경쟁에서 승리한 사람들만이 차지할 수밖에 없다. 이러한 경쟁 과정을 제도적으로 관리하는 것이 실질적인 정부 정책 중 대다수를 차지한다. 실제로 '규제'라는 이름의 정책은 푸줏간의 칼처럼 인간의 욕망을 제도적으로 다스리고 과도한 경쟁을 막기 위한 취지에서 시작되는 것이 대부분이다.

이러한 상황에도 불구하고 어떻게든 경쟁에서 성공하려는 사람들이 있는 한편, 기본적인 삶의 수준만을 유지할 수 있다면 꼭 필요한 경쟁에만 참여하면서 살아가려는 사람들도 있다. 어쨌든 사회구성원들은 정부가 '경쟁'이라는 제도를 어떻게 관리하고 보장하는지에 대해서 관심이 있을 수 밖에 없다. 현 정부의 과거 선거캠페인 중 가장 호응이 높았던 "기회는 동등하게 주어질 것이고, 과정은 공정할 것이며, 결과는 정의로울 것"이라는 말은 '경쟁'을 바라보는 구성원의 시각이 어떠한 지를 잘 보여주고 있다.

한편, 정부의 제도적 규제가 구성원들의 욕망 분출을 따라가지 못하고 사회문제화되는 경우가 있는데, 흔히 이런 상태를 '광풍' 또는 '열풍'으로 표현한다. 가장 최근의 '비트코인 열풍'이 대표적이다. 몇 년전 이루어진 최초 비트코인 거래가 피자 2판을 주문하였던 것이었는데 현재 가치는 무려 수백억 원 상당이라고 하니 구성원들의 관심과 열풍은 어찌보면 당연한 것이다.

이에 대해서 형법 전문가인 법무부장관은 '비트코인은 도박'이라고 규정하면서 전면 규제방침을 발표했다. 현재 비트코인에 대한 사람들의 관심은 상당히 수그러들었지만 그 이면에는 새로운 투자처를 찾아온 사람들의 욕망을 일시에 규제한 것이라는 불만 또한 존재한다.

특히 비트코인은 순수 민간영역에서 발전되어온 이력을 가지는 한편, 첨단기술에 대한 이해를 필요로 하기에 20~30대 청년들의 관심이 누구보다 컸다. 모처럼 기성세대보다 경쟁우위에 있는 투자처를 발견하였는데 정부가 이를 선제적으로 막았다는 불만이 많다. 실제로 청와대 국민청원 게시판에는 비트코인 규제와 관련하여 '국민들에게 단 한 번이라도 행복한 꿈을 꾸게 해본적이 있습니까'라는 글이 올라왔다. 게시자는 "국민을 보호한다고 생각하지만 국민들은 정부가 우리의 꿈을 빼앗아 간다고 생각"한다고 주장하는데, 그 글의 동의자는 20만 명이 넘는 상황이다.

실제로 공기업 채용비리로 시끄러운 요즘의 현실과 흙수저 담론을 연결시켜 본다면 이러한 청년들의 불만도 이해 못할 것은 아니다. 박노해의 시 '거짓희망'에서는 "희망은 헛된 희망을 버리는 것"이라는 구절이 나오는데, 과연 현재 청년에게 헛된 희망은 비리가 있는 공기업 등 채용시장이었을까, 아니면 순수하게 운이 작용하는 가상화폐 시장이었을까.

이렇게 규제 정책은 규제 이후에 발생할 수 있는 정서적인 불만과 부작용을 아울러 고려해야 한다. 특히 양극화가 심화되고 있는 상황에서 계층 상승을 추구하는 욕망이 새로운 투자처를 찾고 있음을 이해하고 이를 달래면서 사회문제화되는 것을 막는 정서적인 접근법이 필요하다. 이같은 당연한 욕망을 그저 '한탕주의'로만 치부해 버린다면 민심의 이반을 막을 수 없다. 그렇기 때문에 적어도 금번 비트코인 규제책을 발표하면서 보여준 당국의 단호함 보다 채용 비리와 공정한 경쟁을 가로막는 조치에 대해서 보다 강한 규제와 단호함을 보여줄 필요가 있는 것이다.

유명 작품인 '욕망이라는 이름의 전차'에서 주인공이 마지막으로 도착한 역은 '천상의 낙원'(Elysian)이었다. 그 곳에서 주인공 블랑쉬는 현실주의자인 스탠리를 통해서 파멸로 이끌어진다. 블랑쉬의 욕망의 원인을 이해하고 강압적이지 않은 방법을 택했다면 희곡의 결말은 달랐을지 모른다. 현실주의자일 수 밖에 없는 정부겠지만, 현대사회 역시 자본주의라는 이름 아래 구성원들의 욕망을 사회의 동력으로 활용하도록 설계되어 있음을 명심해야 한다.

2018.02.04. 광주매일

비트코인과 블록체인이 몰고 올 변화에 대비해야

이제까지 주식거래나 투기성 거래는 해본 적이 없다. 그런데 새로운 가상화폐 또는 암호화폐로 불리우는 '비트코인' 열풍이 얼마 지나지 않으면 수많은 법적 쟁점을 가져올 것이라고 생각하니 관심을 가질 수 밖에 없었다.

실제로 얼마 전 법원에서는 '비트코인'은 파일형태일 뿐 실물화폐가 아니기 때문에 형사 절차에서 몰수 대상이 아니라는 판결을 했다. 반면에 국세청에서는 이를 재화로 보아서 과세를 준비 중이라는 이야기가 나오는 등 각 법률 영역별로 상당한 논란이 예상된다.

일반적인 경제주체들은 변동성이 매우 큰 투기성 자산으로 비트코인을 바라보고 있는 것 같다. 몇 년 전 이루어진 최초 비트코인 거래가 피자 2판을 주문하였던 것이었는데 당시 피자 2판 가격이었던 비트코인의 현재가치가 무려 500억 원 상당이라고 하니 그 관점은 어찌보면 당연한 것이다.

그래서 현재 비트코인 열풍에 대한 투기규제 관점의 우려 또한 당연하다. 며칠 전 한국법제연구원에서는 '비트코인 등 가상화폐의 규제 및 법제화 방안 보고서'를 발간하였는데, 비트코인을 취급하는 세부 업종별로 각기 다른 인가요건과 감독규정을 구체적으로 마련할 것을 주문하기도 했다. 현재 금융감독원 같은 형태의 공신력있는 전담 조직을 마련해서 소비자 피해를 대비해야 한다는 말도 나오고 있다. 얼마 전 국내 굴지의 비트코인 거래소 서버 다운 사태 이후로 주식거래에서의 '서킷브레이크'(주식거래가액의 변동폭이 극심할 경우 일시적으로 거래를 중단하는 제도)를 비트코인 거래에 도입해야 한다는 요구도 있다.

혹자는 지금의 비트코인 열풍이 과거 네덜란드의 '튤립파동'과 유사한 거품현상일 거라는 예상을 한다. 그럴 수 있다. 그러나 비트코인의 경제적 가치가 실제로 거품현상으로 마무리 되더라도 우리가 주목해야 할 것은 비트코인의 극심한 가격변동성에 가려진 '블록체인'의 미래가치와 무한한 응용가능성이다.

블록체인을 간단히 설명하자면, 기존에는 제3자에게 돈을 송금하기 위해 시중 은행 중 한 곳을 선택해서 은행에 송금수수료를 지불하고 상대방에게 송금절차를 거쳤다. 이 거래 내역은 은행 서버에 기록되고 폐쇄적으로 은행이 관리한다. 송금 여부가 궁금하다면 해당 은행에서 발행하는 증명서를 발급받으면 된다. 그러나 비트코인을 사용하는 경우에는 금융기관을 거치지 않고 직접 상대방의 인터넷주소로 돈을 송금한다. 당연히 수수료 문제는 발생하지 않지만 거래의 진실성이 문제될 수 있다. 그러나 증명서를 발급할 금융기관은 없는 상황이다. 이 부분에서 비트코인은 모든 거래내역을 모든 사람에게 공개해 버리는 방식을 채택했다. 즉, 나와는 상관없는 거래내역도 비트코인 이용자에게 모두 전송되는데 모든 이용자들이 동일한 내용의 거래내역을 승인해 줘야 송금이 완료되는 구조다. 거래액수를 속여서 추가 인출을 하려고 하면 모든 이용자들이 가지고 있는 내역을 동시에 조작해야 한다. 완전 공개를 통해 해킹을 차단하는 역발상인 것이다.

블록체인은 공신력 있는 기관이 관리하는 정보보다 모든 사람에게 공개된 정보가 더 안전하고 효율적일 수 있다는 결론을 전제로 한다. 이러한 결론을 사람들이 확신하게 된다면 사회의사결정 구조 전반의 변화가 불가피하다. 블록체인이 가지는 혁명성과 미래가치는 여기에 있다.

실제로 블록체인 기술은 법률서비스 영역에도 곧바로 도입될 수 있다. 대표적인 것이 '공증'제도인데 국가가 관리하는 공증인의 진술보다 '특정 시점에 특정 합의가 있었다'는 사실을 모두에게 공개하는 방법으로 공증제도를 대체할 수 있다는 주장도 있다. 2012년 대선에서의 조작가능성 논란과 같이 선거관리시스템에서도 앞으로 블록체인 방식으로 이를 해결하자는 주장이 나올 수 있다. 다른 산업분야에서도 응용의 여지가 분명히 존재할 것이다. 결국 비트코인의 가치가 폭락하고 거품현상임이 증명되더라도 정보의 수평적 공개와 관리를 추구하는 블록체인의 응용 시도는 그와 무관하게 존속될 것으로 보인다.

이러한 무한한 가능성에 주목하여 응용분야를 창출하고 선도기술을 마련해야 한다. 그것이 바로 '창조경제'고 '신규일자리의 근본적 창출방안'이 아닌가. 크리스틴 라가르드 IMF 총재 역시 최근 "세계 각국 중앙은행들은 디지털 가상화폐에 대해 진지하게 생각해봐야 한다"면서 "곧 기존 금융 산업의 엄청난 붕괴가 올 수 있다"고 말했다. 비트코인을 더 넓은 시야로 바라보길 주문한 IMF 총재의 발언을 흘려 듣지 말아야 한다.

2017.11.18. 광주매일

피그말리온 효과

겨울은 입시철이라는 누군가의 이야기처럼 겨울이면 주변 지인분들의 자녀가 이른바 명문대학에 입학했다는 소식이 심심찮게 들려온다. 입시생 시절을 돌이켜보니 필자는 당시 논술 때문에 적잖이 고생을 했던 것으로 기억이 난다.

학창시절 작은 논술대회에서 상을 하나 받았었는데, 그 당시 논술대회 주제는 그리스로마신화의 '피그말리온' 이야기에 관한 것이었다. 여성에 대한 혐오감을 가진 키프로스의 조각가가 이상적인 모습의 조각상을 만들고는 그 조각상과 사랑에 빠져버린 이야기다.

현재 가장 흔하게 찾아볼 수 있는 피그말리온의 이야기는 교육학에서 자주 보이는 '피그말리온 효과'다. 조각상에 대한 끝없는 동경이 결국 영혼을 찾게 된 조각상과의 성공적인 사랑으로 귀결되듯이, 학생과 피교육자에 대한 끊임없는 관심 및 격려에 피교육자는 성장으로 보답한다는 이론이다.

'광주'라는 공간으로 시각을 돌려보면, 교육과 인재육성이라는 측면에서 위와 같은 피그말리온 효과는 적지 않은 비중을 차지해 왔다. 광주의 교육열은 전국적으로 유명한 수준인데, 특히 어려운 가정환경 속에서도 학력으로 성공하려는 학생들은 피그말리온 효과에서 요구되는 끊임없는 격려와 동기부여가 필수적이었기 때문이다.

축구 강국인 네덜란드와 아르헨티나가 수많은 축구인재를 양성하여 해외리그로 진출시키면서 외화벌이에 앞장서듯이 필자는 어린 시절 똑똑한 아이들은 지역에만 머무르지 않고 서울 등으로 보내서 큰 사람으로 키워야 한다는 말을 자주 들었다. 이러한 취지에서 '남도학숙'이라는 지역예산이 투입되는 기숙시설까지 만들어지기도 하였다.

이러한 풍조는 매년 겨울마다 고등학교별로 서울대 합격자와 고시 합격자 수를 현수막으로 만들어 광고하면서 서로 경쟁하는 모습으로까지 나타났다. 이러한 이야기는 서울대 지상주의로 대표되는 대학서열화와 지방대학의 발전 문제 그리고 학력신장에만 매진하여 소홀하게 되는 인성교육 문제 등 여러 가지 논쟁거리와 연결되는 주제기도 하다. 그렇기만 적어도 지역의 인재를 발굴하고 육성해야 한다는 문제의식은 현재에도 여전히 포기하기 어려운 과제다는 것은 분명하다.

다만, 한 가지 안타까운 것은 발전가능성이 있는 젊은 인재들에게 과연 지역이 그만큼 충분한 관심과 격려를 보여줄 준비가 되어 있느냐다. 당장 대선 국면에서 호남 출신 대통령감을 찾아볼 수 없다는 탄식은 5년 뒤, 10년 뒤에도 반복될 수 있는 이야기인데 그에 대한 대책은 찾아 보기도 어렵다. 국회의원은 물론이고, 지역정가의 구성원들 중에서도 청년과 인재 육성에 관한 목소리를 내는 30대는 전혀 찾아보기 어려운데 어떻게 20년 뒤에 지역의 목소리를 대변하는 인재가 나올 수 있는지도 의문이다.

지역 내부적으로 지역정서에 공감하고 지역에서 꾸준히 활동하는 젊은 인재를 발굴해서 육성하는 프로그램이 마련된 것도 아닌데, 객지에서 학업을 마치고 고향으로 돌아와 목소리를 내보려는 인재들에게는 지역정서를 이해하지 못하니 목소리를 낼 자격이 있느냐는 냉정한 지적이 있는 것도 사실이다.

80년의 광주를 겪고 민주화에 앞장선 많은 분들이 현재 지역 목소리를 대변하고 있고, 그렇기에 광주는 여전히 다른 지역과 차별성이 있는 것도 사실이다. 그렇지만 이제는 그 이후를 냉정히 준비해야 한다. 광주에서도 80년 광주를 겪어보지 못한 이들이 이제 30대 주류를 이루고 있다. '광주정신' 등 자랑스러운 가치는 이제 좋은 교재와 스승이 없다면 30대에게는 공감조차 어려운 주제가 되어 버렸다.

광주가 정치적으로 다른 지역과 차별되는 선도지역이 되고 싶다면 이제는 가장 젊은 정치적 자산을 가장 풍부하게 보유한 지역이 되는 것이 그 방법 중 하나일 수 있다. 이제 이들에게 광주의 가치를 적극적으로 전파하면서 미래를 준비하는 것이 광주정치의 당면 과제일 수 있다.

'광주정신'으로 무장한 젊은 30대를 지금부터라도 육성하자. 광주의 청년들은 전국적으로 소문난 인재들이기에 관심과 격려를 보이는 것만으로도 그 과업을 충분히 훌륭하게 수행할 수 있을 것이다.

2017.02.20. 광주매일

갑질 행위는 진정한 민주사회의 발전을 막는 장애물

얼마 전 광주북부경찰서에서 '우월적 지위를 이용한 불법행위 근절을 위한 자문변호사', 이른바 갑질 피해방지 변호사로 위촉되었다. 좋은 취지의 활동이 가능하겠다 싶어서 감사하는 마음으로 수락했다.

위촉장을 받고 곰곰이 그동안의 변호사 생활을 돌이켜 보니 소위 갑질이라는 행태가 참으로 다양하게 나타나고 있다는 생각이 들었다. 우선 기억에 나는 대표적인 갑질로는 모 재벌그룹 집안에서 근로자에게 매값을 던지고 폭행한 사건이 있고, 유명한 땅콩 회항 사건도 있었다. 얼마 전 상관인 부장검사의 폭언을 견디지 못하고 자살한 젊은 검사는 필자의 대학시절 학회 후배이기도 했다.

일상적인 갑질로는 아파트 경비원 등에게 폭언을 하거나 술에 취해 경찰관을 힘들게 하는 이른바 '주폭'들도 많다. 오랜 기간 동안 동반성장위원회와 대중소기업협력재단의 일을 맡아오면서 기업간에서 문제되는 갑질도 많이 경험했다. 기업이 하도급업체나 대리점들에게 계속적 거래관계를 전제로 할당량을 배당하고 밀어내기식 재고처리를 하는 경우도 많았고, 해외투자를 진행하면서 하도급업체를 동반 진출시킨 뒤 해외에서 발생하는 리스크를 하도급업체에게 모두 전가하는 지능형 갑질도 있었다. 심지어 대규모 신규공사를 발주하면서 중소기업에게 그동안 밀린 대금 청구를 포기하는 각서를 받은 뒤 신규 공사가 불가항력적으로 타절(打切)되었다고 주장하면서 대금 지급을 나몰라라 하는 경우도 있었다.

법적으로만 보자면, 이러한 갑질 행태에 대해서는 형법에 따라 강요죄, 모욕죄 등으로 처벌이 가능하고, 불공정거래행위로 보아 공정거래위원회의 여러 가지 제재도 가능하다. 그러나 여러 경험에 비추어 보더라도 대다수의 피해자와 하도급업체 등은 직장과 일자리 그리고 계속적 거래관계를 포기하지 못하고 도저히 참지 못할 때까지 견디는 경우가 많았다. 참다참다 못참고 상당 기간이 지나서 지난 갑질 피해를 소송절차나 사정기관에서 진술을 하더라도 갑질 가해자측은 계약자유의 원칙과 경영상 판단 등을 언급하면서 자유로운 의사로 수용된 행위이니 전혀 위법하지 않다는 떳떳한 항변으로 대응하는 것이 부지기수다. 경영자의 갑질에 대해서는 노조라도 있다면 이런저런 대응이 가능하지만 노조 조차 없는 기업에서는 동료들의 진술을 확보하기조차 버거운 경우가 많다. 실제로 증거 부족 등으로 제대로 처벌되지 않는 경우도 많았고, 대금 포기 각서 등은 여전히 유효한 것으로 평가되기도 했다.

헌법에서는 만인이 평등하고 존엄하다고 천명하고 있고, 하도급법 등에서는 서면작성 의무부터 세세한 의무를 부과하면서 이런저런 피해를 방지하고 있다. 그렇지만 여전히 법의 사각지대는 존재하기 마련이다. 특히 하도급법과 상생협력법 등을 통해서 징벌적 손해배상제도가 도입되기도 했지만 아직 완전히 정착되지도 않았으며, 기업들도 그다지 제도적인 두려움을 느끼고 있는 것 같지도 않다. 이렇게 이 시간에도 여전히 수많은 갑질 피해가 발생하고 있을 것이다.

어떤 법도 갑질을 허용하도록 근거를 마련해주는 경우는 없다. 그러나 하도급법 정도를 제외하고는 갑질할 여건이 생길 경우에 이를 방지하도록 정면으로 규율하는 법률 또한 특별히 존재하는 것 같지도 않다. 개인적으로는 갑질 피해를 세부적으로 유형화하고 이에 대한 징벌적 성격의 위자료 배상의무제도가 도입되었으면 하는 바람이다. 특히 일상적인 갑질, 처벌 가능 여부가 모호한 '선을 넘지 않는 갑질' 행위도 근절될 필요가 있다.

영화 등에서 자주 언급되는 '메멘토 모리(Memento Mori)'는 본래 로마시절 개선장군 뒤에서 끌려오는 노예들이 '너도 언젠가는 죽게 되니 그동안 겸손하라'는 취지로 외쳤던 단어였다고 한다. 모두들 언제든지 '을'이 되어 갑질 피해를 당할 수 있다는 의식을 가져야 한다.

이런 갑질이 성행하는 사회가 과연 진정한 민주사회라고 평가받을 수 있는지도 모르겠다. 기왕에 갑질 피해 방지를 위한 자문변호사로 위촉되었으니 필자도 열심히 노력하겠다. 광주 모든 경찰서에서 자문변호사가 위촉된 만큼 곧 가시적인 성과가 나오길 기대한다.

2016.10.21. 광주매일

PART + 05

광주를 사랑한다는 것은 책임진다는 것

제대로 된 진실규명, 아직도 이른바 '미해결 과제'로 남은 5·18의 진실을 제대로 밝히는 일이다. 작금의 기회에 진실을 제대로 확인하지 않는다면 왜곡된 진실을 아무렇지 않게 재생산하는 불행한 역사는 언제든 되풀이될 수 있기 때문이다.

5·18정신을 헌법 전문에 담아야 할 이유는 너무나 간명하다. 열흘 동안의 항쟁 과정에서 보여준 광주시민의 정의 수호 의지와 혼란스러움 속에서도 강력범죄가 하나도 없었던 공동체의식은 헌법전문에 수록된 3.1운동과 4·19정신을 뛰어넘는 헌법적 가치기 때문이다.

-「5·18정신의 헌법 전문 수록의 당위성」 중에서

보수단체 5·18폄훼 방치해선 안돼

지만원의 북한군 투입설을 비롯한 5·18민주화운동에 대한 역사왜곡이 심상치 않다. 그런 분위기 때문인지 광주에서조차 집단적으로 5·18민주화운동의 역사에 대한 시비가 집단적으로 일어나는 것을 심심찮게 볼 수 있다. 전에 볼 수 없었던 풍경이기도 하지만 정작 우려되는 것은 전말을 자세히 알지 못하는 젊은 세대들에게 이런 모습이 어떻게 비칠까 걱정이 적지 않다.

5·18민주화운동은 1997년 4월 대법원의 확정판결에 의해 전두환을 비롯한 신군부세력들이 국헌 문란의 내란을 저질렀다는 점이 명백하게 확인됐고, 헌법수호의 최종권자인 국민으로서 신군부의 국가권력 찬탈에 맞섰던 광주시민의 저항은 '국민저항권'으로 인정받았

다. 우리 헌법에 명시적으로 규정되어 있지는 않지만 우리 헌법은 분명하게 국민이 헌법과 국가권력의 종국적 책임자임을 분명히 하고 있는 바, 그것이 "대한민국의 권력은 국민으로부터 나온다"라는 조항이다.

5·18 유공자 공개 요구 악의적

국회의원들조차 나서서 법률적으로, 제도적으로 이미 명백해진 사실을 부정하고 있는 마당이니 일부 보수단체 회원들이 광주의 한복판에서 "5·18유공자 명단 공개"를 앞세워 5·18민주화운동의 역사와 그 정신을 폄훼하는 것이 당연한 것인지도 모르겠다. 나에게 광주는 대한민국의 인권과 민주주의를 오늘에 있게 한 상징의 도시다. 광주 시민이 흘린 피는 나 같은 젊은이들이 정치와 사회 활동을 할 수 있는 자양분이 되어 주었다. 내가 누리는 자유와 인권, 민주적 가치가 어떤 과정을 통해 오늘에 이르렀는지는 불과 몇 년 전 촛불혁명 과정에서도 분명하게 확인됐다.

그런데 광주 한복판에서 5·18민주화운동의 역사를 왜곡하고 폄훼하는 단체 행동을 심심치 않게 볼 수 있게 된 이 현실이 안타깝고 속상하기 이를 데 없다. 물론 5·18민주화운동 유공자들의 자정에 대한 필요성을 부정하지는 않는다. 그러나 몇 천 명에 이르는 5·18민주화운동 관련자들 중에 지극히 소수에 불과한 일부 회원들의 일탈이

5·18민주화운동의 가치를 전체적으로 부정할 수 있는 이유와 명분으로 악용될 수는 없어야 한다. 나아가 5·18민주화운동 관련 유공자들의 명단 공개 역시 그렇다. 이미 상무지구의 5·18기념공원 내에 위치한 5·18관련 시설물 안에 이미 5·18관련 피해자들의 이름이 분명하게 새겨져 있고, 이 명단이 곧 유공자 명단과 다를 바 없다. 그들이 이곳을 모를 리 없고, 여기의 그 명단이 공개적으로, 그것도 돌판에 새겨져 있다는 사실을 모르지 않을 것이다.

피해자 명단은 돌판에 새겨져

한편 이들의 명단 공개요구는 국가보훈처에게 실정법을 위반하라는 것과 다름없다. 개인정보보호법에 의해 개인의 신상과 관련된 정보는 적법한 절차와 과정 없이 공개할 수 없도록 하고 있고, 개인정보 유출로 기업들이 곤욕을 치르는 경우를 이들이라고 보지 않았을 리 없다. 명분은 그것인데 이유는 다른 데 있기 때문이다.

5·18민주화운동은 대한민국의 민주화 이행기에서 여전히 보수진영에게 넘을 수 없는 장벽이라 여기고 있기 때문이다. 5·18민주화운동의 진실이 더 명확하게 드러나고, 그 과정에서 보수진영이 어떤 일들을 벌여 왔고, 이들이 5·18희생자들의 국가유공자 지정에 대해 어떻게 반대했는지를 스스로 잘 알고 있을 터이고, 대한민국의 자유민주주의를 수호한 공로는 오직 자신들만의 것이어야 한다는 기득권

의 집착에 다름 아니다. 되돌아보건대 5·18민주화운동의 법적, 제도적 명예회복은 단순히 5·18문제만의 해결에서 그치지 않고 한국전쟁을 전후해 발생한 국가폭력과 그로 인한 무고한 희생의 명예를 회복하고 진실을 바로잡는데 결정적 영향을 미쳐 왔다. 그래서 이들에게는 5·18민주화운동의 가치만 부정하면 대한민국의 민주화 과정을 통째로 부정할 수 있다는 그들만의 믿음 때문은 아닐까.

그렇다고 5·18민주화운동을 정점으로 한 한국 사회의 민주발전 과정의 역사와 그 가치는 어떤 이유로도 훼손될 수 없고, 반드시 올곧게 계승, 발전되어야 할 것임에는 틀림없는 사실이다. 그래서 광주시민의 5·18민주화운동에 대한 자부심과 그 가치를 지키기 위한 노력은 각별해야 한다는 생각이다. 광주는 5·18민주화운동을 통해 광주정신이라는, 세계 어느 도시에서도 갖지 못한 도시 이름 뒤에 정신을 붙여 인류 보편의 역사와 가치를 담은 고유명사를 가질 수 있었기 때문이다.

2019.04.17 전남매일

5·18 진상규명을 위한 제언 1

5·18진상규명 특별법은 9월 14일부터 시행에 들어갔다. 그러나 자유한국당의 조사위원 추천이 늦어지면서 해를 넘겨도 진상규명 조사위원회조차 구성하지 못하고 있었으나 비로소 3명의 위원을 추천했다. 추천된 인사들에 대한 이견은 있을 수 있겠으나 어쨌든 이로써 5·18진상규명조사위원회는 출범할 수 있는 기본요건은 갖추어진 셈이다. 올 한 해는 5·18민주화운동의 진상규명이 사회적 쟁점으로 자리할 가능성이 많다. 그런 점에서 5·18진상규명을 어떻게 해야 하는가에 대한 나름의 제언을 몇 차례 나누어 이 지면에 올리고자 한다.

비상계엄이라고 하더라도 비상계엄에 관한 법적 준거와 비상계엄하에서의 진압작전의 원칙이 마련되어 있음을 확인하고, 그럼에도 자국민을 대상으로 한 광주에서의 진압행위는 비록 군대라는 특수한 상황, 즉 상명하복의 불가피성으로 모든 것이 덮어지거나 용서될 수 없는 영역에 대한 철저한 조사가 이루어져야 한다. 국제인권법에서 적시하고 있는 반인륜적 범죄, 집단학살과 집단성폭행, 그리고 사체의 훼손과 유기는 명령권자는 물론이거니와 그 실행에 가담한 최종 행위자까지 밝혀 사법심판의 대상으로 삼아야 한다.

만약 5·18진상규명 특별법이 가지는 한계로 인하여 그 진실을 끝까지 확인하기 어렵다고 판단되면 이 사실을 뒷받침할 수 있는 유력한 증거들과 피해자들의 진술을 종합하여 검찰에 제공하고 수사를 의뢰해야 한다. 검찰은 공소시효에 관한 문제, 불소급에 관한 문제와 상관없이 철저한 수사와 기소를 원칙으로 임해야 한다. 그런 문제는 검찰이 기소를 한 후에 재판정에서 다툼의 대상이 될 수는 있다고 하더라도 검찰의 수사기피 이유가 되어서는 안 된다. 재판과정에서도 이미 1995년 12월에 제정된 공소시효를 정지한다는 내용의 특별법과 불소급 등에 관한 헌법재판소의 결정이 있다는 점에서 다툼의 여지는 없다고 본다.

1994년 11월부터 검찰이 "성공한 쿠데타는 처벌할 수 없다"는 논리를 앞세워 '공소권 없음' 결정을 번복하고 재수사를 시작해 1995년4월 기소에 이르기까지 광주의 5·18공동대책위원회가 제시했던 수사 대상과 현장조사에 형식적으로 응했을 뿐, 진실을 추적하고 규명하는데 많은 한계를 보였던 것이 사실이다. 그러나 검찰의 재수사 및 기소 과정 자체를 부정할 수 없는 것은 어쨌든 가해자들을 대상으로 한 다각적인 조사를 실시했고, 16만 쪽에 해당하는 방대한 수사기록 곳곳에 그 흔적이 남겨져 있다는 점에서, 그리고 검찰이 그동안 정치, 사회적 상황과 완전하게 독립적이지 못했던 이력으로 본다면 기소대상의 축소를 비롯한 여러 문제점이 있음에도 나름의 성과는 평가받을 수 있다고 본다.

외국의 과거청산 사례에서도 진실을 기본 전제로 한 화해와 처벌이라는 두 가지 방향에서 다양한 시도가 있었고 어떤 경우는 성공한 사례로 평가받고, 어떤 경우는 실패한 사례로 평가받는다. 이와 관련해서는 별도의 기회를 통해 정리하고자 한다. 다만, 외국의 사례를 타산지석으로 삼아야 할 것은 아르헨티나의 눈까마스 보고서와 같이 제대로 된 보고서가 생산되어 그 보고서 안에 지속가능한 과거청산의 방법과 의지가 담겨진다면 '5·18진상규명조사위원회'는 자기 역할의 상당 부분을 평가받을 수 있게 될 것이다.

5·18진상규명조사위원회는 인력과 시간의 제약, 강제조사권을 부여받지 못한 점 등으로 조사의 실효성에 한계를 가질 수밖에 없다. 그러나 5·18진상규명특별법의 내용을 들여다보면 수사의 의뢰, 대통령

에게 의제의 요청, 특별검사의 요청, 청문회 실시, 중앙정부와 지방정부의 지원 의무화, 민간단체의 위임과 위탁 등의 다양한 방법들이 포함되어 있다. 따라서 5·18진상규명조사위원회는 그런 법률 규정을 잘 활용한 다양하고 효과적인 기획이 동시에 진행되어야 한다. 민간의 위임과 위탁만 하더라도 인권과 민주주의, 그리고 사회정의를 위해 다양하고 전문적인 활동을 해 온 시민사회단체가 많다는 점에서 이 단체의 도움을 받을 수도 있을 것이다. 동시에 앞에서 이야기한 바와 같이 5·18진상규명조사위원회의 제약 때문에 한계가 있는 조사대상 중에 명백하게 증거가 존재하고 관련 피해당사자가 존재한다면 이를 수사 의뢰하거나 사안에 따라 청문회를 실시하거나 특별검사제를 통해 해결하는 방안도 있다. 이처럼 다양한 기획을 통해 자신들의 과거 행적을 언제까지 숨기고만 있을 수는 없다는 인식을 갖게 할 때 가해자들의 양심적인 증언과 제보도 기대할 수 있을 것이다. 이로써 5·18 진상규명조사위원회는 국민의 알권리 수준을 넘어 '정의실현자'로서의 역사적 소명을 다하는 위원회로 국민들에게 신뢰받을 수 있게 될 것이다.

2019.01.14. 남도일보

1980년 5월 계엄군의 성폭행! 철저한 진상규명과 더불어 반드시 법적 책임을 이끌어내야

문재인 대통령의 긴급 지시로 구성된 여성가족부, 국방부, 국가인권위원회 공동조사단이 5·18민주화운동 과정에서 자행되었던 계엄군의 성폭행 조사 결과를 발표했다. 설마가 현실이 되었다. 광주의 1980년 5월은 계엄군이 광주를 점령하려 했던 전쟁터였음이 확인된 것이다. 심하게 표현하자면 일본군들이 한국의 어린 여성들을 정신대로 끌고 갔던 만행과 다를 바 없는 만행이 광주에서도 계엄군, 그것도 자국의 군인들에 의해 자행된 것이다. 국가기관의 공동조사 결과라는 점에서 충격적이고 분노를 금할 수 없다.

그동안 이와 관련된 '설'이 많았던 것은 사실이다. 그러나 제대로 된 진상규명이 이뤄지지 않았고, 그 피해자들은 통한의 38년 세월을 고통받아야 했다. 조사 결과 확인된 내용 중에는 당시 성폭행 이후 아이를 출산하게 된 경우도 있었고, 집단 성폭행을 당하고 그 충격으로 정신적 피해를 입고 정신병원을 전전하다가 끝내 분신자살로 유명을 달리한 사례도 있다고 한다. 이들의 고통과 희생에 대해 국가와 이 사회는 어떤 책임을 져야 하고 피해자들을 위로할 것인가? 가장 중요하고 시급한 것은 정확한 진상규명과 함께 가해자들에 대한 철저한 단죄여야 한다. 광주에 투입된 계엄군이 저지른 엄청난 만행들이 거역할 수 없는 명령에 의한 것이었다고 항변할 수 있을지 모르지만, 이 문제만큼은 이른바 '기대가능성이 없는 행위'들과는 근본적으로 차원이 다른 문제다.

혹자는 이미 1997년 대법원에서 확정된 12·12와 5·18재판 결과가 있어 다시 처벌할 수 없다고 말할 수 있다. 그러나 당시 대법원의 판결은 내란 및 내란목적 살인죄에 해당된 내용이었다. 항쟁 기간 동안 광주 일원에서 자행된 반인륜적인 개별 범죄들에 대해서는 명확한 진상규명 조사도 그에 관한 처벌도 시도되지 않았다. 그렇기 때문에 국가의 이름으로 철저하게 진실이 확인되어야 하고, 그 진실에 기초하여 가해자들은 예외 없이 법적 책임을 부담하여야 한다. 그것만이 국가폭력에 의한 반인륜적 범죄에 대한 국가의 책임을 다 하는 것이며, 동시에 관련 피해자들에게 국가의 이름으로 사죄하고 그 명예를 온전하게 회복시키는 첫 출발점이 될 수 있을 것이다.

특히 이 문제는 새로운 사실도 아니다. 이미 광주에서는 공공연히 회자되었던 사실이지만 공식적이고 확실한 소위 '팩트'의 단계에 이르지는 못했을 뿐이었다. 적지 않은 노력을 들이는 조사만으로도 그 실체가 확인될 수 있는 문제인 것이다. 그럼에도 어처구니없는 일이 지금도 계속되고 있다. 국가기관의 공동조사 결과가 발표되었음에도 성폭행을 포함한 5·18민주화운동 관련 일체의 진상을 조사해야 할 '5·18진상규명조사위원회'가 자유한국당의 위원 추천 지연으로 법률 시행 두 달이 가까워지도록 출범조차 못하고 있다는 사실이다. 자유한국당 입장에서는 1980년 5월 광주에서 자행된 계엄군의 만행이 자신들이 살고 있는 세계와 다른 세상의 일로 여기고 싶은 것일까? 어쩌면 5·18 진상조사 자체가 자신들의 정치적 기반과 이른바 강경보수세력의 뿌리가 송두리째 흔들릴 수밖에 없을 것이란 위기의식 때문인지도 모르겠다. 그러나 위원 추천을 지체하거나 의도적으로 위원회 출범 자체를 방해하는 행위부터가 그 '불편한 자신들의 과거'를 인정하고 있는 셈이다. 자유한국당은 보수세력의 건강성 회복을 위해서라도 하루빨리 5·18진상조사위원을 추천해야 한다. 우리는 세월호 참사 진상조사위원회 구성과 활동 과정에서 자유한국당이 보여준 모습을 똑똑히 기억하고 있다. 그 과정을 되풀이하는 한 박근혜 전 대통령의 탄핵 이후에도 조금도 달라진 것이 없는 자유한국당 자신들의 모습임을 직시해야 한다.

다시 성폭행 문제의 심각성으로 돌아와 천 번 만 번 강조해도 지나침이 없는 것이 가해자들을 확인하고 반드시 처벌해야 한다는 것이다. 안타깝지만 공동조사단의 조사 결과는 빙산의 일각에 지나질 않을 가능성이 많다. 훨씬 더 다양하고 잔혹한 만행이 자행되었을 가능성이 존재한다. 이러한 가해자들에 대한 확인 이외에 가해자들을 법정에 세워 단죄하는 것은 남의 문제가 아니다. 국민은 마땅히 국가의 이름으로 자행된 반인륜적이고 전근대적 만행에 대해 국가권력의 최후 보루로서 '정의의 가치'를 바로잡기 위한 계기로 삼아야 하며, 마땅히 분노해야 한다.

지금도 형언할 수 없는 비극적 삶을 숨소리마저 죽인 채 감내하면서 살고 있을 피해자들이 더 많이 존재할 수 있다. 최근 뉴스에 분노하면서도 그동안 공공연하게 회자되었던 만행 처벌에 의지를 보여주지 않았던 것에 광주의 구성원으로서 책임감을 느껴야 한다. 광주의 5·18 성폭력 피해자들의 2,3차 피해는 국가와 국민, 더 구체적으로는 바로 광주의 침묵이었을 수도 있다.

2018.11.07. 전남매일

5·18진상규명조사위원회의 성과를 위한 제언

'5·18민주화운동 진상규명을 위한 특별법안'에 따라 지난 14일 구성되었어야 할 '5·18진상규명조사위원회(진상규명위)'가 출범하지 못했다. 그 자체에 대한 책임 문제도 크지만 진상규명위의 실효적인 성과를 위해 쟁점별 조사와 관련한 다음의 사항들은 적극 고려되어야 한다.

우선 조사위원장과 상임부위원장의 역할과 자격과 관련하여 사무처장을 겸하게 될 상임부위원장은 5·18진상조사의 실무를 총괄해야 한다는 점에서 5·18민주화운동의 사실 관계를 어느 정도 인지하고 있음은 물론, 5·18진상조사 활동의 경험을 갖고 있는 인사여야 할 것이다. 또한 조사방법과 내용을 결정하는데 위원회의 의결을 조율할 수 있는 정무적 역량 또한 중요한 역할이 되어야 할 것인 바, 이에 적합한 인사가 참여할 수 있어야 되는 상황이다.

특히 5·18진상조사는 광주 일원에서 벌어진 상황뿐만 아니라 당시 보안사령부와 중앙정보부 등의 정보기관에 의해 진행된 K-공작계획을 비롯한 5·17신군부 쿠데타의 정황과 근거, 광주에서 일어난 계엄군의 학살만행을 지시하고 이후 은폐 조작하는 과정에 이르기까지 전체적인 내용을 비교적 상세하게 파악하고 있어야 조사관들의 업무를 효율적으로 관할할 수 있어야 한다. 또한 위원회 의결 과정에서 정략적 이해관계에 의한 방해 등을 효과적으로 대처할 수 있어야 할 것이다. 따라서 조사위원장의 역할 못지않게 사무처장을 겸하는 상임부위원장의 역할이 중요할 수밖에 없다. 동시에 비상임위원 중에 상임부위원장을 내부에서 실질적으로 지원해 줄 인사가 함께 포함되는 방향으로 구성되어야 진상규명조사위원회의 성과를 기대할 수 있을 것이다.

다음으로 조사가 예정된 각 쟁점별 조사 관련, 다음 사항이 고려되어야 한다.

첫째 5·18사전계획설과 북한군 투입에 관한 사항과 관련하여, 당시 자료가 보관된 것으로 예상되는 기무사 자료들에 대한 철저한 조사가 필요하다.

이와 관련하여 1980년 5월 이전에 생산된 여러 정보보고서와 미국무부 보관자료, 권정달 당시 정보처장의 5·18특별수사본부 진술서, 당시 광주 505보안대의 활동 상황을 종합하면 이미 신군부 세력은 정권찬탈에 필요한 비상계엄전국확대의 명분을 위해 특정 도시를 대상으로 한 폭동을 의도한 정황이 확인되고 있다. 북한군의 투입과 관련해서도 당시 시민군들에 의해 총기가 피탈될 당시 방호 목표인 무기고를 지키는 군경이 없었다는 점에서 사실상 무기피탈의 방조가 행해졌고, 유언비어의 유포내용과 시기가 광주에서 벌어진 상황과 무관하게 이루어졌다는 점 등에 관한 사실관계 등이 확인되어야 한다. 이러한 사실들에 대한 지시, 생산, 적용을 밝힐 수 있는 근거가 현재 기무사의 존안자료 및 영구보존 파일 등의 형태로 보관되어 있을 것으로 예상되는 바, 이에 대한 철저한 조사가 이루어져야 하는 것이다.

둘째, 지휘체계의 이원화 및 발포명령의 경위와 관련하여 최근 확인된 녹취자료를 적극 추적할 수 있어야 할 것이다.

즉, 1980년 5월 당시 이미 광주상무대 내에 모든 유·무선의 도감청을 전문으로 한 방범대가 보안사 특별부대로 편성 운용되었으며, 도감청의 모든 내용의 녹취자료가 당시 일정한 암호명에 따라 마이크로필름 등으로 영구보존 자료로 구분하여 생산, 보관되고 있다는 사실이 최근에 확인되었다. 실제로 그 부대의 명칭과 참여했던 인력의 인적사항이 확인 가능할 것으로 예상되는 바, 이에 대한 적극적인 조사로 이제까지 접근할 수 없었던 많은 사실관계들과 관련자의 신상 등을 구체적으로 확인하여야 할 것이다.

마지막으로 사망자 숫자와 암매장에 관한 사항과 관련하여, 최근 확인된 매장 현황 보고 명령에 대한 보고자료의 존재를 적극 조사해여야 한다.

1980년 6월 2일 광주사태조사를 위한 합동수사본부는 광주에 투입된 모든 부대에게 공문을 보내 사망자의 사체 암매장 및 가매장 현황을 확인하여 보고하라는 내용이 최근 확인되었다. 군 자료에서도 6월 20일부터 한달 동안 세 개 팀을 구성하여 선무, 총기회수, 암매장 사후 처리를 목표로 한 대책반을 광주에 투입해 활동했다는 사실이 확인되었다. 특히 이 작전에 투입된 장교와 사병들의 인적사항이 확보된 것으로 알려졌다. 따라서 이들을 대상으로 한 집중 조사가 당연히 필요하다.

많은 사람들이 진상규명위의 성공을 바라고 있다. 비록 시작이 지연되고 있더라도 각 쟁점별 조사 방향은 치열하게 논의되길 바란다.

2018.09.17. 남도일보

5·18민주화운동, 27일 새벽의 서사

광주시민부터 5·18을 바로 알자.

5·18민주화운동 38주년을 보내면서 그동안 왜 1980년 5월 18일부터 열흘 동안 광주의 어디서 어떤 일들이 일어났는지 꼼꼼히 들여다볼 기회를 갖지 못했는지 반성한다. 나를 비롯한 대부분의 광주사람들은 자신들이 5·18민주화운동에 대해 잘 알고 있다고 생각한다. 그러나 정작 열흘 동안 계엄군의 학살만행이 잔혹하게 벌어졌던 현장들, 그들과 맞서 시민의 목숨을 보호하고 광주를 지키기 위해 목숨을 불사했던 시민군들의 모습, 시민군들에게 주먹밥을 만들어주고 힘과 용기를 북돋아주었던 시장 아줌마들, 부상자들의 치료를 위해 병원을 찾아가 줄지어 헌혈을 하던 남녀노소의 시민들, 신군부의 만행과 시민군의 투쟁의 당위성을 시민들에게 알리기 위해 밤을 새워가며

홍보물을 만들고 도청 앞 집회를 준비했던 사람들의 모든 상황을 직접 체험하거나 알지는 못한다. 그럼에도 우리는 마치 그 모든 상황을 직접 체험한 것처럼 생각하고 이야기한다. 광주시민으로서 내가 했던 일과 광주에서 일어났던 많은 일들을 나누어 이야기할 수 있을 때 열흘 동안의 광주이야기와 광주시민의 기억은 더 장엄하고 자랑스러울 수 있을 것이다.

5월 27일 새벽을 기억하자.

5·18민주화운동 하면 대부분의 사람들은 5월 18일만 기억하거나 떠올리게 된다. 그러나 5·18민주화운동의 전체 과정에서 5월 27일 새벽이 가장 중요하게 기억되어야 할 날이어야 하지 않을까. 5·18민주화운동이 신군부 세력의 무자비한 진압작전에 의해 도청이 함락되던 순간, 계엄군이 재진입한 전남도청이 모두 도망가고 텅 비어 있었다면? 이 물음에서 광주가 광주다울 수 있었던 이유와 광주가 이후 대한민국의 민주화운동의 정점에 자리할 수 있었던 명백한 이유가 드러날 수 있기 때문이다.

5월 26일 밤 그 자리에 남아 있으면 당연히 계엄군의 총탄에 죽을 수밖에 없다는 것을 그곳에 남아 있던 사람들은 모두 알고 있었다. 그럼에도 남아 있었다. 그래서 그날 새벽 광주의 참혹한 죽음은 전국, 아니 세계의 모든 민주인사들에게 부채의식을 갖게 했고, 전두환을 비롯한 신군부세력들에게는 학살의 원죄를 갖게 만들었다. 심지어 광주시민들조차 새벽의 어둠을 뚫고 울려 퍼지던 한 여성의 처연한 방송을 집안에서 들어야 했고, 뒤이어 광주의 새벽 밤하늘을 찢어발기던 총소리로 시민군들의 죽음을 확인할 수밖에 없었던 자신의 상황이 견딜 수 없을 만큼 미안했다. 그러니 광주의 열흘 동안의 항쟁 과정에서 가장 의미 있게 기억되어야 할 날은 5월 18일 못지않게 5월 27일 새벽 상황과 그 상황을 처절하게 받아들여야 했던 시민군들의 '죽음의 선택'이어야 한다. 또한 그들의 선택과 여기서 장렬하게 산화하신 열사들의 희생이 있었기에 이후 대한민국은 민주와 반민주의 대립점을 형성할 수 있었다. 대립의 구분은 5·18민주화운동의 진실을 숨기려는 자들과 반드시 드러내려는 세력으로 나뉠 수 있었다. 그 결과 대한민국의 민주주의 발전은 오늘에 이를 수 있었다.

5월 27일 새벽의 서사가 아시아문화전당의 대표 콘텐츠가 되도록 하자.

나는 1980년에 태어났다. 이후 태어난 사람들에게 5·18민주화운동은 역사다. 내가 대학에 입학해서 당시 대구가 고향이던 한 교수님께서 하신 말씀은 당시에도 충격이었지만 지금도 여전히 내 삶에 많은 영향을 주고 있다. "너희들이 이렇게 자유롭게 교수와 토론도 하고 사회를 비판할 수 있게 된 것이 모두 1980년 광주가 있었기 때문에 주어진 것이다." 그렇다. 광주는 5·18민주화운동이라는 불행의 역사만 보듬고 있는 것이 아니라 그 불행을 딛고 대한민국의 자유와 민주주의를 오늘에 있게 한 자랑스러운 역사를 갖고 있는 것이다. 그 자랑스러운 역사가 광주의 도시 정체성과 지역발전의 동력으로 제자리를 잡아야 한다. 그런 점에서 두 가지를 제안하고자 한다. 우선 하나는 38년 만에 다시 주어진 진실규명의 기회를 제대로 살려야 한다는 것이다. 5·18진상규명을 위한 특별법 제정이 그것이다. 지금부터 서둘러 대비해야 한다. 이미 그 방법은 다른 지면을 통해 제시한 바 있다.

또 하나는 27일 새벽 상황이 5·18민주화운동의 마지막 장엄한 서사를 보듬고 있는 옛 전남도청에 들어선 국립아시아문화전당의 대표 콘텐츠가 되어야 한다는 것이다. 5·18민주화운동이 아시아의 민주, 인권, 평화의 발전과 확장에 기여한 것은 주지의 사실이다. 이제 국립아시아문화전당은 5월 27일 새벽, 그 현장에서 체포된 후 형언할 수 없는 고통을 치러야 했던 사람들, 그리고 그 현장에서 장렬하게 산화해 가신 열일곱 분의 열사들! 그들의 서사가 국립아시아문화전당의 존재 이유가 되어야 한다. 그것이 전당의 대표 경쟁력이 되어야 한다. 그랬을 때 1980년 이후에 태어난 나와 같은 광주사람들에게도 자랑스러운 역사로 기억돼 집단지성의 바탕으로 자리매김할 수 있을 것이다.

2018.05.27. 광주매일

5·18정신의 헌법 전문 수록의 당위성

국가권력에 의한 국민의 기본권을 침해행위와 심지어 생명까지 위협하는 불행한 역사는 수없이 되풀이되어 왔다. 작년 촛불민심에 의해 탄핵된 박근혜 정권의 국가권력 사유화도 그 불행 중 하나다. 다행스럽게도 이러한 불법 부당한 정치권력을 국가권력의 마지막 보루인 국민의 힘으로 탄핵한 것은 우리 사회가 비로소 제대로 된 민주주의를 실천할 정도의 국민 성숙도에 이른 것이라 생각된다. 이러한 시점에서 정치권과 각계 시민사회가 헌법 개정에 관한 논의를 본격적으로 진행하고 있는 점에 대하여 법조계에 몸담고 있는 한 사람으로서 주목하지 않을 수 없다.

하지만 그 많았던 논의의 장에도 불구하고 현재 국회의 개헌특위

자문위원들이 준비한 '헌법전문 초안'에 5·18정신이 빠져있다는 사실은 여전히 우리 사회가 5·18민주화운동에 대한 인식과 역사적 평가가 제대로 이루어지지 않고 있는 현실을 반영하는 것 같아 매우 안타깝다.

'12·12와 5·18'에 대한 대법원의 판결문에서는 명확하게 신군부 세력에게 '군부쿠데타' 세력임을 규정하고 이들에게 '내란목적 살인죄'를 적용했다. 그리고 위 재판 항소심 판결문에서는 광주시민의 항쟁을 '국민저항권'으로 명확히 규정한 바 있다. 그럼에도 5·18민주화운동을 북한군 개입설까지 언급하면서 폄훼하고 왜곡하는 세력들이 엄연히 존재하고 있다.

결국 군부쿠데타 세력에 장악당한 국가가 소중한 국민의 생명을 유린한 미증유의 불행한 역사는 아직도 바로잡히지 않고 있는 셈이다. 법조인으로서 안타까운 것은 현재의 5·18민주화운동을 왜곡하는 세력들에게는 과거 대법원의 확정판결이 아무런 법적인 구속력과 의미를 갖지 못한다는 점이다. 보다 더 큰 문제는 오늘날가지도 자행되고 있는 이러한 왜곡에 대해 민주세력이 정권을 장악했음에도 불구하고 국가, 국가보훈처와 사법기관 등의 정부기관이 소극적이라는 점이다.

다행스럽게도 문재인 정부 들어서 다시 5·18진상조사가 본격화되고 있다. 그러나 1988년 시작된 국회청문회도 1995년부터 시작된 전두환, 노태우 등의 학살 책임자들에 대한 특별수사 및 재판도 진상을 규명하는데 한계가 있었다. 그 한계로 인해 5·18민주화운동은 여전히 역사적 평가를 제대로 받지 못하고 있다. 이 모든 문제를 근본적으로 해결할 수 있는 방법은 헌법 전문에 5·18정신을 담는 것이라고 본다.

물론 전제해야 할 것은 제대로 된 진실규명, 아직도 이른바 '미해결 과제'로 남은 5·18의 진실을 제대로 밝히는 일이다. 작금의 기회에 진실을 제대로 확인하지 않는다면 왜곡된 진실을 아무렇지 않게 재생산하는 불행한 역사는 언제든 되풀이될 수 있기 때문이다. 더구나 우리는 이명박-박근혜 정부를 지켜보면서 군부세력을 몰아낸 이후에도 민주사회를 올곧게 지키고 발전시키는 일이 결코 쉽지 않은 일임을 경험하고 있지 않은가!

5·18정신을 헌법 전문에 담아야 할 이유는 너무나 간명하다. 열흘 동안의 항쟁 과정에서 보여준 광주시민의 정의 수호 의지와 혼란스러움 속에서도 강력범죄가 하나도 없었던 공동체의식은 헌법전문에 수록된 3.1운동과 4·19정신을 뛰어넘는 헌법적 가치기 때문이다. 5·18정신과 당시 광주에서의 항쟁과정은 그 안에 우리 헌법이 담아야 할 국가의 기능과 국민의 권리, 그리고 국가권력이 국민에게 작용

해야 할 방향과 국민이 국가권력을 상대하여야 하는가를 잘 보여주고 있기 때문이다. 그런 점에서 5·18민주화운동은 헌법 전문에 명문화는 것은 너무나 당연한 것이다.

아울러 5·18정신이 명문화된 헌법 가치로 인정받아 헌법 전문에 수록되는 것은 5·18정신이 이제 광주를 벗어나 전국적으로 확대되고 재생산될 수 있는 기회를 확보하는 것이다. 대구의 공무원 수험생들이 5·18정신을 자발적으로 연구하게 되고, 제주의 교사들이 4·3항쟁과 5·18민주화운동을 비교 분석해서 학생들에게 알려 주게 될 것이다. 전국의 모든 법학자와 학생들이 5·18정신의 헌법적 가치에 대해서 연구하게 될 것이다.

5·18민주화운동의 마지막이었던 5월 27일 새벽, 옛 전남도청 상황실에 남아 최후 항쟁에 참여하는 것은 곧 죽음을 의미하는 것이었다. 그럼에도 그곳에 남아 죽음을 불사했던 그들의 희생이 있었기에 대한민국의 민주주의는 이 자리에 올 수 있었다. 5·18민주화운동의 정신을 우리 헌법 전문에 명문화해야 할 이보다 더한 명분이 어디 있겠는가!

2017.12.13. 광주매일

PART + 06

정원도시, 가족친화도시를 꽃피우자

가족의 행복을 실현하기 위해 가족 모두가 행복한 도시, 가족이 함께 즐기는 도시, 가족 모두가 안전한 도시, 가족 누구나 꿈을 키우는 도시, 가족의 미래가 있는 도시를 만들어 보고 싶다. 단순히 가족의 이름만을 구호처럼 남발하는 기업문화가 아닌 지역사회 전체가 가족에 대한 철학과 실천이 직결되는 문화가 활착(活着)될 수 있도록 힘써야 할 것이다.

-「정원도시, 가족친화도시를 꽃 피우자」 중에서

광주 고립(?)을 어떻게 볼 것인가?

광주 고립을 걱정하는 목소리가 적지 않게 있다. 광주의 모습은 전국 지자체들이 갖고 있는 현안들과 문제점들을 총 망라한 압축적 축소판이라는 지적도 심심찮게 들어왔다. 지역 정치권과 시민사회계에서도 이를 비판하고 대안을 모색하는 과정으로서 개혁적 목소리와 구조적 한계를 극복해야 한다는 목소리도 꾸준히 제기되어 온 것도 사실이다.

총선과 지방선거 과정에서 개혁과 혁신이라는 공약과 구호가 후보와 캠프, 시민사회단체에서 빠지지 않고 등장하는가 하면, 국민의당을 지지하면서 현재의 더불어민주당을 향해 회초리를 들었던 것이 광주였다.

국민의당 창당과 이를 지렛대 삼은 시도 과정이 정치적인 성공에 이르지 못한 것은 아쉬운 대목이다. 이 과정에서 민주당은 호남을 중심으로 더욱 공고한 지지기반을 만들면서 문재인 정부 탄생의 주역이 되는 발판을 놓은 측면이 있다. 하지만 문재인 정부 탄생이 곧 지방의 한계와 위기, 절망의 문제가 광주에서 말끔하게 해소된 것은 아니다.

게다가 광주는 문재인 정부 내내 집권여당을 배출한 도시답게 문재인 정부에 대한 비판적 시각보다는 문재인 정부의 마지막 보루를 자임하는 듯한 분위기가 연출되었다. 광주라는 도시의 장점으로 부각되었던 정의와 민주주의 등의 모습이 퇴행하는 듯한 모습으로까지 나타나 오히려 네티즌 사이에서 비판에 직면하기도 했다.

국가적인 문제에 대해 집단적이면서 동시에 맹목적으로 집권여당과 문재인 정부의 호위와 기득권적 사고로 점철된 도시라는 프레임에 갇힌 측면이 없지 않았다는 지적이 있었다. 이로 인해 광주가 대한민국 사회에서 고립되는 것이 아닌가 하는 우려가 자연스럽게 정치권을 넘어 언론 지상과 네티즌들 사이에 광범위하게 여론으로 조성되는 국면을 낳게 되었다.

광주에서 집권 여당을 비판해 온 태도는 노무현 정부 때 뚜렷한 현상을 보였다. 그리고 국민의당 창당을 기점으로 폭발하는 양상을 보였다.

그렇다면 왜, 나는 광주의 미래라는 고민 앞에서 광주 고립을 걱정하는 것일까? 광주의 미래는 기본적으로 광주만의 문제로만 귀결되지 않기 때문이다. 대한민국 민주주의의 심장임을 자부하는 도시여서 광주를 논외로 두고는 대한민국의 80년, 90년대를 딱히 설명할 길이 없다는 점이다. 대한민국 민주화 과정에서 광주와 호남의 역할이 선두에 있던 점에 비해 민주화 이후에 광주가 민주화 외에 다른 정치 사회 각계 분야에서 대한민국의 미래를 선도하는 모습을 보여주지 못한 측면이 있다. 오히려 이 부분만이 과도하게 광주의 대표적인 도시브랜드가 되면서 다른 영역의 노력과 시도가 드러나지 않은 측면이 있다.

광주형 일자리인 광주글로벌모터스를 창립해 대한민국에 23년만에 현대자동차 마크를 단 자동차를 생산하게 된 것처럼 광주가 사회 각 분야에 대한민국의 경제, 복지, 교육, 문화 영역에서 타 특·광역시의 모델이 되거나 경쟁우위에 있는가의 문제를 풀어야 한다는 것이다. 최초와 최대만을 좇는 것에 가려 광주의 현재를 푸는 문제해결력에서는 낙제점을 면치 못한다면 광주시민이 느끼는 삶의 질은 정체되거나 허약한 구조에 놓일 가능성이 농후하다.

광주를 '청년도시'라는 정의가 가능한가? 현재까지 아니다. 그렇다면 미래에는 가능한가? 40대인 나 조차도 확답하기 어렵다. 왜? 광주사회가 청년이라는 가치와 이념에 부합하는 방식으로 준비했는가를 진단한다면 답이 명확하지 싶다.

광주에서의 청년이라는 규정은 광주광역시 청년기본조례(2021. 2. 25. 개정)에 따르면 만 19세 이상 39세 이하의 사람을 말한다. 그렇지만 생물학적 연령만이 아닌 사회적, 문화적, 경제적 관점 등에서 볼 때 광주가 '청년성'을 담보하고 있는 도시인지 나부터도 답을 하지 못하겠다는 것이다.

위 조례에 청년센터와 청년정책조정위원회, 청년위원회가 명실상부하게 규정되어 있는 것은 반가운 일이다. 여기에서 일정한 성과를 낼 수 있다면 광주 청년들의 삶이 방향타를 정확하게 갖고 문제해결에 단초를 하나씩 펠 수 있을 것이다.

다만 센터와 위원회가 가동되는 것과 청년들의 실질적인 삶을 살피는 문제는 맥락을 같이하면서도 다른 성질의 것이라고 생각한다. 일례로 광주 정치권에서 선거철이 아닌 상황에서 지역청년들의 문제를 해결하기 위해 간담회와 세미나 등 다양한 방식으로 꾸준하게 정책의 중심에 두고 활동했는가를 보면 알 수 있다.

각 정당의 시당조직이 나서 청년정책 경쟁을 하는 동시에 연대해서 이 문제를 풀기 위한 정치적 결단과 실천전략을 논의라도 했다는 언론보도를 접하지 못했다. 과문한 탓일지 모르나 우리의 일상 속에서 청년의 문제는 선거철 등 특정 시기에 약방의 감초처럼 선거용으로 거론되는 것은 아닌지 성찰해야 한다.

시민민주주의가 일상이 되는 도시가 광주다. 그렇다면 청년의 삶과 문제를 푸는 청년이 살고 싶은 도시에 대한 고민과 실천적 방안을 일상으로 고민하고 노력하는 도시가 광주여야 한다. 광주의 현실이 곧 미래이자, 광주의 고립을 스스로 자초한다는 굴레를 벗는 일의 시작일 것이다.

광주의 고유성은 확산하는 방식으로 나가야 한다. 광주의 독립성은 시민력에 의해 지속가능한 자긍심으로 살아나야 한다. 이 과정에서 광주시민과 광주가 필수적으로 갖출 요소는 유연성이다. 포용성 있고 다양성을 인정하는 시민적 태도로의 전환이 요구된다. 이를 전제할 때 현재의 진단과 비판에 대해 관용적, 중용적 태도가 발휘될 수 있다.

미래에 대한 암담한 진단 앞에서 좌절보다는 5·18을 경험한 시민들의 긍정적 힘과 결집력으로 광주의 다양한 사회문제를 극복하는 하나의 철학과 사유로써 확대되고 심화하는 방식이 광주를 변화시키는 지렛대로 작용할 것이다. 결국 광주의 미래를 여는 열쇠는 현실에 대한 냉철한 이해에서 출발하는 것이 당연하다.

지역사회가 정파적 관점에서만 바라볼 것이 아니라 누구나 모두의 의견이 포용되어야 한다. 특정인의 빅마우스와 세력에 지배되거나 암묵적 권위에 기선제압되지 않아야 한다. 다양한 의견들이 활발하게 공론장에 펼쳐질 수 있는 풍토가 다른 도시가 아닌 광주에 절대적으로 필요하다.

민주주의라는 당위적 관점만으로 지금의 변화된 광주와 대한민국을 모두 담을 수 없다. 다양성과 포용성에 기반하고 누구나 틀릴 수 있다는 가정이 현실에서 인정되거나 다름을 인정할 때 미래라는 나무를 키울 수 있다. 지역사회가 집단지성이 뒷받침되는 것에서 싹 터야 한다.

이때 미래세대인 청년의 관점에서, 청년의 현실에서, 청년의 시선으로, 청년의 사고로 오늘의 광주를 바라봐야 한다는 것은 특별하지 않으면서도 반드시 관철해야 할 과제다. 이 시기를 이번 대선과 지방선거를 치르는 과정에서 시민의 선택과 결정을 받는 절호의 기회로 삼으면 어떨까.

이종교배(異種交配)로 광주를 창조하라

"정준호 누구?" 더민주, 광주 '깜짝 공천'

2016년 야권의 심장부 그것도 기라성같은 강기정 의원(전 청와대 정무수석)의 지역구 북구갑에 전략공천이 기정사실화 되었을 때 지역 언론의 헤드라인 중 하나다.

위키백과에 정준호를 검색해 보면, 20대 총선 기간 당시 북구갑 현역 의원이던 강기정은 정준호의 전략공천에 강하게 반발했다고 적고 있다. 그러면서 정준호가 공천을 받을 수 있던 배경에 대해 아버지가 택시기사인 동시에 가스레인지를 팔며 생계를 지원했고, 이런 희생에 부응해 서울대 법대를 합격한 흔히 말하는 '개천용'이었던 것도 있다고 설명하고 있다.

그런 가운데 정준호의 정치인생에서 '청년DJ'라는 별칭으로 많은 이의 기대를 받아 이름을 알렸지만 '정준호=삼보일배'라는 등식이 각인되면서 이름을 알리는 것 못지 않게 정치적 위기도 동시에 등에 짊어지는 형국이 되었다.

이 과정에서 삼보일배를 추진하게 된 배경에 대해 위키백과는 첫 번째, 호남의 압도적인 지지를 받던 더불어민주당이 정권 재창출에 실패한 것에 대해 문재인 후보가 대권 출마포기 선언을 해야한다는 것과 두 번째, 당시 국민의당 서구갑 의원 천정배에게 "호남 정치 복원을 앞세워, 야권 분열로 호남을 고립시키고 광주시민을 우롱한 것에 대해 사퇴로 책임을 져야 한다"는 주장을 몸으로 직접 보여주고자 했음을 큰 사진과 함께 지금까지 싣고 있다.

나는 국민의당의 거센 바람을 꺾는데 실패했다. 당시 김경진 후보를 상대로 23.3%의 득표에 그치며 패배를 맛보았다. 이후 2019년 12월 16일 광주시의회 브리핑룸에서 광주 북구갑 출마를 선언하며 21대 총선에 재도전하게 되었다. 20대 총선 패배 이후 광주를 떠나는 것이 당연하다는 생각 때문인지, 당시에는 광주에 변호사 사무실을 냈음에도 여전히 언제든 떠날 수 있는 젊은이로 보고 의심의 눈초리를 보냈다. 이를 일일이 설득하기보다는 선거 당시에 지역구민들의 지지와 약속을 지키기 위해 묵묵하게 지역과 함께 고향에서 일하는 것으로 신뢰를 쌓자는 생각으로 광주에서 생활하게 되었다.

당시 출마회견문은 쓰디쓴 패배 위에 쓴 철든(?) 청년의 꿈을 조합한 글은 아니다. 회견문에서 "광주시민은 늘 위대했지만 지금의 정치는 시민의 삶을 바꾸고 꿈을 설계하는 데 역부족이었다"고 진단하는 용단을 내린 바 있다. 이어 "정준호의 정치는 광주 안에서의 광주와 광주 밖에서의 광주를 일치시키고 광주시민들이 갖는 광주라는 멍에와 명예의 간극을 해결하겠다"는 야심찬 결의를 담았다.

그때의 고민으로부터 광주가 무엇이, 얼마나 달라졌는가에 대해서는 다양한 의견이 있기 마련이다. 그때 나는 이미 작은 목소리, 다른 목소리, 누군가 소외 받은 이들의 목소리에 주목해야 한다는 생각을 분명히 갖고 있었다. 출마회견문에서 "작은 목소리에도 한없이 너그러운 광주를 만들기 위해 오만한 기득권들과 싸우고 몰상식에는 한없이 엄격한 광주를 만들기 위해 폐쇄적이며 비민주적인 지역의 정치문화와도 싸우겠다"는 주장은 유효기간이 지났다고 보지 않는다. 단순히 변호사로서의 삶을 사는 일개 변호사로서의 직업정신의 발로라고만 하기에는 정치를 하는 이유를 다 설명할 수는 없다.

광주는 어떤 도시고 어떤 터전이어야 하는가에 대한 고민은 ▲토론하는 광주 ▲책임있는 광주 ▲재도전하는 광주 ▲찾아오는 광주 ▲소통하는 광주 등 광주정치의 5대 비전을 제시하는 데로 귀결되었다. 이를 실현하기 위한 방법론이자 협력자로서 "지역대학, 기업들과 함께 미래를 찾아 광주를 떠나는 모순을 풀어보겠다"고 다짐한 바 있다. 나아가 "한국의 미래를 발목 잡는 낡은 가치와 자세를 광주부터 바꿔가겠다"고 밝혔다.

최근 들어 광주는 과연 정준호에게 어떤 가치인가를 깊이 고민하면서 철 지난 출마 기자회견문을 다시 꺼내 읽게 되었다. 비록 시간은 흘렀지만 당시에 시민들 앞에서 주장하고 주먹을 불끈 쥐고 말씀드린 문장 하나하나가 변하지 않는 소금같이 빛나고 있었다.

'청년DJ'라는 별칭을 얻으며 야심차게 출발한 게 엊그제 같은데 어느새 불혹(不惑)을 넘겼다. 그만큼 말과 행동의 무게도 달라진 것을 실감하고 있다. 그런데 생물학적 나이인 청년을 넘긴 것은 사실이지만 청년이 눈으로 보았던 광주의 현실과 지금의 현실이 확연하게 달라지지 않은 점은 안타깝기 짝이 없다. 특히 '광주 안에서의 광주와 광주 밖에서의 광주가 일치'하지 않는 것이 그렇고, '광주시민들이 갖는 광주라는 멍에와 명예의 간극'이 좁혀지지 않는 점이 그렇다.

이를 어떻게 풀 것인가? 이제는 선언적 구호만으로는 광주에도 광주시민에게도 아무런 도움이 되지 않는다고 생각한다. 작은 것 하나라도 실천하는 힘이 필요하다.

광주에는 광주문화재단, 광주관광재단, 5·18기념재단, 여성가족재단, 광주비엔날레, 광주정보문화산업진흥원, 광주테크노파크, 빛고을장학재단, 빛고을결식학생후원재단, 경제고용진흥원, 광주디자인진흥원, 남도장학회, 영어방송재단, 상생일자리재단 등 시 산하 재단법인이 적지 않다. 각자의 설립 목적과 성격이 다르지만 이들 기관 간에 정책개발과 지역발전을 주제로 머리를 맞대고 공동사업을 창출하지 못할 까닭이 없다.

일례로 광주지역 문화 관련 기관들의 협의체인 '광주문화기관협의회'가 가동 중에 있다. 2020년 신설된 광주관광재단이 신규가입하면서 광주문화재단(황풍년/간사기관), 광주디자인진흥원(위성호), 광주문화예술회관(성현출), 광주비엔날레(김선정), 광주시립미술관(전승보), 광주시청자미디어센터(박대식), 광주역사민속박물관(김오성), 광주전남연구원(박재영), 광주정보문화산업진흥원(탁용석), 국립광주과학관(김선아), 국립광주박물관(이수미), 국립아시아문화전당(박태영), 김대중컨벤션센터(정종태), 아시아문화원(이기표), 광주테크노파크(김선민) 등 16개 회원 기관이 머리를 맞대고 기관 간 협력하거나 공동으로 추진할 사업들을 제안하고 상호 논의하는 활동을 전개하고 있다. 2013년 8개 문화기관 대표들이 모여 시작한 거버넌스체계가 여러 면에서 상당한 진전을 보이고 있다.

이 같은 사례를 살려 이종(異種) 기관 간으로까지 문화기관협의회의 운영 사례를 적용해 광주 문제에 대해 정책적 효능감을 높일 수 있어야 한다고 생각한다. 김상득 전북대학교 철학과 교수는 최재천 교수가 엮은『과학 · 종교 · 윤리의 대화』라는 책을 국내 한 주간지에 소개하는 글에서 "생명공학의 본질은 이종교배, 즉 유전자 조작을 통한 종과 종 사이의 벽 허물기에 있다. 현대의 창조성은 바로 이러한 이종교배에서 나온다"고 소개한 바 있다.

일시적인 사안별 연대와 협력이 아닌 지속가능한 방안으로 정책적 연대와 연구, 조정을 통해 새로운 사업의 발굴과 비효율 등을 극복하기 위해 정준호는 새로운 조직을 새롭게 만드는 방식으로가 아닌 기존의 고유성과 정체성을 살리면서도 '종과 종 사이의 벽 허물기'를 통해 광주 발전을 위한 창조성이 발휘될 수 있어야 미래가 있다는 확신을 갖고 있다.

광주다양성재단 건립하자

'생물다양성'이라는 용어를 처음 창안하고 아마존 열대우림 보호 등에 평생 헌신한 생물학자이자 환경보호 전문가인 토머스 러브조이 미국 조지메이슨대학 교수가 지난해 연말쯤에 별세했다는 보도가 있었다.

이 소식과 함께 자연스럽게 2013년 국내에 세계적인 동물학자이자 열성적인 환경운동가로 침팬지 행동연구의 최고 권위자로 널리 이름을 알린 제인구달(Jane Goodall) 박사가 명예이사로 있고 최재천 이화여자대학교 에코과학부 석좌교수가 이사장으로 있는 비영리공익재단인 생명다양성재단을 떠올리게 되었다.

재단 홈페이지에 따르면 "한 곳에 존재하는 생물 종의 수를 지칭하는 생물학 용어인 '생물다양성(生物多樣性)' 대신, 인간 이웃을 포함하여 터전을 공유하는 모든 생명과 삶을 방식을 아우르는 '생명다양성(生命多樣性)'을 핵심 가치"로 삼고 있다고 재단을 소개하고 있다.

광주에서는 2017년에 들어 '문화다양성'이라는 용어가 조례에 공식 등장한다. '광주광역시 문화다양성의 보호와 증진에 관한 조례'가 그것이다. 이 조례에서 '문화적 관용'이란 개인이나 집단의 국적, 민족, 인종, 종교, 언어, 지역, 성별, 세대, 학력, 정신적·신체적 능력 등의 차이에 따른 문화적 표현과 문화예술 활동의 지원이나 참여를 제한하거나 금지하지 않고 다양성을 존중하는 태도라고 정의 내리고 있다.

2014년에 제정된 '문화다양성의 보호와 증진에 관한 법률'(약칭: 문화다양성법)이 발효된 사실에 비춰볼 때 광주에서 문화다양성을 아시아문화중심도시를 표방하는 입장에서 볼 때 결코 빠른 행보는 아니라고 하겠다.

이 법 제2조에 따르면 '문화다양성'이란 '집단과 사회의 문화가 집단과 사회 간 그리고 집단과 사회 내에 전하여지는 다양한 방식으로 표현되는 것을 말하며, 그 수단과 기법에 관계없이 인류의 문화유산이 표현, 진흥, 전달되는 데에 사용되는 방법의 다양성과 예술적 창작, 생산, 보급, 유통, 향유 방식 등에서의 다양성을 포함한다'고 정의하고 있다.

이런 가운데 전남일보 기자, 광주드림 편집국장, 아시아문화원 이사(비상임) 등을 지낸 황풍년 광주문화재단 대표이사가 2020년 12

월 취임 일성으로 꺼내 놓은 "인간존엄과 문화다양성의 가치를 지켜가는 예술도시, 민주성지 광주가 가진 문화자산과 광주공동체의 역량을 키우는 데 최선을 다하겠다"는 각오의 말들은 모두 '문화다양성법'이 광주에 확산되고 스며드는 과정에 있음을 보여주는 단적인 사례라고 본다.

토머스 러브조이 교수가 서식지 파괴와 오염, 지구온난화로 세계 곳곳에서 멸종이 진행되고 있다는 사실을 밝혀내고, 토종 동식물의 재생을 돕기 위해 숲을 복원하고 강과 호수, 바다 등 수역과 토지를 보호할 것을 촉구하는 활동을 통해 수많은 생물종의 소멸을 경고하는 메시지를 지속해서 내왔다. 다양성이 사라진 지구생태계의 위험성을 경고해 온 것이다.

문화다양성이 법률에 의해 보장되어야 하는 이유도 '개인의 문화적 삶의 질을 향상시키고 문화다양성에 기초한 사회통합과 새로운 문화 창조에 이바지할 수 있다'고 보기 때문이다. 여기서 생명다양성과 문화다양성이라는 두 개의 무게감 있는 개념 어휘가 광주에 던져주는 시사점이 적지 않다는 생각을 하게 되었다.

지난해 한 지역언론 지상에 최철 서경대 외래교수·협동조합 아시아문화예술정책연구소 이사장이 쓴 칼럼에서 "획일화되어가는 광주의 모습이 안타깝다"며 내뱉은 장탄식이 가슴을 때린 적이 있다. 그러면서 최철 교수는 "광주가 이랬으면 좋겠다. 힘들 때 도시 이곳에 가면 도시가 나를 위로하고 저곳에 가면 기쁨을 함께 나누며 나눔을 통한 연대를 맛볼 수 있는 곳이면 좋겠다. 광주에서의 분쟁은 싸움이 아닌 토론이며, 이곳에서는 타협과 양보를 통한 새로운 질서가 이야기되는 곳이길 소원한다. 모두 패자가 아닌 승자로 양보의 미덕으로 만들어 낸 풍습은 우리를 미소짓게 만들었으면 한다"고 적었다.

최 교수의 이런 말들을 뒤집어 생각하면 광주라는 도시가 위로가 안 되는 도시, 기쁨을 함께 나눌 만한 연대의 분위기가 안 만들어지는 도시, 정상적인 토론에 도달하지 못하고 분쟁과 싸움에 그치는 도시, 타협과 양보가 통용되지 않는 도시, 모두가 승자이고자 하다가 모두가 패자가 되는 도시여서, 웃음을 잃는 도시로 전락하는 것에 대한 우려를 우회적으로 일갈하고 있는 것은 아닌가 생각해 보았다.

문화적인 측면과 지구환경적 측면 뿐만 아니라 사회 전반적인 분야에서 야기하는 다종다양한 문제와 쟁점, 정치적인 면과 이해관계 등이 첨예한 사안일수록 다양성의 가치, 공존 공생의 가치를 잃지 않는 시민력이 절대적으로 요구된다.

민주화 과정에서 어느 도시에 비해 뜨거운 용광로였던 민주주의의 도시가 이같은 시민력이 발휘되지 못하는 원인이야 다양하게 분석되고 이론이 있을 수 있다. 하지만 나는 이 같은 현상을 극복하는 방식으로 '광주다양성'이라는 키워드를 대안으로 제시하고자 한다. 이를 실현하기 위한 실체적 기구로 '광주다양성재단' 설립을 제안한다.

광주다양성재단 탄생으로 말미암아 광주 지역사회에서 정치계, 시민사회계, 경제산업계, 교육계, 문화계, 복지계 등 각기 다양한 분야와 집단, 개인에 이르는 영역들이 현행 문제를 해결하기 위한 논의를 매개하는 역할을 통해 매개자 기능을 수행할 수 있는 축으로 작용하기를 희망한다.

다양성이 인정되지 않는 광주라면 미래라는 말이 어울리지 않는다. 다양성이 존중되는 문화가 사라진 도시에 토론이 제 구실을 하기 곤란한 것은 자명하다. '토론하는 광주'를 만들어 가는 추진 동력을 광주다양성재단을 통해 실현하고자 한다. 더불어민주당의 '일당독식' 구조가 곧 토론문화를 해치는 경우라면 광주시민의 힘으로 민주당을 토론의 장으로 불러내야 한다. 너무도 다양하게 정당 간의 토론을 통해 정책 대결과 이를 위한 정책개발과 연구가 지속적이면서도 진지하게 이뤄져야 한다.

'이전(以前)'과 광주를 위해 '이전(移轉)'하라

최근 1974년 설립된 금호타이어 광주공장이 전남 함평군 월야면 빛그린국가산단으로 이전이 확정되었다. 기업체의 주소지가 광주광역시에서 전남으로 이동한 것임에도 광주지역 사회에서 경제권 이동에 대한 반발 기류가 특별히 드러나지 않는 것으로 파악된다.

일자리와 인구를 늘리기 위해 기업유치에 사활을 거는 게 작금의 지자체의 최대 관건임에도 이와 반대되는 상황이 급물살을 타는 상황이다. 그럼에도 이에 대한 반대 여론이 형성되지 않고 당연시되고 있다는 점은 지역사회가 이해관계를 따져 봤을 때 묵시적 동의상태에 있음을 직감하게 된다.

광주는 새로운 도시발전 지형도를 그리기 위해 금호타이어 공장처럼 공장, 군사시설 등 이전작업이 적극적으로 추진해야 하는 현안들이 즐비하다. 금호타이어 공장이 설립 당시에는 광주시의 외곽지역에 위치했지만 도시가 외곽지역으로 팽창하는 과정에서 현재의 공장 위치는 도시 기능과 주민의 삶의 질을 담보하는데 장애요소가 되어 버렸다.

군공항, 마륵동 탄약고, 무등산방공포대, 31사단 등에 대한 이전논의는 어제 오늘 얘기가 아니다. 1976년 신축 후 40여 년 이상 경과된 노후 시설물들로 인해 최근 주민들의 생명과 안전에 위협을 받으면서 철거 요구가 꾸준하게 제기되었다.

무등산방공포대 이전의 경우도 노무현 전 대통령이 2006년 무등산을 방문했을 때 광주시민들이 이전을 공식으로 요청하면서 활시위가 당겨졌다. 이후 15년이 지나는 동안 지역정치권에서 선거 공약 등에 등장하기도 했다. 2017년 11월 무등산 정상 방공포대 이전사업의 재원 확보 방안을 담은 특별회계법 개정안이 통과됐음에도 이마저도 기대하는 성과로 귀결되지 못한 상태다.

그나마 2020년 12월 서구갑의 양향자 국회의원이 국방부가 광주기지 탄약고 이전을 위해 이전 예정지에 연약지반 개선공사를 시작했다고 밝히면서 희망의 물꼬를 튼 것으로 풀이됐다. 그러나 '70년 숙원' 광주 마륵동 탄약고 이전 본격화'한다는 언론보도가 무색하게 진척 상황이 안갯속이다.

지난해 8월 한 지역방송사에 출연한 김대현 위민정책연구원장은 31사단, 평동 포사격장, 마륵동 공군 탄약고, 무등산 방공포대는 계속 광주의 발전을 가로막는 원인 중 하나라고 지적한 바 있다. 이런 지적은 한두 해 일이 아니고, 어떻게 보면 지역현안과 관련해 정치권에서는 뜨거운 감자가 아닐까 한다.

결국은 광주 발전을 위해 반드시 풀어야 할 과제임에도 광주에서는 이 문제가 지나치게 긴 시간 동안 미해결 과제로 남아 있다. 누구의 책임인가? 아니면 누가 무능한 것인가? 정치력은 정상적으로 발휘되고 있는지 묻지 않을 수 없다.

나는 '이전(以前)'과 다른 광주의 미래를 위해서는 현재 미제로 남은 군사시설 '이전(移轉)'문제가 적어도 다음 지방정부에서는 반드시 해결할 수 있어야 한다는 입장이다. 31사단, 평동 포사격장, 마륵동 공군 탄약고, 무등산 방공포대의 이전 문제를 대하는 전략적이고 실용적 방식으로 풀어낼 수 있는 압축적 힘을 발휘해야 할 것이다.

나아가 금호타이어를 시작으로 경제기반 축의 이전을 동시에 추진해야 광주의 미래 변화를 역동적으로 그려낼 수 있다. 2018년 더불어민주당 양향자 광주시장 예비후보가 "기아자동차 광주공장을 이전하고 그 자리에 '광주센트럴파크'를 조성"을 제안하기도 했다. 나는 기아자동차 광주공장 이전에 더하여 북구지역 선거개표 장소로 시민들에게 알려진 양산동 KT&G 광주제조창 이전 문제를 제안하고 이 공간을 광주 북구민의 품으로 돌려드리기 위한 성과를 다음 지방정부에서 단초를 꾀하려고 한다. 양산호수공원(양산제)과 북구문화센터가 주변에 위치하고 있어서 KT&G 광주제조창이 이전하게 된다면 다른 지역에 비해 문화, 교육 기반시설 등이 취약한 양산동, 연제동

일대 주민들의 삶을 풍요롭게 할 수 있는 창조적 공간이 될 것이다.

뿐만 아니라 2019년 북구갑 예비후보 당시 공약했던 1991년 개장한 각화동 도매시장 확장 이전의 문제 등을 같은 맥락에서 풀어가려고 한다. 30년 된 시설의 노후화와 교통 혼잡, 부지 협소 등으로 상인과 시민들의 불편을 해결하기 위해서는 다른 대안이 없다. 이와 관련하여 '각화동 농산물 도매시장 이전 건립 TF(태스크포스)팀'이 지난해 8월 가동된 것은 매우 고무적이다. 시정을 책임지게 된다면 이 문제 해결에 '이전정책꾸러미' 가운데 가장 먼저 꺼내 놓을 계획이다.

더불어 상권 이전 개편과 관련하여 '남광주시장' 일대 재구조화를 비롯한 확장 이전을 적극 논의해 가야 할 것이다. 전남대병원과 조선대병원이 집중되어 있는 공간이라는 점에서 볼 때 남광주시장은 시민의 상상력을 통해 색다른 청사진이 가능할 것이다. 상권도 살리고 도시발전의 전체적인 균형과 도시공간으로 재창조해야 광주에 미래가 있다.

이런 제안과 실천 전략에 당연히 군사시설 이전, 대규모 기업 이전이라는 '이전정책꾸러미' 전략으로 행정력을 집중해야 성사될 수 있다고 본다. 광주시민의 삶을 큰 틀로 변화시키기 위해서는 도심을 거대 공룡으로 표현되는 아파트 건설사들의 사업지로 탈바꿈하는 것으로는 삶의 질을 거론할 수 없다. 따라서 기업과 군사시설 등이 이전한다면 광주는 그 공간에 무엇을 유치할 것인가에 대해 체계적이면서도 단계적으로 결론에 이르는 행정력과 시민력을 보여야 할 것이다.

지하철역세권, 생활문화거점으로 만들자

- 62개의 거버넌스도시를 꿈꾸며

광주지하철 2호선이 한창 공사중이다. 2004년 호남 최초이자 지금까지도 유일한 광주 지하철 1호선이 독점(?)하고 있는 지위를 내려놓을 날도 그리 멀지 않다. 광주시는 지난 2019년 9월 41.8㎞ 구간의 순환선인 지하철 2호선 1단계 17㎞ 본선 공사를 저심도 경전철 공법으로 착공해 2025년 완공 예정으로 있기 때문이다.

다음 지방정부에서 개통 예정이라는 점에 주목할 필요가 있다. 광주가 세계수영선수권대회와 유니버시아드대회 등 국제스포츠행사를 준비할 때 느낀 점은 광주가 대외적인 국제행사를 준비하는 결집력과 집중력, 시스템 구축과 운영능력이 지방정부 주요사업과 현안과 중장기과제를 현실화하는 데에서도 그대로 발휘된다면 얼마나 좋을까 하는 생각을 해 본 적이 있다.

광주지하철 2호선의 등장은 광주시민들의 삶의 변화를 중장기적으로 바꿀 대규모 지각변동이다. 단기간 펼쳐지는 스포츠행사와는 비교가 안 된다. 더구나 '2045년 탄소중립 에너지 자립도시 광주'를 실현해야 하는 광주 입장에서는 지하철과 연동한 교통체계와 교통문화의 변화를 제대로 준비해야 할 시기가 사실은 3년밖에 남지 않았다는 사실에 주목할 필요가 있다.

또 하나의 지하철이 몰고 올 광주 변화를 준비하기 위해 3년은 충분한가? 종전의 방식대로라면 광주도시철도공사, 광주버스운송조합 등이 주도해 교통체계를 갖추는 데만 치중될 것이 십중팔구라고 예측된다. 길 자체만이 광주시가 고민할 내용의 전부여서는 안 된다.

광주송정역은 '국창임방울기념관', 송정공원역은 '광주지하철문학관', 김대중컨벤션센터역은 '세계인권전시관', 농성역은 '호남학 100대 문화원형전시관', 양동시장역은 '사회적경제전시관', 금남로5가역은 '추억의 영화거리', 금남로5가역은 '광주학생독립운동기념 홍보관', 문화전당역은 '5·18기념홍보관', 남광주역은 '추억여행전시관', 학동·증심사입구역은 '무등산국립공원테마관' 등 총 10개 문화시설이 운영 중이다.

그런데 2호선이 개통되고 나면 광주에 총 62개역으로 늘어난다. 1호선 20개역과는 비교가 안 되는 분량의 공간이 지하에 생기게 되는 셈이다. 1호선의 절반을 이른바 문화철도역으로 변모시킨 것을 기준으로만 잡아도 20개 정도의 문화공간이 들어설 여지가 있다는 것으로 봐야 한다. 여기서 고민할 것은 해당 시설을 어떻게 준비하고 어떻게 만들 것인가에 대해 얼마나 광주가 고민하고 있는가다. 행정에 맡기는 것도 답이 아니고, 그렇다고 광주광역시도시철도공사만의 과제로 남겨둘 수도 아닌 문제다.

지금부터 광주의 방식으로 머리를 맞대고 상상하고 협력해야 한다. 조건이 있다. 2호선역에 대한 문화공간은 1호선과 뚜렷한 차별화가 전제되어야 한다. 공간이 들어선 이후에 화강석 바닥과 벽에 일부 인테리어를 덧입혀서 기념관, 전시관, 문학관이라는 간판만 붙이는 일이 있어서는 안 된다는 것이다. 지금의 모습이 현대인의 눈높이에서 볼 때 어떻게 기념관과 전시관으로서 충족하는지 전문가의 평가가 아니어도 충분히 알 수 있질 않은가.

역이 지나는 곳에 대한 지역성이 반영되는 것이 너무 타당하나, 그렇다손 치더라도 그 공간을 이용하는 역세권 주민들이 절대적으로 필요한 용도를 발굴해 컨텐츠화하고 활용도를 극대화할 수 있는 공간으로 미리 설계되어야 하며, 가변적이되 문화예술적으로도 그 공간이 미적이고 감동적인 수준에 도달되어야 한다. 역세권 주민들이 활동하는 지상공간의 수요가 지하공간으로까지 확장되는 개념으로 작동해야 하며 이를 위해 충분히 시민들의 필요를 조사 연구해야 할 것이다.

또한 그 수준은 전문적이면서 동시에 친환경성과 차별성이 뒷받침되어야 한다. 거기에 창의성과 주민의 참여와 희소성의 문제 역시 담아내야 한다.

이를 실현하기 위해 각 역세권별로 민·관·학 등이 공동참여하는 거버넌스가 작동되어야 한다. 광주에 총 62개역이 생기게 되면 62개의 거버넌스가 구축되도록 행정력을 결집해 집중 지원하도록 해야 한다.

2003년 주민참여예산제를 전국 최초로 도입한 곳이 광주광역시 북구다. 지금은 각 지자체에서 당연시 되고 있는 제도지만, 가장 혁신적인 제도를 만들었던 곳이 광주고 북구라는 것에 대한 자부심이 상당했다.

이제는 광주를 '거버넌스도시'로 만들 때다. 이를 통해 지역별 커뮤니티가 활성화할 수 있도록 하자. 그 방안으로 주민의 핵심 이동공간이자 문화공간이자 커뮤니티 공간을 지역거버넌스를 통해 주민생활문화거점의 패러다임을 바꾸자는 것.

62개의 역세권 공간을 주민주도로 운영하고 주민이 운영하고 관리 가능한 시스템을 갖추되, 주민들의 문화력이 발휘될 수 있도록 일정한 운영가이드라인에 해당하는 조례 등을 제정해 지속가능성을 담보하도록 해야 한다. 거버넌스체계의 안정화에 기여하도록 제도적으로 뒷받침하고 62개 공간 운영의 자율성과 각각의 역이 상호 경쟁이 되도록 적극 지원해야 한다.

광주가 최근 2038년 아시안게임 유치를 선언한 상태다. 15년 이후를 위해 전략적 고민을 한 셈이다. 국제 스포츠 행사를 유치해 본 전력을 최대한 발휘하겠다는 것인데, 아시안게임 유치가 무조건 광주의 도시비전과 질을 담보하는 것은 아니다. 2015광주하계유니버시아드대회, 2019광주세계수영선수권대회를 개최한 도시로서 광주는 국제스포츠도시다운 변모를 갖췄다고 광주시민들이 평가하고 있을까? 양 대회의 후광효과로 광주 곳곳에 스포츠문화도시로서의 위상과 면모가 마을과 골목골목에 배어나오고 있는가? 2년마다 개최되는 광주비엔날레를 통해 광주시민들의 문화향유 수준과 문화력에는 어떤 변화를 가져왔는가를 냉정하게 돌아봐야 한다.

지하철 2호선 개통이 광주에 던지는 사회적 메시지는 간단치 않다. 탄소중립시대에 부응한다는 표면적 측면은 당연하고, 거대 국제스포츠 이벤트 유치로도 바꿀 수 없었던 지상과 지하 역세권을 중심으로 시민들의 삶이 변화될 기회다.

거대 국제스포츠 이벤트 유치에 쏟는 예산과 행정력의 절반만으로도 주민이 피부도 느낄만한 정책적 변화를 체감하게 할 수 있다고 확신한다.

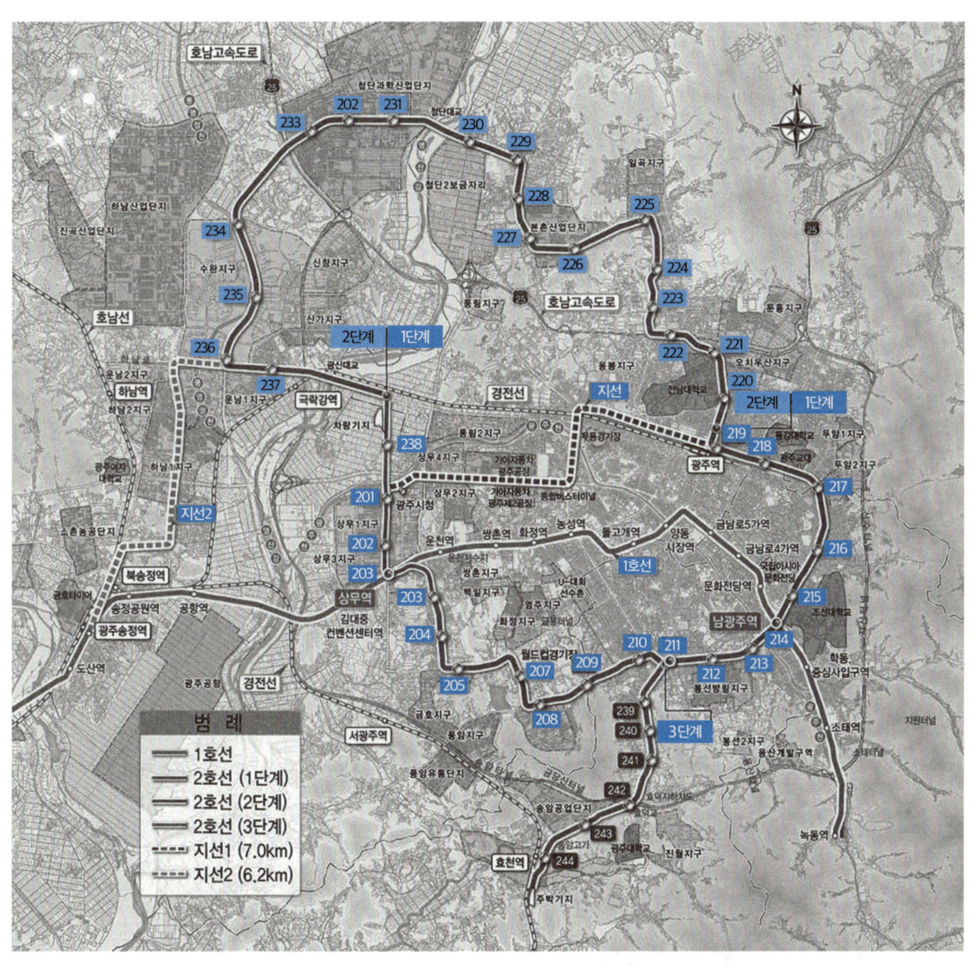

출처 : 광주광역시도시철도공사 홈페이지

광주천(光州川)시대는 끝나지 않았다
- 누구나 걷고 싶은 광주의 명소를 꿈꾸며

일각에서 광주천시대를 마감하고 영산강시대를 열자고 주장한다. 광주를 끼고 흐르는 영산강시대를 열어야 한다는 입장을 견지해 왔던 입장에서 보면 늦었지만 반갑기도 하다.

그럼에도 광주천과 영산강 시대는 정책적으로 분할해서 생각하는 것은 있을 수 없는 일이다. 더구나 광주천은 여전히 광주 발전적 여지를 안고 있다. 종전까지 광주천에 대한 정책적 이슈가 수질과 수변개발에 그친 측면이 있었다.

광주천은 광주천에 EM(Effective Micro-organisms) 흙공던지기나 광주불교연합회 등에서 개최하는 빛고을전통등전시회 등의 장소로 활용되는 선에서 환경과 문화예술의 배후 정도로만 자리매김해 온 것도 사실이다.

최근 한 언론에서 송진영 전 광주문화재단 전문위원의 인터뷰 기사를 접한 적이 있다. 그는 "시민문화회관, 빛고을 시민문화관, 청년예술인지원센터 등 광주공원과 사직공원, 광주천을 연계하는 문화벨트를 구성, 이들 공간을 적극 활용하는 문화벨트와 클러스터 조성 등이 필요하다"고 주장하는 내용이었다. 동감한다.

그러나 한 걸음 더 나아가야 한다. 광주천의 우안(右岸) 일대와 좌안(左岸) 일대는 광주천을 사이에 두고 완전히 다른 도시 모습을 갖추고 있다. 송 전 전문위원의 주장인 시민문화회관, 빛고을 시민문화관, 청년예술인지원센터 등 광주공원과 사직공원, 광주천을 연계한 문화벨트 제안은 광주천 좌안지대에 해당한다.

광주천시대를 광주 발전 지형상 문화, 환경자산으로써 아직 미래자산 가치가 충분하다는 것을 보여주는 전문가의 지적이 매우 합리적으로 들린다.

좀 더 광주천 전체를 살펴보면 광주천의 변신은 무한하게 펼쳐질 수 있다는 것을 금방 알아차릴 수 있다. 시민들에게 이미 각인된 문화관광지역인 펭귄마을, 양림동문화역사마을을 시작으로 광주음악산업진흥센터, 드맹아트홀, 광주시각장애인복지관, 광주향교, 광주시민회관, 광주공원, 사직공원, 유네스코미디어아트창의도시, 광주문화재단, 빛고을시민문화관, 양동산업용품시장, 양동통닭, 양동시장에 이르는 전체를 세부적으로 들여다봐야 한다.

문화예술과 관련한 시설과 공간에 국한하는 방식은 광주천을 점과 면으로만 보는 시각이다. 광주천 좌안을 잇는 문화벨트는 기독교 유교 등의 종교인, 시각장애인, 문화예술인, 노인, 전통시장 및 소상공인들이 동시에 참여하고 문화지구를 바탕으로 생계와 문화, 관광분야를 망라하는 점과 선, 면이 이어지는 종합적인 도시자원으로 인식해서 도시발전 계획을 가져가야 한다.

특히 광주천 좌안 일대 발전계획은 광주의 구도심 경쟁력 제고와 직결된다. 문화전문기관이 위치하고 있다는 이점이 도시생활 변화로 아직까지는 연결되지 못하고 있다. 이유는 광주천에 위치한 기관과 공간들을 종합적인 안목으로 보고 있지 못하기 때문이다.

그렇다면 어떻게 할 것인가? 그 해답은 '걷고 싶은 도시'를 만들면 된다. 앞서 말한 핵심 거점들이 평면적인 지도 위에서는 연동되어 있지만 광주시민이나 외지인들이 볼 때 동선이 자연스럽게 연결되지 않는다. 편하게 걷지도 못하는 것은 둘째고, 차량을 통해서도 광주천 좌안 문화 관련 시설 등을 즐기기에도 불편하기는 마찬가지다. 그만큼 걷기에도, 차를 이용해서도 불편한 도시 모습을 그대로 보여주고 있는 것.

문화적 도시재생이 도심을 재구조화의 한 방편으로 자리를 잡고 있다. 광주천 좌안 일대를 걷고 싶은 문화공간, 상업공간, 관광공간 등으로 만들기 위해서는 문화적 도시재생의 방식으로 주민들의 눈높이를 반영하면서도 동시에 최소한 광주의 30년, 50년 이후의 중장기적 전망을 담는 방식으로 도시개발계획이 세워져야 할 것이다. 이 과정에서 국내외 유수의 건축과 도시전문가들이 광주를 치열하게 고민할 수 있도록 충분한 시간과 예산을 투입하는 것을 주저해서는 안 될 것이다. 광주 시내권에서 금남로, 충장로 등을 제외한다면 시민들의 애환을 간직한 길이 마땅히 떠오르지 않는다. 적어도 광주천 좌안 일대는 광주공원과 사직공원 등 2개의 공원과 펭귄마을과 양림동문화역사마을 등 시민들의 인지도를 일정하게 갖고 있는 마을이 자리하고 있다. 이곳을 걸을 수 있도록 도시를 바꾸자는 것.

여기에 양동시장까지 시민들이 걸어서 여행할 수 있고 그 걷는 길 곳곳에 의자와 벤치가 놓일 것이다. 주민들 손으로 손수 가꾸는 정원과 활력 넘치는 양동산업용품상가들이 보여주는 볼거리 등이 걸음을 멈추게 할 것이다. 그뿐인가, 걷는 길 곳곳에서 품격과 재미를 더하는 문화예술공연이 상설로 펼쳐지는 길거리를 상상해 보는 것만으로 활력 넘치는 광주가 그려질 것이다. 광주가 재미가 없다고? 이 정도가 되면 '노잼도시'에 대한 고민은 잊어도 좋을 것이다.

그리고 늘 하는 고민이지만 양동시장이 광주의 다른 인근 지역문화예술공간 및 상업공간과 연결성이 떨어진다는 점이다. 양동시장, 말바우시장, 대인시장 등이 있지만 시장활성화, 현대화시설 등의 투자를 비롯해 고질적인 주차장 문제 및 시장활성화 대책이 숱하게 거론되고 적용되기는 했어도 한계도 없지 않다. 이들 전통시장들이 도시의 다른 공간 및 시설과 자연스럽게 연결되도록 하기 위한 정책적 고민의 결과물은 없었던 게 사실이다. 양동시장을 이용하는 버스노선과 지하철 노선이 있는 것은 맞지만 광주시민들이 양동시장과 광주문화재단, 양림동, 방림동, 사직동 등과 연결되어 생각하는 사람이 과연 있을까. 억지 상상으로도 어쩐지 그림이 그려지지 않을 것이다.

광주의 대표적인 시장인 양동시장과 말바우시장, 대인시장이 각자 문화관광형시장을 표방하고 있고 그에 걸맞은 노력들이 없지 않았다. 하지만 시장을 중심으로 시민들이 누리는 생활의 발걸음이 자연스럽게 연결되어 인근의 도시문화자원과 섞이거나 충돌하고 혹은 이질적이면서도 다양한 매력을 발산하는 풍경을 연출하는 데까지는 도달하지 못한 상태다.

걷고 싶기 위해서는 걸을 만한 이유들이 도시에 산재해야 하고 그럴만한 요소들을 갖추도록 도시를 정비해야 한다. 그 첫 번째 작품이 광주천 좌안 일대를 큰 틀로 벨트화해 '누구나 걷고 싶은 광주'를 만드는 것이다.

광주에는 '광주 오월길'이 있다. 아직까지는 시민들에게 인지도가 그렇게 있어 보이진 않지만 어쨌든 '광주다크투어리즘'이라는 이름으로 인터넷 사이트에서 검색만 해도 그 내용을 아는 데는 그리 어렵지 않다.

이 '광주 오월길'을 최초로 기획한 이는 이무용 전남대 문화전문대학원 교수다. 그는 오월길 조성사업을 10년을 내다본 장기 프로젝트 관점에서 접근했지만, 결과적으로는 사업을 시작하고 채 1년여의 기간도 안 되어 이 사업을 마무리 지었다. 안타깝지만 이게 광주의 실상이다.

그러나 광주 오월길 탄생의 실상은 세월을 더 거슬러 올라간다. 광주광역시가 '인권도시광주'를 대표하는 관광브랜드를 개발하기 위해 5·18 사적지 26개 지역 29곳을 연결하는 '오월길(5·18 Road)'을 2013년까지 조성하겠다는 계획을 발표한 바 있기 때문이다. 2011년 4월 들어 5·18을 앞두고 발표를 서두른 듯한 인상이 있다. 당시에도 이무용 전남대 교수 등 전문가 6명이 참여해 '오월길 조성 태스크포스팀'을 구성해 로드맵 초안을 만든 바 있다.

하지만 광주시 공식발표와는 달리 시범사업은 2013년에야 첫걸음을 뗐다. '오월길'은 총연장 290㎞로 '인권길'과 '횃불길' 등 18개 코스로 구성될 예정이었고, 광주시는 5·18사적지 27개소 전지역 51.8㎞를 잇는 '오월길' 조성 정비사업(총사업비 22억 7,000만 원) 공사를 추진해 2016년 2월 착공을 시작으로 그해 12월 준공을 완료했다. 3년 9개월만이다.

광주오월길은 '5·18 정신을 기리고 인권도시 광주를 대표하는 랜드마크'이거나 '인권도시 광주를 대표하는 관광브랜드'로 상징화하고 싶었다고 봐야 한다. 그런데 정작 광주 오월길이 그렇게 되었는가?

광주천 좌안 인근 문화관광벨트를 연결하고 문화관광, 상업과 전통시장, 자연환경을 골자로 하는 '누구나 걷고 싶은 광주'를 만들기 위한 사업은 광주 오월길 조성 과정을 반면교사 삼으면 된다.

사업이 종료된 광주 오월길은 당시 언론 지상에 “광주시 ‘오월길 조성사업’ 허점투성이”라는 비판에 직면하게 되었고, 시민의 눈살을 찌푸리게 만들기도 했다. 이후 과연 광주 오월길은 당초 조성 취지를 살려서 광주시민들과 외지인들에게 랜드마크가 되고 관광적 요소로 자리 잡았는 지는 굳이 전문가의 검증을 받지 않아도 알만한 일이다. 사업의 추진과정에서도 실패하고 그 결과를 시민의 것으로 만드는 데도 실패한 것이다.

광주천 문화관광벨트조성사업은 이런 울을 범하지 않도록 해야 할 것이다. 행정력의 한계 때문에 전문가들과의 신뢰를 잃지 않아야 한다. 무엇보다 시민과의 공적 약속은 사업의 성공과 실패 여부를 떠나 책임지는 태도가 필요하다. 그렇게 하기 위해서는 광주시가 시민과도, 전문가와도 사업을 행정 중심의 단기적 실적주의로 끌고 가지 않도록 하는 행정문화의 질적 변화를 꾀해야 할 것이다.

'북광주IC시대'를 열어야 광주의 새길이 열린다

사람들은 자기들이 길을 만든 줄 알지만
길은 순순히 사람들의 뜻을 좇지는 않는다
사람들을 끌고 가다가 문득
벼랑 앞에 세워 낭패시키는가 하면
큰물에 우정 제 허리를 동강내어
사람이 부득이 저를 버리게 만들기도 한다
사람들은 이것이 다 사람이 만든 길이
거꾸로 사람들한테 세상 사는
슬기를 가르치는 거라고 말한다
길이 사람을 밖으로 불러내어
온갖 곳 온갖 사람살이를 구경시키는 것도

세상 사는 이치를 가르치기 위해서라고 말한다
그래서 길의 뜻이 거기 있는 줄로만 알지
길이 사람을 밖에서 안으로 끌고 들어가
스스로를 깊이 들여다보게 한다는 것은 모른다
길이 밖으로가 아니라 안으로 나 있다는 것을
아는 사람에게만 길은 고분고분해서
꽃으로 제 몸을 수놓아 향기를 더하기도 하고
그늘을 드리워 사람들이 땀을 식히게도 한다
그것을 알고 나서야 사람들은 비로소
자기들이 길을 만들었다고 말하지 않는다

- 신경림 시인의 시집 『쓰러진 자의 꿈』
(창작과비평사, 1993) 중 「길」 전문

1970년대 『농무』 시집으로 한국문단에 충격을 던진 시인이 바로 신경림 시인이다. 현대인들에게 시가 어떤 가치가 있고 시가 우리 사회에 어떤 역할을 할 수 있는가에 대해 묻는다면 속시원하게 답을 꺼내놓기란 쉽지 않아 보인다. 그럼에도 불구하고 시의 생명성과 가치가 우리 삶에서 전혀 쓸모없는 것이 되리라고 생각하는 사람은 아마 없을 것이다.

광주에도 뒤늦게 문학관이 들어서고 있다. 북구 문화동 시화마을에 시비 136억원을 투입해 현재 공사가 한창이다. 북구 시화문화마을은 지난 2004년 주민들이 참여해 아름다운 마을만들기를 전국 처음 추진한 곳이어서 나름대로 공간에 대한 상징성이 있는 것이기도 하다. 하지만 이곳에 광주문학관이 들어서기까지 13년여가 걸렸다. 문화단체의 이견이 합치되기까지 걸린 시간이다. 그 마무리가 2018년 말의 일이다. 이게 광주다. 광주의 힘인 것인지 무능인 것인지는 오로지 광주시민의 판단과 역사의 몫이리라. 설립 과정이 어려웠던 만큼 설립 이후 운영 과정에서 광주문학인들의 역량이 모이고 광주문학계를 견인하는 중추적 역할을 기대한다. 거기에 그치지 않고 광주문학계에서 대한민국과 세계문학계를 뒤흔들 만한 작품성을 갖춘 시인, 소설가 등이 배출될 수 있기를 바란다.

광주시민들에게 익숙한 시인 가운데 '가을의 기도'로 남은 시인 김현승, '직녀에게'를 쓴 문병란 시인, '아아 광주여 우리나라의 십자가여'를 쓴 김준태 시인 등이 광주를 무대로 활동한 것을 기억할 것이다. 시를 즐겨 읽지 않은 시민이라 하더라도 이름 정도는 들었을 법한 이런 분들 외에도 광주에는 꽤나 전국적인 지명도가 있는 시인들이 많다.

소설도 마찬가지다. '녹두장군'의 소설가 송기숙, '채식주의자'를 쓴 한강 소설가 등을 비롯해 묵묵히 글감옥에 드는 것을 자초해 창작열을 불태우는 소설가들이 적지 않다.

이 가운데 해남 출신으로 광주와 함께 왕성한 문학활동을 여전히 펼치고 있는 시인 김준태 시인은 광주시민이 걸어야 할 길에 대해 신경림 시인의 「길」과는 또 따른 메시지를 남기고 있다.

어디로
가야 길이 보일까
우리가 가야 하는

길이 어디에서 출렁이고 있을까

더러는 사람 속에서 길을 잃고
더러는 사람 속에서 길을 찾다가

사람들이 저마다 달고 다니는 몸이
이윽고 길임을 알고 깜짝깜짝 놀라게 되는 기쁨이여

오 그렇구나 그렇구나
도시 변두리 밭고랑 그 끝에서
눈물 맺혀 반짝이는 눈동자여

흙과 서로의 몸속에 씨앗을 뿌리는 사람이 바로 길이었다.

- 김준태 시인의 「길- 밭에 가서 일어서기 1」
월간 『신동아』 2003년 5월호에 수록된 시 전문

신경림 시인과 김준태 시인이 아니어도 길을 노래하는 시인은 숱하다. 그럼에도 우리들은 늘 새로운 길을 내고 새로운 길은 나서려고 하고 그 길 위에서 고뇌하는 삶을 산다.

오늘날 광주라는 땅에서, 광주라는 길에서 우리는 어떤 고민을 하고 있는가. 길을 내기 위해 누군가 앞서 수풀을 헤치고 있기는 한 것인가.

두 시인의 시를 꺼내 읽으며 나는 광주의 미래, 광주의 길을 상상하며 그 길을 맨 앞에 서서 걸어 나가는 것에 주저하지 않을 것을 다짐하고 있다.

광주는 어디로 나아가야 하는가? 이념과 철학의 문제도 중요하지만 광주시민이 직접 두 발로 걸으며 꿈꾸고 향유할 수 있는 그 길과 공간, 장소는 과연 어떠해야 하는가? 고민하고 또 고민해 왔다.

광주는 한때 광산구와 남구쪽을 발전축으로 속도를 내왔다. 이어 동구와 화순쪽으로 최대한 도시발전축이 이동하기도 했다. 북구는 동광주IC까지 도시가 확대되었다. 2006년 고창담양고속도로가 열리면서 북광주IC가 생기고 상무지구와 첨단을 잇은 나들목이 생김으로써 양산동, 연제동을 비롯한 광산구 첨단 등이 광주의 외곽과 연결하는 길이 시작된 것이다.

그러나 북광주IC를 둘러싼 지역은 광주시민들에게 아직 광주시민의 미래, 광주시민의 미래세대가 걸어야 할 길의 공간으로 인식되어 있지 않은 것 같다. 도로 하나를 내거나 넓힌다고 광주시민의 삶이 확빠뀔 것이라고 믿는 사람은 없다. 그래서 더욱 나는 국비를 확보해 길을 새롭게 건설하자는 제안을 하려고 하는 것은 더더욱 아니다. 광주시민의 삶과 직결된 광주의 미래 청사진이 그려지길 원한다. 시처럼 상상력 가득한 '광주의 길'을 닦자는 것이다.

북광주IC는 광주 북부권의 교통요충지다. 거기에 영산강이 지근거리에 있다. 그 영산강은 담양습지와 용산지구생태습지를 품고 있다. 여기에 넓은 영산강을 젖줄 삼아 농사를 짓는 넓은 벌판이 펼쳐져 있어 도농복합도시로서의 면모를 누구라도 알 수 있는 천혜의 공간이다.

시야를 좀 더 넓히면 영산강을 중심으로 첨단산업과학단지가 있고, 광주시민들의 놀이공간인 광주패밀리랜드가 위치하고 있다. 또한 효령노인복지타운이 둥지를 틀고 있기도 하다. 하지만 이렇게 놓고 보면 각각의 자원과 요소들이 하나로 연결되지 못하고 있다는 것을 직감하는 데는 시간이 오래 걸리지 않을 것이다.

최근 캠핑붐이 일면서 남구 승촌보 캠핑장, 광주시민의 숲 야영장, 패밀리랜드 카라반캠핑장이 인기를 끌고 있는데, 여기에 더해 광주는 2024년까지 서구 풍암동 중앙공원과 남구 송암공원에 추가로 캠핑장을 설치할 예정으로 있다. 핵심은 광주패밀리랜드의 한계를 먼저 봐야 한다. 캠핑장을 새로 만들어 넣는 방식은 상상력이 고도로 발동하지 않아도 실현 가능한 것이다.

더 크게 길을 내야 한다. 광주패밀리랜드는 코로나로 폐업 위기에 내몰리기도 했다. 지난해에는 시의회에서 호남지역 대표적 테마파크인 우치공원 패밀리랜드의 놀이시설 상당수가 1991년 개장 후 한 번도 교체하지 않고 30여년 째 운용하는 등 노후화가 심각하다는 지적을 받기도 했다.

이에 대해 광주시는 2011년부터 민간투자 유치를 위해 노력했지만 4차례나 무산됐고 불가피하게 관리 위탁 방식으로 패밀리랜드를 운영하고 있다고 설명했다. 민간투자 유치 실패 요인으로 사업성 부족이 발목을 잡고 있는 것 같다고 진단하기도 했다.

이런 상황에서 '캠핑장'을 설치하는 것만으로는 시민의 눈높이와 상당한 거리가 있다고 봐야 한다. 패밀리랜드의 고질적인 문제는 패밀리랜드만을 보는 미시적이고 협소한 사고만으로는 돌파구가 보이지 않는다는 것이다. 바로 여기에 광주시민들의 길을 내는 시적 상상력이 요구되는 지점이다.

'패밀리'의 개념은 북광주IC까지 최대한 확대해 적용하고 '랜드'의 개념으로서의 사업 공간 역시 현재의 패밀리랜드의 울타리를 무너뜨려 대야제, 영산강, 건국동 들판, 효령노인복지타운, 북광주IC에 이르는 '대규모 산업·문화·관광랜드'로 확대해 무한한 상상력을 발휘하게 되면 광주의 새로운 길이 열리게 될 것이라는 게 나의 생각이다.

상상력이 없이는 광주를 바꿀 수 없다. 우리가 시를 읽어야 하는 이유다. 시의 가치는 여전히 유효하다.

광주 저수지(貯水池)에 시민의 삶을 담자

광주시민들이 잃어버린 공간이 있다. 사람마다 다양한 것들이 떠오를 테지만 경양방죽을 떠올리는 분들이 적지 않으리라.

경양방죽은 동구 계림동 홈플러스(구 시청) 일대에 있었던 저수지다. 조광철 광주시립민속박물관 학예연구사는 광주 지역 한 일간지에서 인공저수지인 경양방죽의 면적에 대해 1930년대까지 최대 6만6000평에 달했지만 30년대 중반 4만6000평이 매립됐고 60년대 말엽에 가서는 전부 매립되어 사라졌다고 술회한 적이 있다.

광주를 대표하는 호수는 과연 시민들에게 어떻게 자리하고 있을까. 운천저수지? 풍암저수지? 혹자들 사이에는 아직도 경양방죽을 되살려야 한다고 말하는 분도 여전한 가운데 경양방죽의 빈 자리를 차지하고 있는 인기 저수지가 어디일지 궁금하기도 하다.

광주광역시립민속박물관이 2020년 5월 27일 '광주역사민속박물관'으로 명칭을 변경해 시민들 품으로 새롭게 돌아왔다. 그 자리에 경양방죽의 이야기가 있다는 것은 광주의 역사에서 경영방죽이 차지하고 있는 의미가 적지 않다는 반증이라고 봐야 한다.

게다가 2012년에는 한 지역언론사 주최로 '경양방죽 복원과 광주 도심 활성화 방안 토론회'가 열린 적도 있었다. 2015년에는 광주를 자연 생태도시로 조성하려면 도시화로 사라졌던 경양방죽을 복원해야 한다는 주장도 나왔다. 광주·전남녹색연합 주관으로 열린 '습지생물다양성 2차 포럼' 자리에서 양해근 한국재해연구소 소장은 "광주천 건천화 문제를 해결하기 위해선 1967년 매립됐던 계림동 경양방죽을 복원해야 한다"며 목소리를 낸 것이다.

2016년에는 광주시 공직자 출신이 구청장 후보로 나서면서 공약으로 경양방죽 복원을 꺼내들기도 했다. 뿐만 아니라 2018년 광주지방 선거 과정에서 광주시장 후보가 경양방죽을 복원하는 도시재생 방안을 공약으로 발표하기도 해 기대감을 낳기도 했다. 이용섭 현재 시장의 공약이다. 또한 그해에 지자체와, 환경단체, 지역상인, 대학교수 등 42명이 참여한 '문화물길조성단'은 생태하천복원과 관광문화벨트조성 분과로 나뉘어 논의를 시작한 자리가 마련되었는데, 이 자리에서 송창수 호남대학교 교수도 '경양방죽을 복원해야 한다'는 주장을 편 것으로 언론에 알려지기도 했다.

2019년 김형주 광주시립민속박물관 학예실장은 '문화가 흐르는 광주천 조성 방안'이라는 한 일간지 기고문에서 "광주를 상징하는 호수였던 '경양방죽'의 복원에 대한 진지한 논의가 필요하다"고도 주장한 바 있다. 또한 2019년에 조현희 광주도시여행청 대표 역시 한 일간지에서 "광주시장이라면 꼭 하고 싶은 일이 하나 있다. 100년 프로젝트로 경양방죽을 다시 복원하는 것"이라는 주장을 편 바도 있다.

가장 최근인 2020년 치러진 21대 총선에서는 민중당 광주공약으로까지 당당히 올랐던 적도 있다. 여하튼 시기와 사람, 학계와 정치권을 막론하고 경양방죽 복원을 바라는 주장들이 계속되고 있는 셈이다.

결론부터 말하자면 과연 이 같은 주장에 대해 현실적인 면을 떠나서 광주시민들 사이에서 얼마나 많은 공감대가 형성될 것인가가 불확실하기만 하다는 것이다.

좀 더 현실적인 제안을 해 보자면, 경양방죽의 복원 대신 광주에서 산재해 있는 일정 규모의 저수지(貯水池)에 대해 저수지 인근 주민들의 편의와 수요를 반영해 새롭게 변모시키는 것이 광주시민들의 '물'의 상징성을 회복하고 싶은 갈증을 해소하는 적절한 방법이라고 본다.

얼추 손꼽아 본다면 광주에는 13개 정도의 저수지가 일정 규모를 갖추고 있으면서 시민들의 생활거점과 맞닿아 있는 것으로 파악하고 있다.

북구의 양산제, 대야제, 각화제, 전대용지, 운암제, 광주호, 제4수원지 등이 있고, 남구에는 노대제, 서구에는 풍암저수지, 운천저수지,

전평제 등이 있다. 이어 광산구에는 쌍암제, 하남저수지가 주목해 볼 만하다 하겠다. 이 저수지들은 현재도 광주시민들의 다양한 휴식공간으로서의 몫을 톡톡히 하고 있다. 저수지를 테마공원으로 변신시키는 것은 이제 각 지자체들이 경쟁적으로 도입하는 사업 방식이 되었다. 여기에 한술 더 떠서 최근에서는 출렁다리를 개설하면서 랜드마크 경쟁이 치열하다는 기사가 심심찮게 쏟아지고 있을 정도다.

이런 가운데 신안군이 2023년에 세계 최초의 수상미술관인 '플로팅뮤지엄'을 짓는다는 소식은 무릎을 탁 치게 만든다. 저수지를 바라만 보는 공간이거나 공연의 뒷배경이게 하거나 혹은 가로지르는 산책코스의 변형에 그치는 것으로는 주민의 삶을 확 바꿀 수 없다.

그리고 시민들의 문화휴식공간인 저수지는 자연공간이라는 점에서 부단하게 변화시키는 것을 마다할 이유가 없다. 수질개선을 위해 예산을 쏟아붓는 것 못지않게 주민들이 함께 자치조직을 결성해 거버넌스체계를 작동함으로써 주민주도형 생태문화자치의 실험적 무대로 저수지를 기꺼이 내놓아야 할 것이다. 이 속에서 각 분야의 전문가를 비롯한 다양한 시민들의 상상력과 아이디어들이 버무려져 변신의 변신을 거듭할 수 있도록 이를 제도화하고 정책화하는 것이 광주시 행정이 할 일이지 않을까.

광주에 있는 주요 저수지를 시민이 주도가 되어 '시민의 삶'이 담긴 '예술 같은 그릇'으로 바꿔내자. 아직도 저수지 수변 공간에 체육시설 몇을 가져다 놓는다고 시민이 감동할 것이라고 생각한다면 안 될 일이다. 이 같은 행정의 사고는 집집마다 건강관리를 위해 시민들이 어떤 라이프스타일을 추구하고 있는지 고민이 없는 결과다.

유행처럼 번지는 데크시설을 설치하고 야간 조명을 갖췄다고 행정의 역할이 거기까지일까. 과연 시민들이 그렇게 생각하고 있을까. 광주시민들이 평상시 사용하는 공공문화시설과 휴게공간, 공원 등을 시민들이 직접 관리하고 변화시켜 가도록 정책과 제도를 과감히 마련해 가자. 광주는 지금 그렇게 가고 있는가?

국제스포츠대회 개최보다 막후를 설계하자

지난해 연말 광주광역시가 기쁜 소식을 전했다. 2025년 세계양궁 선수권대회 개최지로 광주가 확정된 것이다. 대회는 2025년 9월 5일~12일 8일 동안 열릴 예정이다. 특히 눈길을 끄는 것은 결승 경기가 열리는 민주광장과 인근 전일빌딩245 사이 왕복 2차선 도로를 차단해 각 종목 결승 진출자들의 연습경기장으로 사용해 광주의 역사성을 유감없이 보이겠다는 유치전략이었다.

광주는 국제규격의 최신 양궁장을 갖췄다. 선수 육성과 저변 확대를 위한 시스템도 초·중·고·대학·일반팀으로 체계화됐다. 여자 대학부 광주여대, 여자일반부 광주시청, 남구청 남자양궁단이 보여준 활약은 광주시민들의 자랑이다.

1984년 로스엔젤레스 하계 올림픽 금메달리스트 서향순 선수,

2012년 런던올림픽 2관왕의 기보배 선수와 2021년 도쿄올림픽 3관왕인 안산 선수 등이 광주가 배출한 국제스포츠 리더들이다. 올림픽 양궁 금메달리스트를 6명이나 배출한 광주의 선수 양성시스템과 더불어 2015 광주 하계 유니버시아드대회에 맞춰 건설된 광주국제양궁장은 국내외 양궁선수들에게 양궁의 메카로서 자리매김하는데 중추적 역할을 하고 있다.

2025 세계양궁선수권대회 광주 유치에 앞장선 김광아 광주시 양궁협회장은 최근 한 지역 언론과 갖은 인터뷰에서 세계양궁선수권대회 성공 개최를 위해 어떤 준비를 할 것이냐는 질문에 주 경기장인 광주국제양궁장의 개·보수 및 트레이닝센터(가칭) 신축을 추진 중이라고 밝힌 바 있다. 특히 트레이닝센터에는 광주 양궁역사관, AI 양궁체험장, 해외전지 훈련단을 위한 게스트룸, 세미나실 등이 들어서게 하겠다는 포부를 전하기도 했다. 지난해 공식 창단한 광주 남구청 남자 양궁단도 '양궁도시'의 위상을 더욱 드높여 줄 것으로 기대를 낳고 있다.

그런데 광주는 여기에 머무르지 않고 한 단계 더 나아가야 한다. 걸출한 세계적인 선수를 배출하는 것만으로 '광주에서 양궁이 광주시민들이 사랑하는 최고의 스포츠인가에 대해 수긍할 수 있는가'다. 과연 광주시민들에게 양궁이라는 스포츠에 대한 관심과 사랑이 대회가 유치되거나 금메달을 목에 걸었을 때가 아닌 시민들의 생활 곳곳에 스며나오는가에 대해 광주 스스로가 그렇다라고 답할 수 있을까. 광주는 이 문제를 성찰하고 해결해 가야 한다. 국제스포츠를 개최할 수 있는 기반을 갖추고, 전지훈련 유치 실적이 대서특필되는 것만으로는 무엇인가 허전한 것은 왜일까?

광주에서의 양궁은 생활 곳곳에서 놀이문화와 관광자원화로 변신을 꾀하는 데까지는 이르지 못하고 있다. 2002년 FIFA월드컵은 그렇다치고라도 2015광주하계유니버시아드대회, 2019광주세계수영선수권대회 등 굵직한 국제스포츠 이벤트를 직접 개최한 광주가 그 막이 내린 이후 시민의 스포츠문화에 어떤 변화가 있었을까? 2015광주하계유니버시아드대회, 2019광주세계수영선수권대회를 치르고 나서 국제관광도시로 도약을 했는가? 아니면 크고 작은 스포츠동호인들의 활동이 성장하는가 하면 스포츠를 즐기고 놀이로 가져가려는 시민들의 수요에 부응해 스포츠산업과 서비스, 교육 등이 체질적으로 변화했는가?

광주는 이에 대해 답을 내놓아 한다. 체육시설을 근린공원에 설치하고 낡은 시설을 교체하거나 체육대회를 개최해 경쟁하는 것만으로 스포츠가 가진 장점이 살아난다고 보기 어렵다. 기아타이거즈야구단의 부흥에도 불구하고 프로야구의 정신과 문화가 광주 도심과 일상을 바꾸는데 얼마나 기여했을까?

응원문화와 스포츠 관람에 따른 입장객과 일부 스포츠 관련 상품이 빛을 보고 있지만 광주지역에 번듯한 스포츠의류 제조업이나 성공적인 협동조합 모델은 갖고 있지 못한 실정이다. 이런 상황에서

2015광주하계유니버시아드대회, 2019광주세계수영선수권대회 등 양대 스포츠의 후광으로 광주에서 어떤 기업이 창업을 시도했는가? 또한 스포츠문화의 면모를 지속가능하게 하기 위해 광주시정과 언론은 어떤 투자와 캠페인, 대시민 정책을 시도했는지 묻지 않을 수 없다.

국제대회의 유치만이 능사는 아니다. 이를 계기로 광주는 어떤 변화를 겪을 것인가, 광주시의 골목과 거리와 학교와 공원이 혹은 문화와 교육현장에서 얼마나 많은 역동성과 공정성 등 가슴 뛰고 감동적인 스포츠정신이 묻어나도록 할 것인가를 더 치밀하게 연구하고 준비해야 한다. 광주는 2025년 세계양궁선수권대회 개최지로서 이를 달성하기 위해 3년여를 준비하면 어떨까.

2015년과 2019년의 선례에서 배우자. 대회 기간의 성공만을 준비하는 것은 누구나, 어느 지자체나 할 수 있다. 그리고 그래왔다. 하지만 대회 이전과 이후를 만족스럽게 성공시켜 본 도시가 얼마나 있을까. 광주가 도전해 보자. 2025년 세계양궁선수권대회 개최를 종전의 관점과 태도로 일관한다면 광주는 다시 한번 뼈아픈 후회를 낳을 가능성이 있다.

이 같은 우려를 불식시키고 문화와 산업계로 그 파생효과가 이어질 수 있도록 다음 지방정부는 항해를 해야 한다. 개최가 전부는 아니다. 스포츠를 광주시민들의 복지개념으로 확대해 가고 시민들의 생활문화 자원화하자는 것이다. 메가 이벤트에 시민력이 동원되고 소비되는 악순환의 고리를 이제는 끊어내자.

복지의 개념, 문화의 개념, 교육의 개념으로 스포츠 정책 목표를 가져가자. 이를 이루기 위해 2025년 세계양궁선수권대회를 활용하는 방향으로 전략을 수정해 보자. 대회의 성공이 최대의 목표가 되도록 시정을 몰아가는 것이 아닌, 2025년 세계양궁선수권대회가 광주시민의 삶을 바꿀 도구가 되도록 과감하게 사고를 전환해 보자. 광주는 할 수 있다.

광주, 교육문제 어떻게 풀 것인가?

최근 '실력 광주'라는 옛 명성이 퇴색했다는 언론의 지적이 부쩍 늘고 있다. 객관적 자료에서도 확인되고 있어서 우려가 단순한 우려가 아니라 현실로 받아들여지고 있다. 광주지역 수학능력시험(수능) 성적이 전국 평균을 밑도는 것으로 나타났기 때문이다.

지난 26일 한국교육과정평가원이 2021학년도 수능에 응시한 고3 재학생들의 국·영·수(가·나) 등급별(1-9등급) 성적 분석 결과를 최근 발표한 것을 지역 언론이 광주를 중심으로 종합한 결과를 인용해 보면 이렇다.

국어의 경우 최상위권인 1등급 비율(전체 수능 응시생 대비(일명 전체 평균) 2.9%)이 광주는 2.2%였다. 상위권인 2등급 비율(전체 평균 4.9%)은 4.3%였다. 국어 1등급 비율은 통상 학력이 비교되는 지역인 대구(3.0%), 대전(2.5%)보다 낮았고 부산(2.2%)과 같았다. 서울은 1등급 비율이 4.9%였다.

광주에서 수학가의 1등급 비율(전체 평균 3.1%)은 2.3%였고, 2등급 비율(전체 평균 6.7%)은 3.0%였다. 수학가 1등급 비율은 대구(2.4%)보다 낮았고, 대전(1.4%)보다는 높았다. 부산(2.3%)과는 같았다. 서울은 1등급 비율이 6.3%였다.

인문계열 수험생이 많이 치른 수학나에서도 1등급 비율(전국 평균 4.0%)은 3.3%였다. 2등급 비율(전국 평균 5.5%)은 4.6%였다. 수학나 1등급 비율은 대구(4.0%), 부산(3.6%)보다 낮았고, 대전(3.1%)보다 높았다. 서울은 1등급 비율이 7.0%였다.

영어의 경우도 광주는 1등급 비율(전체 평균 9.7%)이 8.2%였으며, 2등급 비율(전체 평균 14.3%)은 13.0%였다. 영어 1등급 비율은 대구(10.6%), 대전(10.1%), 부산(9.4%)보다 낮았다. 서울은 1등급 비율이 15.3%였다.

광주의 실력은 전국 평균을 밑돌고, 주요 광역시보다 못 미친다는 분석이 교육감 선거 출마자들 사이에 쟁점으로 부상하는 것도 무리는 아니다.

학교 울타리 안에서의 교육은 광주시교육청 소관이다. 그러다 보니 광주광역시에서는 교육 현안 문제와 관련해서 한 발 떨어져서 생각하고 정책적인 측면에서 예산과 교육지원의 형태를 취하고 있다. 하지만 학교 울타리 안에서 벌어지는 학교교육이 학교안에서의 문제로

만 바라보는 관점이 무의미해진 지가 오래다. 마을이 학교고 학교가 곧 마을이라는 논리가 보편화하고 주민들에게서도 강한 동의를 얻고 있는 형국이기 때문이다.

특히 실력도 실력이지만 학교 울타리 안에서 학교폭력 문제를 비롯해 교육현장에서 발생하는 문제가 사회이슈가 되면서 지역사회의 행복지수와 결부되어 있다는 사실이 일반화하고 있어서다. 이런 상황임에도 광주광역시에는 '교육청소년과' 수준에서만 이를 담당하고 있다는 점은 광주교육을 광주시교육청에 맡겨둔 채 사회적 책임과 우리 동네의 일로 받아들이는 정책은 아니라고 본다.

광주는 학교교육에서의 학력의 문제에만 매몰되어서도 안 되지만, 인성과 실력 또는 민주시민성과 대한민국 미래를 이끌 유능한 광주시민으로 광주청소년들을 육성하는데 단순히 예산을 편성하는 지원 역할에 그쳐서는 안 될 것이다. 광주교육청과 광주광역시청이 법률이 허용하는 범위 안에서 얼마든지 소통하고 교류하고 공동협력을 통해 광주의 인재를 육성하면 된다. 현 교육 시스템으로 실력 광주의 명예가 퇴색했다면 또 다른 차원에서의 광주교육은 진일보했는지 함께 고민하고 풀어가야 한다.

이찬승 '교육을바꾸는사람들' 대표가 '서울교육'(서울특별시교육청교육연구정보원) 특별기획 VOL.224.가을호에서 발표한 '2030년 미래사회와 학교교육의 변화'라는 제목의 글에서 그는 "2030년의 이상적인 학교 모습으로 소개하는 '학습공원(Learning Park)'은 전통적인 학교와 지역사회가 통합된 무학년제 미래학교다. 이는 다수의 소규모 학습공동체로 구성되고 학습은 체험 중심으로 이루어진다. 학생이 학습을 주도하기 때문에 교사의 역할이 코치와 가이드로 바뀐다. 교육과정은 최소한의 공식적 교육과정 외에 프로젝트 중심 교육과정, 비공식적 교육과정 등이 함께 운영된다. 중앙정부의 역할은 지원 중심이며 지역의 다양한 이해당사자들이 참여하여 협동조합처럼 운영하는 학교다"고 밝힌 바 있다.

여기에서도 드러난 바와 같이 광주의 학교교육에 대한 고민과 실천 방향은 진보와 보수라는 이분법적 이념에 끌려가는 구시대적 대결로 광주교육이 황폐화하는 쪽으로 가서는 안 된다는 것이 명백하다. 여기에 광주의 고민 있는 것이다.

이런 와중에 최근 스탠퍼드대학교 교육대학원 부학장이자 최고기술경영자, 실리콘밸리 인큐베이터로 두바이의 혁신 국립대학교를 디자인하는 프로젝트를 맡아서 진행하고 있는 폴 김 교수가 함동균 문학평론가와 대화를 통해 교육의 미래에 대화하는 방식으로 이뤄진 『교육의 미래, 티칭이 아니라 코칭이다』(세종서적)라는 책과 만난 적이 있다.

가장 중요한 것이 '미래의 아이들을 어떻게 키울까'에 대한 문제라는 점에서 출발해 구체적인 방식으로 어떻게 질문하는 아이로 키울 것인가, 왜 티칭이 아니라 코칭을 해야 하는지를 설파하고 있는 책이다. 코로나 19라는 예측불가한 팬데믹 장기화로 학교교육의 파행이 장기화하고 이 과정에서 학교교육의 변화도 예측불허 상황에 놓여 있는 실정이다. 광주교육의 현실도 녹록지 않다.

AI시대와 위기에 처한 지구환경의 문제, 복잡성과 다양성이 보편화한 상황에서 각자 앞에 놓은 숱한 문제를 어떻게 풀어 갈 것인가? 각자 앞에 놓인 문제와 의문을 풀기 위해 무엇을 할 것인가?

단순한 1차 방식으로 풀리지 않은 문제들은 함께 풀어가야 한다. 자신의 문제가 결코 자기에게만 국한된 문제만이 아니라는 사실을 깨닫고 자신을 감싸고 있는 학교와 학교 밖의 경계를 넘나들 수 있어야 한다. 이를 수용하기 위해서는 지역사회와 교육행정도 학교와 학교 밖을 규정하는 제도적 경계와 의식적 경계의 영역을 무너뜨려야 한다.

광주교육의 변화는 수능 점수로 다른 도시와 경쟁에서 이기는 것만으로 전부가 될 수 없다. 광주공동체를 이해하는 교육, 광주공동체와 함께 미래를 함께 열기 위한 교육, 광주공동체의 다양성과 민주성을 성숙시켜가는 교육을 구체적으로 실현해야 한다. 청소년들에게 닥친 다양한 문제에 대한 질문을 풀기 위해서는 '학습정원'이든 '마을교육센터'든 그 이름이 무엇이든지 간에 광주시교육 당국에만 맡겨두는 방식을 과감히 탈피해야만 한다.

이런 과정에서 수능실력 추락에 따른 문제를 어떻게 해결할 것인가를 논의해야 한다. 광주광역시와 광주광역시교육청이 종전의 행정적 칸막이를 해소하기 위한 과감한 정책을 도입해야 한다. 학교 울타리와 울타리 밖을 제도적으로 마을과 연계될 수 있도록 획기적으로 전환하자.

광주광역시교육연구정보원의 역할이 좀 더 강화되어야 한다. 광주시정에서는 주민자치회 등의 영역에서 학교운영위원회 등에서 활동하는 분들이 주민자치회 활동에 당연직으로 들어와 학교와 청소년의 문제를 주민자치의 힘으로 바뀔 수 있는 가장 기초적인 변화부터 시작해야 할 것이다.

시립도서관과 구립도서관이 학교도서관과 연결되어 지역도서관 생태계가 순환할 수 있도록 지자체별로 예산을 확보하는 식으로 예산정책의 패러다임을 전환하자. 도서관생태계가 활성화된다면 지역의 작은도서관도 살리고 지역문화도 함께 상생할 수 있다. 학교도서관이 지역사회를 향해 어떻게 문을 개방할 것인가. 이에 대한 방법을 찾아보는 것으로부터 학교가 지역에 섬처럼 존재하는 분위기를 해소하는 데 물꼬를 텄으면 한다.

운영관리와 인력 배정의 어려움을 들어 학교당국과 교육당국이 지역사회와 거리두기를 고집해 왔지만, 학교가 지역과 함께 하지 못할 때 학교의 존재 가치도 추락하기 마련이다. 인구감소로 학교가 위기에 몰리는 상황에서 광주시민들이 학교의 위기를 학교만의 위기로 생각하지 않을 것은 자명하다. 그런 차원에서 광주가 대한민국 교육의 변화를 이끌 수 있는 진정한 실력을 보여주자.

간호전문인력양성도시 브랜드구축에 나서자

코로나 19 팬데믹 상황에서 가장 먼저 떠오르는 분들이 있다. 의료 전문인력이다. 감염병 관련 의사와 간호 전문인들의 수고를 빼 놓고는 코로나 상황을 이야기할 수 없다.

그런 상황에서 2020년 확진자가 7,000명에 달한 대구·경북이 다른 지역의 의료 인력 지원에도 의사 부족을 호소하는 상황을 초래하며 의대 및 간호대 입학정원을 늘려 인력을 대폭 확충해야 한다는 주장이 쏟아진 적이 있다.

2007년부터 의대 입학정원은 3,058명으로 13년째 그대로 묶여 있는 데다가 최근 몇 년간 의학전문대학원 정원 감축으로 의대 인원이 늘어난 것처럼 보이지만 실제 의대 총정원은 변동이 없다는 사실이 국민의 관심을 받던 시기도 바로 그때였다. 간호사는 약 2만 명으로 최근 6년 사이 2,000여 명이 증가한 데 그친 것으로 나타나고 있다. 우리나라 활동 의사 인력은 1,000명당 2.3명(한의사 포함)으로 경제협력개발기구(OECD) 28개 회원국 평균인 3.3명보다 턱없이 낮다는 분석자료가 시사하는 바는 적지 않다. 인구 5,000만 명으로 따지면 OECD 평균에 비해 우리나라는 의사 5만 명이 부족하다는 얘기다. 간호 인력은 1,000명당 6.9명으로 OECD 평균 9.5명보다 적다. 국내 간호 인력을 OECD 수준으로 맞추려면 간호사 12만 5,000명이 필요하다는 결론에 이르게 된다. 미국은 의사가 1,000명당 2.6명, 일본은 2.4명이며 간호사는 독일이 1,000명당 12.9명, 일본이 11.3명이다.

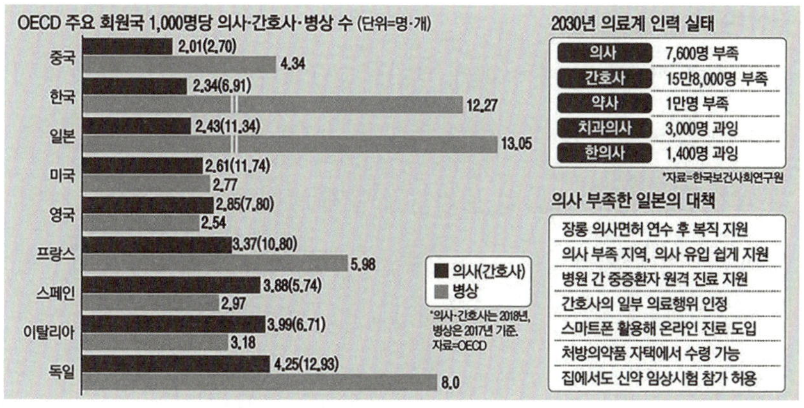

출처 : 매일경제, 2020.3.12일자

이런 상황에서 간호법 제정을 두고 의료계 내 갈등이 증폭하고 있는 가운데, 일반소비자의 83.0%, 보건의료 전문가(의사, 간호사, 간호조무사 및 요양보호사 등)의 76.1%가 간호법 제정에 찬성한다는 조사결과를 무시해서는 안 된다는 여론이 비등하다.

미래소비자행동(공동대표 백병성)이 소비자 문제 연구기관인 ㈜C&I소비자연구소에 의뢰, 간호법 제정에 대한 국민인식 조사를 실시한 조사결과에서 소비자들은 코로나19 팬데믹이 지속되는 상황에서 국가가 해야 할 중요한 과제로 37.0%가 '의료인력 확충'을 꼽았다. 이어 '시설 등 인프라 확충'(25.4%), '자체 치료제 및 백신 개발'(17.5%) 등의 순으로 나타났다.

광주의 현실은 어떤가? 광주에도 간호법 제정에 목말라하는 간호전문인력 양성기관이 있는 반면에 최근 여야 유력 대선후보들이 간호사의 업무범위·처우개선 등 간호정책을 종합적으로 담은 '간호법' 제정 추진 의사를 밝히자 10개 보건의료단체가 "강력한 유감을 표명한다"며 간호법 폐기를 거듭 촉구하는 성명을 발표하기도 했다. 간호법 폐기 촉구 입장을 밝힌 보건의료 단체는 대한의사협회, 대한병원협회, 대한치과의사협회, 대한간호조무사협회, 대한응급구조사협회, 한국요양보호사중앙회, 한국노인장기요양기관협회, 한국노인복지중앙회, 한국재가노인복지협회, 한국재가장기요양기관정보협회 등 10개다.

대한간호협회는 이 같은 입장에 대해 "간호법 제정은 간호사의 이익이 아닌 국민과 환자의 생명과 안전을 지키는 길로, 더 이상 머뭇거릴 수 없다"는 입장을 강력하게 피력하고 있다. 대한간호사협회와 국민 여론, 대선 후보들의 입장과는 달리 10개 보건의료단체의 입장도 완강해 적절한 합의점을 도출할 수 있을지 의문시 된다. 70년 전에 만들어진 의료법으로는 지금의 보건의료 문제를 해결할 수 없다는 주장에 적극 동감하고 이를 해결하기 위해 국회가 적극 나서주기를 촉구하는 바다.

광주에는 간호전문인력을 양성하는 교육기관이 일정한 역할을 하고 있다. 간호학과가 설치된 학교만 12곳에 달한다. 광주대, 광주보건대, 광주여대, 기독간호대, 남부대, 동강대, 서영대, 송원대, 전남대, 조선간호대, 조선대, 호남대 등이다. 대한간호협회 차원의 노력도 중요하지만 광주는 최고 수준의 간호전문교육기관을 지원하고 인력양성에 박차를 가할 수 있도록 공동협력하는 거버넌스체계를 구축에 나서야 한다고 생각한다.

전문인력은 필요하다고 즉시 수급이 가능한 것도 아니라는 사실을 이번에 국민들은 직접 목도했다. 지방대학이라는 이유로 취업에 어려움을 겪는 것과는 달리 간호학과는 그 같은 문제로부터 일정한 거리를 두고 있는 게 현실이다. 따라서 광주에서 고급 일자리와 전문인력의 배출을 통해 인구의 역외유출 문제를 극복하는 방안과 연계해 간호전문교육기관을 집중적으로 지원하고 특화하기 위한 광주시 차원의 전략적 정책개발에 나서야 할 것이다.

광주에서 활동하는 간호사 현황을 살펴보면 2019년 기준 인구 1,000명당 전국 활동간호사 수 평균 4.2명에 비해 높은 6.1명으로 전국 최고 수준인 것으로 나타났다. 이 같은 조사 결과는 앞서 거론한 바처럼 광주에 간호전문교육기관이 집중적으로 많다는 점과 더불어 광주지역에서 배출되는 인력이 우수하다는 반증이기도 하다.

◦ 2019년 시·도별 활동간호사 현황

(단위 : 명)

지역	간호사 수	인구 1,000명당 간호사 수[1]
전국 계	215,293	4.2
서울	52,727	5.4
부산	18,514	5.4
대구	12,557	5.2
인천	11,639	3.9
광주	8,949	6.1
대전	7,153	4.8
울산	4,612	4.0
세종	220	0.6
경기	39,694	3.0
강원	6,043	3.9
충북	4,767	3.0
충남	5,940	2.8
전북	7,652	4.2
전남	8,539	4.6
경북	9,577	3.6
경남	13,972	4.2
제주	2,738	4.1

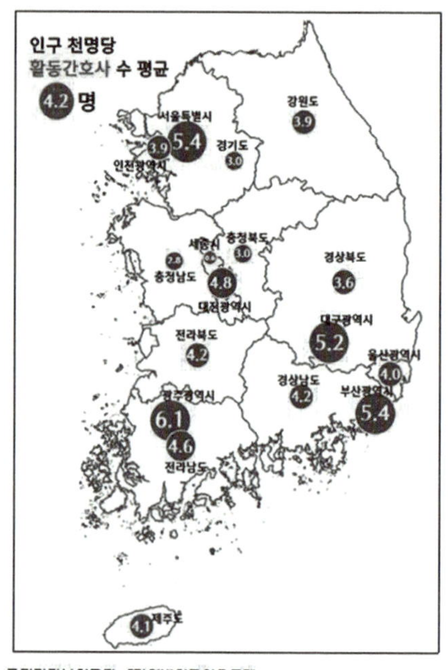

출처 : KOSIS 인구 총 조사, KOSIS 시도별 의료인력현황, 국민건강보험공단, 「지역별의료이용통계」
1.인구 1,000명당 간호사 수 = 간호사 수/ 인구 수 × 1,000인구
2.장기요양기관 근무 인력 제외 (2019년 장기요양기관 자료 미 집계)

출처 : 대한간호사협회 홈페이지 재인용

또한 광주지역에서 배출된 전문간호인력이 광주지역 의료전문기관에서 일자리를 찾아 안정적으로 활동하고 있음이 조사 결과에 반영되었다고 봐야 할 것이다. 이 같은 결과를 통해 보더라도 광주는 유능한 인재를 길러내는 교육의 산실이자 전문인력이 안정적으로 일할

수 있는 일자리를 갖춘 도시로 지속가능한 도시가 되기 위해 간호전문교육기관을 특화해 집중지원하는 방안을 다각도로 세워나가야 할 것이다. 이들이 현장에서 겪는 어려움을 즉각적으로 정책에 반영하고 복지 및 법률지원 등을 강화하는 방향을 강구해야 한다.

그동안 각 대학에 일임하고 협회 등에만 맡겨진 문제들에 대해 성찰해야 한다. 광주에서의 지속가능한 일자리, 도시브랜드 이미지, 광주교육의 전문인력 인프라구축에 상대적으로 소홀히 되었던 점을 극복해 광주시의 새로운 브랜드와 장점으로 이끌어 나가야 한다.

이를 광주 도시발전의 브랜드 강화와 마케팅 전략으로 삼아야 한다. 광주가 의료관광 인프라 구축에 나선 지는 한두 해가 아니지만 확고부동한 지위를 구축했다고 보지 않는다. 결국은 실력을 갖춘 도시라는 입증이 필요하다. 그 실력의 중심에 전문간호인력을 갖춘 광주는 얼마든지 의료관광객들에게 마케팅 포인트가 될 수 있다고 봐야 한다. 더구나 가뜩이나 의료인력의 부족을 호소하는 상황이 지속되면서 의료서비스 저하 곤란이 거듭되는 상황에서 광주는 활동간호사의 수가 전국에서 수위에 있는 점은 상당한 매력요소가 아닐 수 없다. 광주가 내세울 수 있는 전문인력의 강점은 바로 간호전문인력이라는 사실에 입각해 광주도시 브랜드이미지 개선을 위해 집중적인 지원이 가능하도록 획기적인 정책 변화가 절실하다.

정원도시, 가족친화도시를 꽃 피우자

광주광역시가 올해 205억 원을 투입해 미세먼지차단숲과 도시바람길숲 등 10개 사업을 통해 도시숲 30곳을 조성한다고 최근 밝혔다. 광주 최초의 시립수목원이 남구 양과동에 24만 6천948㎡ 규모로 오는 5월 문을 연다.

광주 동구의회 임시회에서도 최근 전영원 의원이 '광주광역시 동구 정원문화 활성화에 관한 조례안'을 발의·제정했다. 정원문화에 대한 관심이 광주에서도 가속화하고 있는 느낌이다. 상대적으로 다른 지자체에 비하면 오히려 늦은 감이 있지만 결코 늦었다고는 할 수 없다.

여기에 더해 광주시립미술관 일원이 아시아예술정원으로 탈바꿈하게 된다는 소식도 전해졌다. 미술관과 박물관, 비엔날레관 등 지역의 대표 문화시설이 위치하고 있는 중외공원 일대가 복합문화공원, 예술놀이터로 변신을 꾀하게 된다는 것. 2023년 완료를 목표로 오는 5월부터 본격 조성에 들어어가게 되는 아시아예술정원은 5만 6천 200㎡ 규모에 달할 전망이다.

도시 전체를 정원화 하는 노력이나 학교나 공공기관의 옥상을 정원화하는 정책은 시민들에게 새롭게 다가오지 않을 만큼 이제는 보편화하는 추세다. 마을정원, 골목정원, 한뼘정원 등은 마을만들기 과정에서 각 지자체별로 앞서거니 뒤서거니 하면서 추진한 사례도 얼마든지 찾을 수 있다. 이 가운데 순천만정원박람회를 개최한 바 있는 순천시는 올해 30만 정원도시를 선포했다.

광주가 올 들어 시립수목원을 개장하게 된 것은 환영할 만하다. 그러나 광주에서 경양방죽을 소실한 뒤 경양방죽의 복원을 주장하는 일각의 목소리가 끊이지 않는 것에서 사고를 완전히 전환할 필요성이 있다고 본다. 경양방죽의 복원이 아닌 숲과 물과 시민의 커뮤니티 공간 휴식과 놀이, 문화시설 등 광주시민의 문화적 갈증을 해갈할 대형 도심정원의 탄생을 강하게 추진하면 어떨까 한다.

전주시가 정원문화 확산을 위해 올해 산림청의 '생활밀착형 정원 패키지 지원사업' 일환으로 조성하는 도심정원도 광주의 도시숲과 일맥상통하는 수준의 사업이다. 정원과 숲 친화도시라고 해야 할까.

각 지자체가 경쟁적으로 여성친화도시, 아동·청소년친화도시, 청년친화도시, 노인(고령)친화도시, 장애인친화도시 등을 만들기 위해 뛰어들고 있다. '가족친화 사회환경의 조성 촉진에 관한 법률'(약칭: 가족친화법)이 2008년부터 시행하고 있지만 가족친화기업 지정 사례는 일반인들에게 그나마 알려져 있지만 법률이 규정하고 있는 가족친화마을 조성, 가족친화지원센터 지정 등은 광주광역시에서도 운영 사례를 찾지 못하는 실정이다.

광주에서 꼭 필요한 정책이 '가족'을 콘텐츠로 한 가족친화도시를 만들기라고 생각한다. 아동과 청소년, 청년, 여성, 노인, 다문화가족 등을 종합하는 개념이 있다면 그것은 가족이다. 대한민국 최초로 광주가 가족친화도시를 조성하자. 이를 통해 '가족친화 사회환경의 조성 촉진에 관한 법률'이 정한 목적이 광주에서 실현되도록 시민사회와 주민자치를 가동하는 한편, 기업과 공공기관이 가족친화도시를 현실화하기 위해 정책적 협력네트워크를 구축해 나가면 좋을 것이다.

그리고 가족의 행복을 실현하기 위해 가족 모두가 행복한 도시, 가족이 함께 즐기는 도시, 가족 모두가 안전한 도시, 가족 누구나 꿈을 키우는 도시, 가족의 미래가 있는 도시를 만들어 보고 싶다. 단순히 가족의 이름만을 구호처럼 남발하는 기업문화가 아닌 지역사회 전체가 가족에 대한 철학과 실천이 직결되는 문화가 활착(活着)될 수 있도록 힘써야 할 것이다. 이런 생각을 실현하기 위해 광주는 도시계획 차원에서 가족친화형 도심정원이 조성되기를 희망한다.

현재 에버랜드가 보유한 토지면적은 1,438억4,564㎡(435억 8,959

평)로 알려져 있다. 부산을 대표하는 관광지로 떠오른 오시리아관광단지는 기장군 기장읍 366만 2,725㎡(110만 8,000평) 부지에 1조 1,900여억 원을 투입해 호텔, 테마파크, 아쿠아월드, 복합쇼핑몰 등 사계절 체류형 복합관광단지를 조성하는 것으로, 2005년부터 추진해 왔다. 현재는 총 32개 시설 중 13곳이 영업 중이고 2024년 주요 시설 대부분이 완공될 예정이다. 여기서 광주가 주목할 부분이 있다.

광주공항 이전을 지속적으로 추진하고 있는 광주는 광주공항 이전부지에 과연 무엇을 할 것인가. 광주공항 이전 자체가 대통령 공약으로까지 확대되는 마당에 광주공항 이전 이후를 정책적으로 고민하는 것이 김칫국부터 마신다고 생각하는 여론이 있을 수 있다. 그런데 광주는 늘 준비가 부족하거나 시민들의 다양한 경험과 상상력을 총화하는데 결여된 모습을 보여왔다. 광주아시아문화중심도시조성사업이 선물(?)로 주어졌을 때 광주의 모습은 어떠했는가. 광주는 긴 시간을 갈등과 지리한 소모전으로 보내야 했다. 이런 전례에 비춰봤을 때 광주는 광주공항 이전부지를 미래세대가 함께 누리는 천혜의 공간으로 활용하기 위해 시민들의 결집된 힘으로 새로운 도시 비전을 세우는데 성공할 수 있을까 의문시 되는 것은 기우일까.

광주시는 2019년에 광주군공항 부지 개발로드맵을 발표 구상을 밝히면서 상무지구 면적의 2.5배, 여의도의 3배에 달하는 8.2㎢(250만평) 수준의 군 공항부지에 상하이 디즈니랜드와 같은 대규모 국제테마파크와 함께 광주 또는 군공항 부지 전체를 견인할 기업 또는 시설을 유치하는 스마트시티 조성 방향으로 밑그림을 그리고 있다고 밝히기도 했다.

단순 계산만으로만 봐도 부산 기장군의 오시리아관광단지에 비해 광주군공항 부지가 140만평 규모가 더 크다는 것을 알 수 있다. 광주시의 로드맵 대로 국제테마파크 설립이 이뤄진다고 한다면, 광주를 용인에버랜드의 업그레이드 버전이 될 수 있도록 추진되기를 바란다.

여기를 정원문화와 가족문화가 활짝 필 수 있는 공간으로, 시민 친화 공간으로 창조되었으면 한다. 문화예술의 정점은 결국 놀이에 이르러야 한다는 생각을 갖고 있다. 놀이를 통해 새로운 삶이 창조되고 도시가 기업, 학교와 공동체의 활력이 광주의 에너지원이 되어야 할 것이다.

시민의 주거정책 불안을 잠재우자

광주 서구 HDC현대산업개발 신축 아파트 붕괴 사고는 광주시민들의 충격과 슬픔의 도가니로 몰아넣은 사건이다. 지난해 6월 발생한 광주 동구 학동 재개발 철거현장 붕괴 참사에 이은 대형 인재(人災)라는 점에서 국민을 경악하게 만들고 있다.

지난해 광주 학동4구역 재개발 현장에서는 철거 중이던 건물이 도로변으로 무너져 사고 현장을 지나던 버스 승객 9명이 사망하고 8명이 부상하는 등 17명의 사상자가 발생했고, 이번 화정아이파크 외벽 붕괴 사고로 작업자 1명이 다치고 6명이 실종된 가운데 1명은 사고 사흘 만에 지하 1층에서 발견됐으나, 병원에서 사망 판정을 받은 상황에서 구조대원들의 수색작업이 이어지고 있다.

구조대원들의 목숨을 건 구조와 수색 작업도 언제 끝이 날지 모르는 초조한 상황은 피해자 가족들을 속이 타들어 가는 절망으로 내몰고 있다.

이런 가운데 광주·전남 최대 부동산플랫폼 사랑방 부동산이 올해 광주 입주 예정 아파트를 조사한 결과, 22개 단지 1만 2,833세대(단지 내 오피스텔 세대 포함)로 집계됐다고 발표했다. 지난해 6,520세대에 비해 2배 늘어난 물량이다.

자치구별로는 북구가 5,476세대로 가장 많고, 서구(2,921세대), 광산구(1,746세대), 남구(1,632세대), 동구(1,058세대) 순으로 조사됐다.

광주 서구 아파트 외벽 붕괴 사고 이후 '후분양제'를 요구하는 목소리가 커지고 있지만, 또 다른 한편에서는 광주에서의 아파트 중심의 주택공급정책을 근본적으로 손봐야 한다는 여론이 일고 있다. 광주에도 25층 이상의 초고층빌딩이 한두 곳이 아니다. 광주지역 주택보급률은 현재 2019년 기준 107%에 달한다. 광주는 2030년까지 광주형 평생주택과 '누구나집' 등 최소한 1만 8,000세대 이상의 공공주택 공급에 나서겠다고 밝힌 상태다.

향후 10년간 공급될 주택물량은 현재 진행 중인 민간공원특례사업 1만 2,754가구, 재개발·재건축 사업 3만 6,562가구, 신규 택지개발 사업 2만 9,343가구 등 약 14만 가구에 달할 것으로 전망하고 있다.

집 없는 청년과 신혼부부 등 무주택자들을 대상으로 한 주택공급 정책 방향에 대해 환영하는 바다. 어쨌든 광주를 '아파트공화국'이라고 부르는 것을 피할 수 없게 되었다. 주거 건축물 중 아파트 비율이

75.1%에 달하고 있어서다. 지난해 3월 국토교통부와 광주시에 따르면 아파트 편중 현상 심화로 지난 2012년 7월 계획도시로 출범한 세종시를 제외하고 전국 16개 시·도 중 광주의 아파트 비율이 가장 높은 것으로 나타났다고 발표한 적이 있기도 하다.

지역언론사 출신 한 기자는 칼럼을 통해 "하루 일과를 마치고 지친 마음을 달래기 위해 집으로 향하지만 '아파트 숲'으로 둘러싸인 광주를 볼 때마다 마음이 무겁다"고 소회를 밝히기도 했다. 사방팔방 시야를 가로막는 아파트들 때문에 광주를 찾은 외지인들도 충격을 받는다면서 실상의 심각성을 강조하고 나섰다. 스스로 아파트에 살면서도 아파트로 꽉 들어찬 광주가 답답하게 느껴지는 것은 숨길 수 없지 싶다.

아파트공화국은 또 다른 문제를 야기하고 있기도 하다. 광주환경운동연합이 2016년 개최한 정책포럼에서 박석봉 광주대학교 건축학부 교수가 발표한 '광주 열섬현상의 원인과 실태'에 따르면 2005~2014년과 1940~1949년 광주 월 평균 기온을 비교한 결과 '7,8,12월을 제외한 모든 달마다 1.7도 이상 기온이 올랐다면서 분지형 지형의 광주는 도심을 둘러싼 무등산 자락을 따라 고층 아파트가 우후죽순 들어서면서 일종의 병풍 효과를 발생해 도시열섬을 가중시키고 있다'는 분석을 내놓기도 했다.

지난해 한국기자협회가 주관하는 제366회 이달의 기자상 지역기획보도 방송부문을 수상한 김철원 광주MBC 기자는 '아파트 공화국'

으로 전락한 광주에 대해 "불쑥불쑥 키를 높여가는 아파트 때문에 무등산은 이제는 '어느 방향에서든 볼 수 있는 산'이 되지 못하고 있다"고 뼈 아픈 성찰의 메시지를 내놓기도 했다. 1,187미터의 무등산을 바라보는 조망권마저 경쟁적으로 독점하려는 아파트 건설사들에게서 광주시민들은 무기력하기만 하다.

아파트공화국에서 가장 심각한 사회문제 중에 하나는 층간소음에 따른 분쟁의 격화다. 층간소음 분쟁을 중재하는 한국환경공단 이웃사이센터에 따르면 지난해 접수한 층간소음 관련 전화상담 건수는 총 4만 6,596건으로 코로나 이전인 2019년(2만 6,257건) 대비 77%가량 증가한 것으로 나타났다. 층간소음 문제가 악화되어 살인 등 이웃간 비극으로 치닫는 사례도 적지 않게 언론에 보도되는 실정이다.

한국환경공단 자료에 따르면 최근 9년 동안 전국에서 접수된 층간소음 민원 건수는 총 20만 6천여건에 달하는 것으로 조사됐지만, 갈등 중재기관이 버젓이 있음에도 문제해결이 간단치 않은 게 현실이다.

'아파트공화국'이라는 멍에를 지고 있는 광주, 그 안에서 발생하는 층간소음 문제, 열섬 문제를 비롯해 광주시민의 삶의 질과 안전을 위협하는 요소들에 대해 해결할 행정력과 시민력을 갖추고 있는지 묻지 않을 수 없다.

광주주택공급 정책에 대한 신뢰할 만한 결정과 실행력이 광주시가 추진한 과제였다면 이제는 주택공급 과정에서 기하급수적으로 늘어난 문제 해결에 더 초점을 맞추는 정책적 전환이 이뤄져야 한다.

주택공급정책의 기조는 입주자들만의 집이 아니라 입주자도 시민도 만족하는 건축적으로도, 도시디자인적으로도 아름다운 집이 광주의 주택건설 기준이 되어야 할 것이다.

무등산이 특정 아파트에 사는 사람들에게 독점되는 것을 최대한 지양하되, 재건축과 재개발 과정에서 원주민들이 억울할 일이 없도록 최대한 보호될 수 있는 방식을 찾도록 정책을 추진해 가야 한다. 광주에서 짓는 어떤 집도 하자 문제로 입주자들이 피해를 보는 일이 없도록 공적 역할이 할 수 있는 최대한의 책임이 회피되지 않아야 한다.

이렇게 지어지는 집들은 층수와 평수로 광주의 랜드마크가 되는 길이 아닌 '숲이 좋은 곳, 걷고 싶은 곳, 살고 싶은 곳, 안전한 곳, 가족이 함께 모여 사는 곳, 서로의 삶이 존중받는 곳, 지구의 환경을 생각하는 곳, 문화와 예술이 흐르는 곳, 주민자치와 광주공동체를 모범적으로 이끄는 곳'이어야 한다. 너무 어려운가? 광주가 이 어려운 길을 가보면 어떨까. 누군가의 눈물과 분노 위에 광주의 행복을 짓겠다는 우를 범치 않기를 바란다. 작고 이쁜 집을 함께 나눠 짓고 함께 이웃과 마을을 가꾸며 살면서 공동의 문제를 머리를 맞대고 해결하는 마을을 광주가 갖지 못할 이유가 없다.

광주를 행정지도 안에 가두지 말라

광주광역시청 홈페이지 자료에 따르면 2020년 말 현재 광주의 면적은 501.13㎢, 인구는 1,471,385명으로 적고 있다. 광주광역시의 대부분의 행정조직은 501.13㎢ 면적 내에 주소지를 두고 있는 시민들인 1,471,385명을 대상으로 공적서비스를 제공하는 책무를 맡고 있다. 광주광역시가 관외에 행정조직을 두고 있는 곳은 서울본부와 서울본부 소속의 세종시에 위치한 세종사무소와 일부 출장소가 있다. 대개 지방정부의 예산확보 등의 업무를 지원하기 위해 여의도와 세종시에 최소 행정인력을 상주하도록 하는 여느 지자체와 광주도 다르지 않다고 봐야 할 것이다.

이와 관련하여 서울본부의 담당 핵심업무는 국회, 정당 업무연락 및 동향 관리는 물론 대외협력 업무 지원을 하게 되며 이 가운데 광주·전남 서울주재기자단 관리 및 시정홍보 등도 이곳에 부여된 임무다.

부산은 어떤가? 광주와는 달리 별도의 홈페이지를 구성하고 있다. 부산광역시 서울본부가 하는 일은 중앙행정기관 등과의 긴밀한 사무연락 · 조정과 출향 연고 인사 예우관리 및 시정참여 · 협조 유도 등은 광주와 별반 다른 업무라고 보기는 어렵다. 그런데 부산광역시 서울본부에서 시선을 사로잡은 것은 '부산 시정·관광 홍보 강화'부문이다. 비즈니스·관광 도시 이미지 제고를 위한 네트워크 구축과 영향력 있는 미디어 발굴 활용 및 협조 지원 관계 강화를 위한다는 대목은 광주와는 완전히 궤를 달리한다.

게다가 '투자유치 및 지역기업 수도권 마케팅 활동 지원' 업무를 하도록 하여 '수도권 유력투자기관 등 방문 부산투자환경 홍보 및 부산기업의 수도권 마케팅·비즈니스 활동 지원'하도록 함으로써 광주와 뚜렷한 차이를 벌리고 있다. 핵심은 비즈니스와 관광, 투자유치로 대표되는 지역기업 지원업무를 관장하고 있다는 점이다. 광주광역시의 서울본부가 일반적인 행정영역에 머물러 있다면 부산은 관외에 설치한 행정거점이 어떤 역할을 담당해야 하는가를 고민하여 정책으로도 차별적 결과를 내도록 하고 있다.

광주 역시 이 부분을 적극 벤치마킹해야 할 것이다. 광주가 최근 예술관광도시를 선언해 뛰고 있다. 또한 올 들어 지역 문화예술과 전통시장, 특화거리 데이터 등 총 22건의 데이터를 공공데이터 포털과 광주시 빅데이터 통합플랫폼에 개방한 것이다. 신규 개방한 공공데이터는 전통시장과 특화거리 상세 점포현황 데이터와 지역예술인 정보, 관광지역 방문자 통계 등 상세정보를 담고 있다.

이 같은 노력은 국내외에 광주를 널리 알리는 동시에 관광을 활성화하기 위한 전략적 고민의 결과물이라고 할 수 있다. 광주문화재단과 광주관광재단이 운영 중에 있지만, 이 두 기관이 서울을 비롯한 광역도시에 광주의 문화와 관광을 홍보하고 지원하는 마케팅 전략을 상시적으로 수행하고 있다는 소식을 접하지 못했다. 광주관광재단은 컨벤션기획전문인력을 육성하고 지난 2019년부터 문화체육관광부, 한국관광공사와 협력해 김대중컨벤션센터를 중심으로 상무지구 일대를 광주마이스파크로 지정하는 활동을 펼치고도 있다. 미팅(Meeting), 포상(Incentives), 컨벤션(Convention) 이벤트와 박람전시회(Events & Exhibition) 등 마이스산업 발전을 위해 광주관광재단은 씽크탱크의 역할을 해야 하는 동시에 현장을 누비는 비즈니스 집단이기를 주문하고 싶다.

광주 시정 입장에서는 지금 부산의 서울본부의 성격과 역할이 절실하다. 광주는 광주문화기관협의회가 운영 중이다. 2013년 광주지역 문화관련 기관들이 지역문화 발전전략 수립에 기여하기 위해 결성한 협의회다.

광주문화재단, 광주관광재단, 광주디자인진흥원, 광주문화예술회관, 광주비엔날레, 광주시립미술관, 광주시청자미디어센터, 광주역사민속박물관, 광주전남연구원, 광주정보문화산업진흥원, 광주테크노파크, 국립광주과학관, 국립광주박물관, 국립아시아문화전당, 김대중컨벤션센터, 아시아문화원 등 현재 16개 지역문화예술기관이 함께하고 있다.

이들의 힘을 국내외로 확장하기 위한 노력에 집중하도록 정책 전환에 나서야 한다. 최소한도 광주광역시 서울본부에 이들 16개 지역문화예술기관의 전문성과 대외협력기능이 추가될 수 있도록 인력을 보강하고 관련 예산을 투자하는 것부터 시작했으면 한다.

또한 광주가 주목할 부분이 있다. 현재 인사동에 광주시립미술관과 전남도립미술관이 공동 운영하는 'G&J 갤러리'(구 G&J 광주·전남 갤러리)사례는 광주광역시 서울본부 등에 전문인력에 배속되어 시장의 필요에 트랜드에 맞게 비즈니스와 관광, 기업유치의 장으로 해당 갤러리가 확장된 의미로 활용되기를 바란다.

'G&J 광주·전남 갤러리'는 당초에 높은 대관료로 수도권 전시에 어려움을 겪는 지역 작가들에게 전시공간을 제공해 예향 남도의 미술을 널리 알리고자 2015년 9월 광주·전남 상생발전위원회에서 윤장현 시장과 이낙연 지사가 제안해 설립된 예술공간이다. 하지만 이 공간은 서울 전시를 꿰하는 작가들의 전문공간의 성격에 머물러 있던 것을 지난해 명칭을 'G&J 갤러리'로 변경함과 동시에 서울 인사동의 대표적인 전시공간인 인사아트센터 3층으로 이전해 새롭게 재개관한 상태다. 2016년 10월 문화상생 프로젝트로 인사동 인사마루에 문을 열었던

'G&J 광주·전남갤러리' 시대가 막을 내리고 승화 발전한 것이다.

현재 인사아트센터에는 10년 전 전북도립미술관 서울관 입점을 시작으로 부산갤러리, 경남갤러리, 광주전남갤러리(G&J갤러리)가 들어선 데 이어 제주가 다섯 번째로 지역작가 전용전시관을 가동하고 있다. 지역작가들의 중앙미술시시장 진출의 교두보 역할을 하는 전시관의 진출은 작가에게도 지역민들에게 지역문화의 수준을 전국적으로 알릴 수 있다는 점에서 고무적으로 평가되고 있다.

그러나 광주광역시 서울본부가 광주 행정구역을 벗어나 대외협력 등의 막중한 역할과 기능을 수행하는 행정거점이라는 점에서 본다면 이 기능을 보완하고 확대해 광주가 선도적으로 부산을 뛰어넘는 역할을 하도록 행정조직개편에 나설 필요가 있다는 점이다.

광주광역시청이 100,000t급 내외의 슈퍼캐리어에 해당하는 대형 항공모함이라면 서울본부는 고속정 정도라고나 해야 할까. 그러나 서울본부의 역할은 부산의 사례에서 보듯이 확대개편으로 가야 할 것 같다. 거기에 그쳐서도 안 된다.

부산과 유사한 기능으로 개편하되, 광주문화기관협의회의 역할과 전문성을 서울에 전파하고 문화관광, 산업비즈니스의 척후병으로서의 현장경험을 두루 갖춘 전문인력과 조직이 합세되도록 해야 할 것이다.

이를 통해 G&J갤러리 역할에 더하여 출향인들이 애향심을 고취함은 물론이거니와 광주 출신임을 자랑스럽게 여길 수 있는 문화복합공간이자 행정복합공간, 생활편의공간을 서울과 수도권 곳곳에 건립하는 정책을 실험했으면 한다. 그곳에서 지역 출신들과 그 가족이나 친구들을 초청해 미술 뿐만이 아닌 음악, 문학, 공연 등을 사시사철 기획해 선보이는 프로젝트를 꿈꾼다. 그곳에서 광주의 역사, 문화, 인물, 생태자원 등 광주를 새롭게 이해하게 될 것이다.

또한 광주에서 발간하는 다양한 기록물을 만나고 광주의 관광특산물도 접하고 광주시민들이 맛보는 호남의 우수한 로컬푸드를 한곳에서 경험하게 하자는 것.

서울본부는 경기, 강원, 충청, 대전, 경상, 부산 등 전국 주요거점 도시에 문화, 관광, 로컬푸드, 행정 등을 손쉽게 접할 수 있는 제2, 제3의 광주시청 설립을 추진해 보자. 광주 서울본부의 한계를 혁신하는 한편 G&J갤러리 등의 문화시설은 각 장르별로 전문화하고 다양화하는 방향으로 획기적인 발상을 시도하자.

광주 출신이라면 누구나 편하게 행정서비스 혜택을 받고, 만남의 장소이자 회의 장소로서 각자의 용도에 맞게 빌려 쓰고 나눠 쓰는 공간을 광주 행정구역 밖에다 적극적으로 설립을 추진해 가자.

'광주광역시 서구 내방로 111'에 자리하고 있는 광주광역시를 광주 출신 시민들이 살고 있는 대한민국과 전세계 모든 국가로까지 그 경계를 확대하고 경계(境界)의식을 해체하는 사고의 대전환을 꿰하자는 것이다.

501.13㎢의 광주에 사는 1,471,385명의 광주시민들을 위한 광주발전이 전략이 아닌, 대한민국 방방곡곡에 흩어져 살고 있는 광주 출향

인사들이 있는 곳까지가 광주 시정의 힘이 닿아야 할 곳이다. 광주의 인구정책과 문화관광정책, 산업과 일자리 정책을 풀 수 있는 방안으로 광주의 문제를 광주행정구역 안에 가둬 두는 기존의 언어를 파기하는 것에서 시작해 보자는 것이다.

이를 위해서는 일할 인물을 바꾸는 것부터 하자. 애초부터 노력해서 사고를 바꾸는 인물이 아닌, 스스로 진화하고 변화를 두려워하지 않으면서도 외부요인들을 무섭게 소화하는 새로운 언어를 갖고 살고 있는 인물과 그 세력에게 광주의 운명을 걸어봐야 하지 않겠는가.

광주의 산적한 문제를 풀고자 짧은 시찰을 통해 다른 지자체의 단편을 훑고 오는 것이 아닌, 각 지자체에 나가 있는 광주거점공간에 상주하는 전문인력의 지원을 받으면서 일정 기간 체류하는 한이 있어도 광주의 문제를 풀어낼 수 있다면 그 일에 예산과 인력을 투자하자는 것이다.

광주의 '미래개척상단(商團)'을 최대한 꾸려 대한민국 속으로 세계 속으로 뛰어들자는 것이다. 광주의 미래를 여는 현장이 있는 곳이라면 어디에라도 텐트 칠 각오를 세워야 한다.

일례로 광주 행정구역 안에서 광주를 여행 오게 하겠다는 생각이 아닌, 광주광역시 서울지점, 경기지점, 대전지점, 부산지점 등을 파견해 그것 시민들의 수요와 눈높이가 어디에 있는가에 맞춰 광주를 세일즈해 보자는 것, 왜 어렵지 않겠는가? 그렇다고 해 보지도 않고 한가하게 광주미래를 그릴 수는 없다는 것이다.

〈부록〉
정준호의 언론인터뷰

'내 편'으로만 조직화된 정치 집단의 장기 집권은 지역을 도태시켰다. 가장 충성도가 높고 배신 가능성이 낮은 인물만을 영입하는 계보 위주의 정치는 자기 세력으로 권력을 재생산할 뿐 새로운 세대의 진입을 차단했다. 지금 대한민국 대표 정치인 중 광주 출신이 어디 있고 누구인지 묻고 싶다.

정치인들은 자기 능력을 키우기보다 학연과 지역, 혈연에 투자한다. 계파정치는 경쟁력 떨어진 광주를 만들고, 그 피해는 고스란히 시민들의 몫이 됐다.

광주를 도구로 삼는 구태 정치를 이제는 끊어야 한다.

-「정준호 "젊은 광주, 새로운 북구로 판을 바꾸겠다"」 중에서

정준호① "천정배의 좌절은 예정돼 있었다"

천정배 전 의원의 경륜과 개혁성은 왜 외면당했나.

여당의 초·재선 의원들이 대전을 위시한 중남부 지방이 심각한 수해를 겪는 와중에 몹시 즐거운 표정으로 단체로 파안대소하는 모습이 담긴 사진을 사회관계망 서비스에 올렸다가 국민들의 빈축을 사고 있다. 그런데 사진에 등장하는 집권당 소속 국회의원들은 '뭐가 문제냐'는 식으로 되레 큰 소리를 쳐대며 언론에 책임을 전가하고 있다.

한국정치의 변화는 사회 다른 분야의 발전 속도에 항시 뒤처지는 것으로 악명이 높다. 나머지 모든 영역에서는 오래 전에 지나간 세기

말적인 퇴폐적 분위기가 여의도 정치권에는 이제야 가득하다. 필자는 뼛속까지 오만함과 특권의식이 배어 있는 여당 초·재선 의원들이 그려낸 기괴하고 세기말적인 초상화를 목격하고서 지금은 구태로 내몰린 중진 정치인들이 풋풋한 초선 의원이었던 날을 자연스럽게 회상하게 됐다. 초선이었을 당시의 그들은 최강욱의 적반하장도, 황운하의 내로남불도, 박주민과 이재정의 영악한 '쇼통'도 없었다. 금배지의 무거운 책임감을 절감하며 낮은 자세로 선량의 의무를 다하려 애썼다.

천정배 전 의원은 그토록 겸손하고 유능했던 옛 초선 의원의 한 사람이다. 천정배의 겸손함과 유능함은 여전히 지속되고 있는 것으로 보인다. 그럼에도 천정배는 왜 삼성그룹 임원 출신의 더불어민주당 양향자 의원에게 올해 총선에서 완패했을까? 천정배 전 의원 본인의 입을 통해 그 정확한 진상을 확인할 수 없는 상황에서 정준호 변호사가 천정배의 내재적 관점에서 지난 몇 년간의 호남 정치를 복기하겠다고 흔쾌히 자청해 왔다. 소심한 범생이 스타일일 것이라는 필자의 예상과는 완전히 정반대로 시원시원한 상남자 면모를 과시한 정준호 변호사와의 인터뷰는 2020년 7월 30일 목요일 오후, 서남투데이 사무실에서 진행되었다.

공희준 : 21대 국회가 역대 최악의 국회가 될 것이라는 국민들과 정치 전문가들의 예측이 여지없이 적중하는 분위기입니다. 하나를 보면 열을 안다고, 집권여당인 더불어민주당과 제1야당인 미래통합당의 초선 의원들이 공천권을 장악한 당 지도부를 위한 그야말로 '영혼 없는 돌격대'가 되어 참다운 국리민복과는 관계없는 이판사판식의 정쟁에만 몰두하고 있기 때문입니다.

모든 사람들은 한때 아기였던 것처럼, 모든 국회의원들은 초선 의원인 시절이 있었습니다. 천정배 전 의원은 초선 국회의원 시절에 지금의 더불어민주당과 미래통합당 초선 의원들은 감히 엄두도 내지 못할 개혁성과 참신함을 보여줬습니다. 천정배가 잃어버린 지역구 의석을 '구태 초선'으로 불러도 괜찮을 식상한 인물이 대신 차지하면서 한국정치에 대한 국민적 불신과 실망감만 한층 더 높아지고 있습니다.

'구관이 명관'이라는 이야기가 있습니다. 참신함에서도, 개혁성에서도 여전히 발군일 천정배 전 의원이 올해 총선에서 낙선함으로써 우리나라 제도권 정치에 적잖은 손실이 발생했습니다. 천정배의 공백이 초래한 정치권의 손실이 무엇인지에 대해 구체적 설명을 부탁드립니다.

천정배는 정치를 시작한 다음에도 개혁적이었다.

정준호 : 진보진영 정치인들 가운데 경륜과 개혁성을 겸비한 인물을 사람을 찾기가 점점 더 어려워지고 있습니다. 천정배 전 의원은 경륜과 개혁성을 양수겸장으로 전부 갖춘 사람입니다. 그럼에도 천정배는 올해 총선에서 힘없이 낙선하고 말았습니다. 우리나라 진보진영에 커다란 손실이 되는 사건이었습니다.

이종걸 전 의원이 더불어민주당의 원대대표로 선출되자 천정배 전 의원이 "경륜과 개혁성 모두를 마음껏 발휘하시라"는 축하의 뜻을 같은 당이 아님에도 불구하고 휴대전화 문자메시지로 이 전 의원에게 보냈다고 합니다. 그만큼 천정배 스스로에게도 경륜과 개혁성을 겸비하는 게 매우 중요한 목표이자 과제였다는 뜻입니다.

천정배 전 의원은 호남 지역을 기반으로 성장하려는 정치 신인들과 정치 지망생들에게 훌륭한 사범(Mentor) 역할을 해 줄 수 있는 사람이었습니다. 더는 원내에 머물지 못함으로 말미암아 그가 후배들을 위한 멘토 역할을 효과적으로 해내기가 대단히 힘들어졌습니다. 저는 이 점이 굉장히 아쉽습니다.

개혁성과 도덕성과 헌신성은 정치인들의 우열을 평가할 때 일반적으로 제시되는 3대 지표입니다. 현재 우리나라 정치에서는 이 세 가지 기준을 모두 충족시키는 정치인들이 거의 모두 사라졌습니다. 저는 광주로 오기 전의 천정배 전 의원이 헌신성, 도덕성, 개혁성 전부를 일관되게 유지해 온, 흔하지 않은 정치인이었다고 평가하고 싶습니다. 더욱이 천정배는 기득권에 연연하지 않고서 과감한 결단이 요구될 때마다 미련 없이 결단하는 모습을 국민들에게 보여 주었습니다. 이를테면, 천정배가 2002년의 새천년민주당 대통령 후보 경선에서 현역 의원들 중에서는 처음으로 노무현 후보 지지를 선언했던 일은 기득권에 대한 집착이 없었기 때문에 가능한 결단이었습니다.

더불어민주당 안의 586세대 정치인들은 학생운동에 참여했던 경력을 자신들이 지닌 개혁성의 근거로 내세우고 있습니다. 천정배는 정치권에서 실제로 활동한 기록을 통해서 스스로의 개혁성을 증명해 왔습니다. 정치권에 들어오기 전에 개혁적이었던 인사들은 많습니다. 반면에 정치권에 들어온 이후에 개혁적인 사람들은 별로 없습니다. 천정배는 제도정치에 입문한 다음에도 변함없이 개혁적이었던 아주 드문 인물이었습니다.

천정배는 호남 2세대 정치인의 대표주자

부동산 정책을 둘러싸고 집권여당인 더불어민주당도, 제1야당인 미래통합당도 제대로 중심을 잡지 못한 채 갈팡질팡하고 있습니다. 이럴 때야말로 2016년에 창당되었던 국민의당 같은 '준비된 제3정당'의 활약이 더욱더 절실하게 필요하기 마련입니다. 그러나 국민의당의 붕괴는 천정배의 낙마로까지 결국에는 이어졌습니다. 이는 정치권 전체 수준의 손실입니다.

손실은 호남 정치 차원에서도 발생했습니다. 호남 정치는 크게 세 시대로 나뉠 수가 있습니다. 첫 번째는 김대중 대통령으로 상징되는 '자수성가형 정치인들'의 시대입니다. 두 번째는 김대중 대통령이 발탁해 성공시킨 '육성형 정치인'들의 시대입니다. 천정배는 2세대 육성형 정치인의 대표주자였습니다. 저는 김대중 대통령의 1세대와 천정배 전 의원의 2세대를 뒤이을 호남 정치의 3세대는 상인의 현실감각 아래 미래지향적인 정치 경제적 가치를 창출해 낼 역량을 가져야만 한다고 믿습니다.

천정배는 3세대 브랜드 정치인들을 앞에서 견인하고 선도해 주는 역할을 맡아야만 했습니다. 그런데 이 임무를 감당해야 할 단계에서 그는 쓰라린 좌절에 직면한 상태입니다. 저는 천정배가 갑자기 주저앉은 까닭에 호남 정치를 이끌어갈 3세대 정치인을 배출하는 일에 적잖은 차질이 빚어질 것으로 우려하고 있습니다.

천정배 전 의원이 수도권에서 호남, 즉 광주로 돌아오는 결정을 내리는 시점까지는 그의 행보는 시대정신에 부합하는 것이었습니다. 그렇지만 그는 정작 광주에 온 이후에는 본인의 역할과 정체성을 망각하기 시작했습니다. 저는 바로 이 지점에 천정배가 지금의 시련과 실패를 맞이하게 된 원인이 자리하고 있다고 생각합니다.

천정배 전 의원은 광주에서 만으로 5년 동안 지역구 국회의원으로 생활했습니다. 천정배가 광주로 오기 전부터 호남 정치는 좌표를 잃고 표류하고 있었습니다. 천정배는 방황하는 호남 정치를 그가 공언한 바대로 확실하게 복원하기 위해 자기가 여태껏 경험해온 정치현실을 토대로 혁신적 가치의 정립에 착수해야 했습니다. 새롭고 혁신적인 가치 정립 작업의 명징한 출발점은 지방선거에서 광주시장에 천정배가 직접 출마하는 것이었습니다. 한데 그는 출마를 주저했습니다. 저는 2018년의 망설임이 2020년의 참담한 결과를 낳는 데 크게 작용했다고 봅니다.

호남에서는 국민의당과 그로부터 파생돼 등장한 여러 후계 정당들에 관해 다양한 평가와 분석이 나오고 있습니다. 2년 전 지방선거에서 변변한 선거전도 치르지 못하고 지리멸렬한 사실을 상기한다면 국민의당에 몸담았던 정치인들이 올해 총선에서 전멸에 가까운 성적을 거둔 것은 2018년에 이미 일찌감치 예정되었던 셈입니다. (②편에서 계속됨)

2020.07.31. 서남투데이

정준호② "천정배는 비주류를 주류로 만들어왔다"

천정배 전 의원에 대한 비판을 자세히 살펴보면 그를 사악하다거나 탐욕스럽다고 비난하는 내용은 거의, 아니 전혀 없다. 반면에 천정배의 감각 없음과 눈치 없음, 그리고 서투름과 성급함에 관한 성토가 홍수를 이룬다.

정준호 변호사는 천정배의 동기의 선량함을 긍정적으로 평가하고 있었다. 그러나 결과마저 바람직했다고는 선뜻 자신 있게 인정하지 못했다. 정치인 천정배는 왜 언제나 스타트는 기가 막히게 잘 끊으면서도 마지막 승부처에서 늘 만성적인 뒷심 부족을 드러내온 것일까? 정준호 변호사의 이야기가 그 비밀 아닌 비밀을 밝히는 데 적잖은 도움이 될 성싶다.

공희준(이하 공) : 천정배가 '호남 대통령' 만들기를 공공연히 표방함으로써 호남 이외의 지역에 있으면서 천정배 전 의원을 지지하거나 그에게 호감을 품어온 사람들은 상당한 혼란과 당혹감에 휩싸였습니다. 천 전 의원이 호남 대통령, 정확히는 '이낙연 대통령 만들기'에 느닷없이 나선 배경과 의도에 관해 천정배의 입장으로 역지사지해 설명해 주시기 바랍니다.

천정배의 회심의 승부수였던 '뉴 DJ 플랜'

정준호(이하 정) : 제가 정치인 천정배와 처음으로 만났던 시기는 천 전 의원이 2015년 4월에 치러진 광구 서구을 보궐선거에 무소속 후보로 출마해 조영택 새정치민주연합 후보를 꺾고 난 직후였습니다.

당시에 천정배 전 의원은 두 가지 정치적 화두를 내걸었습니다. 첫째는 '호남정치 복원'이었습니다. 둘째는 '뉴 DJ 발굴'이었습니다. 천정배 전 의원은 호남 기반의 젊은 신당 창당을 목표했고, 저는 그런 취지에 호응해 일 주일에 한 차례 정도 그와 정기적으로 회의를 하며 새로운 정당의 밑그림을 그리는 작업에 동참했습니다. 저는 천정배의 기획과 시도가 원칙적으로는 옳았다고 생각합니다. 그런데 천정배 전 의원이 돌연 혈혈단신으로 국민의당에 합류하면서 솔직히 당황하지 않을 수가 없었습니다.

천정배 전 의원이 안철수 국민의당 대표와 전격적으로 제휴한 결정과 관련해 여러 사람들의 개인적 회고가 있었다. 증언의 사실 확인은 차치하고라도 뒷맛이 개운치 않은 씁쓸한 후일담이 많은 터라 이러한 기억들을 글로써 자세히 소개하는 일은 어쩔 수 없이 건너뛰어야만 할 듯하다. 독자들의 너그러운 양해를 부탁드리는 바다.

안철수 전 대표와 통합하기 이전의 천정배 전 의원은 기득권에 젖은 호남정치를 크게 바꾸어야 한다고 되풀이해 강조했다. 그때의 천정배는 '호남 대통령'이라는 표현을 사용하지 않았다.

정준호 변호사가 천정배 전 의원의 결재를 받고서 흔쾌히 인터뷰에 나섰을 리 만무하다. 그러므로 지금부터는 정준호가 천정배의 내재적 관점에서 천정배 전 의원이 최근 몇 년 동안 걸어온 행적을 돌아보는 것으로 독자들은 이해하면 좋을 것이다.

정 : 천정배 전 의원은 서울시장에 도전했다가 실패했습니다. 그가 4선을 기록한 안산에서는 더 이상 지역구에 출마하지 않겠다는 불출마 선언을 했습니다. 그리고 서울 송파구에서 출사표를 던졌다가 낙선의 고배를 마셨습니다.

저는 천정배가 자신의 정치의 마지막 역정으로 광주로 왔다고 생각합니다. 천정배 전 의원의 머릿속에는 호남의 가치를 계승하고 정신을 이어갈 수 있는, 젊은 정치인들을 발굴하고 육성해 김대중 대통령을 잇는 두 번째 호남 대통령을 만들겠다는 큰 그림이 있었습니다. 그는 종전부터 국민들에게 잘 알려진 호남 정치인을 밀겠다는 복안을 갖고 있지는 않았습니다.

제가 신당 기획회의 때문에 천정배 전 의원을 정기적으로 만나면서 그로부터 들은 재미있는 이야기가 있습니다. 천정배는 대한민국 사회 전체를 시야에 놓고 보면 더불어민주당과 진보진영이 비주류라고 말했습니다. 그런데 문재인 대표는 야당 안에서는 비주류에 속한다는 게 천정배의 시각이었습니다. 천정배는 스스로를 비주류를 주류로 만들려고 노력해 온 인물로 자평했습니다. 이 지점에서 그는 심각한 위기의식을 느꼈던 것 같습니다.

천정배는 줄 서는 사람이 아니다

비주류 출신의 신주류가 전통적 구주류의 악덕들을 능가하는 독선과 오만, 무능과 부패, 불통과 권위주의에 빠지는 경우는 동서고금의 역사에 차고도 넘친다. '참여정부 시즌 2'가 아닌 '박근혜 정권 에피소드 2'를 연일 부지런히 방영 중인 현재의 문재인 정권도 이와 같은

"너절하게 주류화한" 비주류들의 타락과 퇴행의 사례에 정확히 해당한다. 필자는 천정배가 실패한 궁극적 원인은 그가 주류의 폭주와 전횡을 제어할 시스템 개혁에 주력하는 대신에 착한 주류를 만들려는 아랫돌 빼어 윗돌 놓기에 몰두한 데 있다고 확신하고 있다.

공 : 어떤 위기의식을요?

정 : 문재인 대표 중심으로 정권교체가 실현되면 호남이 이제는 야권 안에서마저 비주류의 처지로 내려앉을지 모른다는 위기의식이었습니다. 따라서 천정배 전 의원은 자기의 정치적 역할이 호남이 비주류 중의 비주류로 전락하는 것을 막는 데 있다고 믿었습니다. 그는 2014년 재보궐 선거 정국에서 권은희 의원이 광주 광산을 선거구의 전략공천을 받는 사태를 계기로 당내에서는 더 이상 자기 뜻을 펼 수 없다고 판단했습니다. 그가 신당 창당 추진을 통해 호남 지역 유권자들의 선택지를 넓혀 주기로 결심하게 된 까닭입니다.

2016년은 박근혜 정권이 아직은 강력하게 버티고 있던 시기였습니다. 야당이 두 번 연속 대통령 선거에서 쓰라린 경험을 한 상황이었습니다. 천정배는 야당을 혁신하고 민주세력을 재편해야만 정권교체가 가능하다는 생각을 더더욱 확고히 굳히게 된 것으로 보입니다.

저는 앞에서 말씀드린 것처럼 천정배 전 의원이 광주로 온 결정은 올바른 결정이었다고 확신합니다. 관건은 내려온 다음의 선택과 행보였습니다. 그가 다른 다선 의원들이나 동료 중진 정치인들과 합작해 국민의당을 창당하면서 천정배 고유의 본질적 가치였던 선명한 개혁성이 상당 부분 희석되고 말았습니다.

공 : 저는 천정배 전 의원이 유력 정치인들 중에서는 아주 드물게 김욱 교수가 지은 『아주 낯선 상식』이라는 책에 공개적으로 깊은 관심을 표명한 것으로 알고 있습니다. 이 책의 내용은 영남 패권주의와 호남 차별은 동전의 양면 관계라고 지적하며, 영남 패권주의에서 비롯된 호남 차별은 더불어민주당이나 진보진영 내에서마저 공공연히 자행되고 있다고 주장하고 있습니다. 이와 같은 역사적 연원에 대한 대중적 환기 없이 '호남 대통령 만들기'로 곧장 직행하게 되면 아주 정치공학적인 움직임으로만 인식될 수가 있습니다. 2015년의 천정배가 철학적이었다면 2020년의 천정배는 왠지 정략적으로 느껴지는 이유입니다.

정 : 천정배 전 의원은 2002년 새천년민주당 대선후보 경선에서 승산이 희박해 보였던 노무현 후보를 제일 먼저 공개적으로 지지했습니다. 2007년 대통령 선거에서는 거대 양당의 공천을 받지 않은 창조한국당의 문국현 후보와 기꺼이 연대했습니다. 천정배가 어디 가

서 줄 서는 사람은 절대로 아니라는 명확한 증거입니다. 그는 문재인 대세론이 위세를 떨치는 정세에서 본인이 마지막까지 지켜야 하는 정치적 무게중심을 '호남 정치의 복원'에 두었던 것으로 생각됩니다. (③회에서 이어짐)

2020.08.03. 서남투데이

정준호③ "호남은 국민의당을 미련 없이 버렸다"

막말과 독설의 차이는 무엇일까? 그건 마음에 있는 말을 했느냐, 아니면 없는 말을 했느냐에 있을 것이다. 더불어민주당 정청래 의원과 미래통합당의 김진태 전 의원 같은 인사들이 천박한 막말꾼으로 국민들에게 낙인 찍힌 이유는 그들이 속으로는 본인조차 믿지 않을 억지궤변을 거칠고 무례하게 늘어놓는 데 있다.

정준호 변호사의 주장은 때로는 독설처럼 들릴 만큼 수위가 높았다. 허나 그의 이야기는 그가 실제로 믿고 생각하는 바를 가감 없이 표현했다는 점에서 막말과는 거리가 멀었다. 정준호 변호사는 이리 재고, 저리 간보는 게 체질화된 이른바 '여의도 사람들'과는 달리 기면 기고, 아니면 아닌 정면돌파의 직설화법을 인터뷰 내내 뚝심 있고 일관되게 밀고 나갔다.

호남 의원들이 먼저 안철수를 버려

공희준(이하 공) : 천정배 전 의원이 연대하고 제휴했던 인물들의 공통점이 있습니다. 이념적 좌표에서 천정배보다 왼쪽에 포진해 있거나, 또는 개혁성이 뚜렷이 검증됐다는 사실이었습니다. 그런데 안철수 국민의당 대표는 천정배가 역대로 손을 잡았던 정치인들과는 판이하게 보수 성향을 띠었습니다. 안철수의 보수성은 최근 들어 더욱더 급격히 강화되는 추세입니다. 따라서 천정배와 안철수의 연대는 그 본질상 정치공학적 결합이었다고 규정될 수가 있습니다.

정준호(이하 정) : 많은 사람들이 안철수 대표의 유력 대권주자로서의 정치생명이 끝났다고 평가하고 있습니다. 저는 이러한 진단에 딱 절반만 동의하고 있습니다.

정준호 변호사는 '기면 기고, 아니면 아닌' 시원시원한 모습을 보여줬다. 그런데 이 대목에서 그는 신중하고 유보적인 입장을 취하고 있었다. 간을 보는 건 아닐 테니 필자는 그의 진의가 무척이나 궁금하지 않을 수 없었다.

공 : 어떤 근거에서 50프로 찬성이 나올 수 있나요?

정 : 저는 제2의 안철수가 앞으로 10년 정도는 등장하기가 힘들다고 전망하고 있습니다. 안철수 대표는 정치 경험은 일천했지만 비즈니스 마인드에다 진보적 가치를 접목시킬 수 있는 굉장히 희귀한 범주에 속했습니다. 정치적 관점에서 잠재적 우량주였습니다. 천정배 전 의원은 이 대목에 주목하고서 안철수 대표와 공조하기로 결심했습니다. 그는 안 대표가 진보진영의 노선과 정책을 기꺼이 전폭적으로 수용한 것이라고 판단했던 것입니다. 천정배 전 의원이 안철수 대표와 공조한 일을 계기로 호남 지역의 많은 젊은 인재들이 국민의당에 합류했습니다. 문제는 천정배를 믿고서 국민의당으로 따라간 인사들 가운데 공천을 받은 사람이 없다는 것이었습니다. 공천 과정에서 낡고 구시대적인 각종 정치공학이 난무했기 때문입니다.

천정배 전 의원은 남을 잘 챙겨주지 않기로 유명하다. 또는 악명이 높다. 이권과 자리를 보장해 주지 않는다는 측면에서 이는 매우 바람직한 행동일 수 있다. 그러나 자기와 가까운 사람들이 정치적 활로를 절박하게 모색하는 일에서마저 의미 있고 유용한 도움을 주지 않는 게 과연 책임 있는 정치지도자로서 합당한 처신인지는 깊이 생각해 볼 필요가 있을 것이다.

정 : 저는 천정배 본인 입장에서는 어쩔 수 없는 부분이 물론 있었을 것이라고 생각합니다. 그럼에도 2016년 초에 출범한 국민의당이 창당 이념을 지켜오면서 원내교섭단체로서의 지위를 온전하게 유지하고 있었다면 우리나라의 정치지형은 지금과는 많이 달라졌을 것이 틀림없습니다. 국민의당이 강력한 역할과 확실한 존재감을 과시하는 제3지대 정당으로 튼튼하게 자리매김했을 것이기 때문입니다. 국민의당이 참담하게 실패한 원인으로는 다양한 이유가 제시될 수가 있습니다. 저는 무엇보다도 안철수 대표와 대통령 선거 직후에 너무 쉽게 결별한 게 커다란 패착이었다고 생각합니다.

여기에서 정준호 변호사는 기존의 통념과는 완전히 상반되는 시각을 드러냈다.

공 : 안철수 대표가 국민의당을 너무나 쉽게 포기했다는 말씀인가요?

정 : 당시 국민의당에 당적을 두었던 현역 국회의원들이 안철수 대표를 헌신짝처럼 버렸다는 의미입니다.

공 : 대부분의 정치 분석가들은 안철수가 호남 국회의원들을 의리없이 버렸다고 말하지, 역으로 호남 의원들이 안철수를 몰인정하게

버렸다고는 이야기하지 않습니다.

정 : 저는 국민의당의 붕괴와 관련해서는 생각을 달리하고 있습니다. 안철수가 호남을 버린 측면은 분명히 존재합니다. 그렇지만 핵심은 안철수 대표가 국민의당 후보로 제19대 대통령 선거에 출마했을 때 호남에 지역구를 가진 국민의당 의원들이 안 대표의 대선 승리를 위해 최선을 다하지 않았다는 데 있습니다.

광주에 온 천정배는 자기 선거에만 몰입해

필자는 정준호 변호사에게 그의 답변 내용을 글로 옮겨도 되는지 재차 물었고, 그는 옮겨도 좋다고 아주 쿨 하게 응답했다.

정 : 호남 유권자들은 국민의당 국회의원들이 안철수 대표를 너무나 쉽게 버리는 광경을 목도하고서는 지난 20대 총선에서 자신들의 손으로 무려 38석의 국회의석을 만들어 주었던 국민의당을 역시나 쉽게 내버리게 된 것입니다.

'인과응보', 국민의당의 해체를 지켜본 정준호 변호사의 결론은 이 네 글자로 요약되었다.

공 : 큰 틀에서 조망하면 안철수가 호남을 버렸지만, 여의도 정치권으로 범위를 한정하면 호남 의원들이 안철수를 버렸다는 얘기네요.

정 : 예, 그렇습니다. 안철수 대표를 대하는 호남 의원들의 냉랭한 태도를 보고서 호남 유권자들도 호남 의원들에게 더 이상 미련을 갖지 않게 되었습니다. 국민의당은 2017년의 조기 대선 국면에서 안철수의 승리를 위해 목숨을 걸어야만 했습니다.

공 : 결국에는 문재인 정권의 품에 투항했지만, 2017년 대통령 선거 정국에서는 박지원 현 국가정보원장 정도가 안철수의 당선을 위해 죽기 살기로 뛰었던 것 같습니다. 그러고 보면 구태라고 손가락질 당하는 정치인들이 막상 중요한 선거운동이 시작되면 제일 열심히 하더라고요. 구태들이….

정 : 천정배 전 의원은 '호남정치 복원'과 '뉴 DJ 발굴'을 기치로 내걸고 광주에 왔습니다. 이왕 광주에 들어온 이상에는 설령 국민의당이 대선에서 실패하고, 안철수가 낙선했다고 하더라도 이에 굴하지 않고 자신이 처음 제시했던 목표지점을 향해 꿋꿋하고 꾸준하게 전진해야만 했습니다. 그러나 천 전 의원은 정당을 계속 바꿔가면서까지 2020년의 국회의원 선거에서 본인이 당선되는 데만 거의 여념이 없었습니다. 그러니 스스로의 선거에서마저 당연히 실패할 수밖에

없었습니다.

공 : 저는 정준호 변호사님께서 천정배 전 의원을 시종일관 옹호만 하실 줄 알았습니다. 그러나 실제 말씀을 들어보니까 비판이 필요한 곳에서는 정말 송곳처럼 매섭게 비판하시네요.

정 : 광주로 오기 전의 천정배는 정치인으로서 만점이었습니다. 그런데 정작 광주에 와서는 그가 호남 유권자들을 향해 다짐했던 약속을 지키지 못했습니다.

정준호 변호사가 안철수의 정치생명이 끝났다는 지적에 50퍼센트만 동의한다고 말했던 이유를 풀어보니, 국민의당이 와해된 책임의 50프로는 국민의당에 몸을 담았던 현역 지역구 국회의원들에게 있었다는 뜻이었다. (④편에서 계속됨)

2020.08.04. 서남투데이

정준호④ "입법은 송사가 아니다"

'정치의 사법화'는 엘리트주의에서 파생된 부산물

포퓰리즘(Populism), 즉 대중영합주의는 세계화 시대의 황혼을 타고서 전 세계를 강타하고 있는 '제4의 물결'이다. 포퓰리즘의 기본 정서는 출세하고 성공한 엘리트들이 주도하는 기성 체제에 대한 인민대중 층위의 전면적 거부감이다. 그러나 포퓰리즘은 민중권력의 등장 대신에 유권자들의 감성을 자극해 그들을 몇몇 정치 엘리트들을 위한 유순하고 순종적인 '표 찍는 기계'로 만들어버리는 '팬덤(Fandom) 정치'를 불러오고 말았다. 문재인 정권 시대의 한국 정치는 이와 같은 왜곡된 경로 이탈의 전형적 사례를 제공하고 있다.

'팬덤 정치'의 발호는 종전에는 직업 정치인들의 전유물이었던 정치적 반대파를 겨냥한 고소·고발 전략을 이제는 일반 시민의 수준으로까지 광범위하게 보급(?)시키는 '송사정치'로 이어지고 있다. 라이벌 정당과 정치인에 대한 승리를 투표장이 아닌 법정에서 최종적으로 확인하는 송사정치의 득세는 한국정치의 만성적 기저질환일 '정치의 사법화'를 치유불능의 단계로 악화시키는 중이다. 포퓰리즘이 돌고 돌아 결국에는 법조 엘리트들의 국회 진출을 돕는 융단을 깔아준 고약하고 엽기적인 먹이사슬에 대한 정준호 변호사의 진단과 처방을 들어보았다.

엘리트주의가 '정치의 사법화' 불러와

공희준(이하 공) : 정준호 변호사님께서는 법조인으로서 현실정치에 입문하셨습니다. 그런데 판사와 검사, 그리고 변호사 출신 정치인의 비중이 너무 크다는 의견이 유권자들 사이에 팽배해 있습니다. 그리고 이들 율사 출신 정치인들이 정치적 문제를 갖고서 고소·고발을 남발하는 '정치의 사법화'에 앞장서 왔다는 비판적 시각 또한 짙습니다. 법조인 출신 정치인들이 그와 같은 부정적 여론을 불식하려면 그스스로 어떠한 노력을 경주해야만 할지 알려주십시오.

정준호(이하 정) : 저는 우리나라 국회에서는 법조인 출신 국회의원의 비율이 평균 30퍼센트 안팎의 비율로 일정하게 유지되어온 것으로 알고 있습니다.

공 : 국민들의 체감으로는 절반을 훌쩍 웃돕니다. 당장에 문재인 대통령부터가 변호사였습니다.

정 : 법조인 출신 정치인들이 대한민국의 정치권을 장악하다시피 한 사태는 근본적으로 엘리트주의의 산물입니다. 저희 세대도 어려서부터 공부 잘하는 문과생은 법대를 지망하고, 성적이 우수한 이과생은 의대로 진학하는 걸로 교육을 받아 왔습니다. 기성세대들은 법대를 가면 당연히 판·검사가 되어야 하고, 판·검사 생활을 어느 정도 한 다음에는 자연스럽게 정치인으로 입신양명해야만 맞는 것으로 저희들 뇌리에 끊임없이 각인시켰습니다.

공 : 변호사님은 어릴 때부터 공부를 잘하셨나요? 체면치레 상의 겸손함 대신에 솔직담백하게 답변해주십시오.

정 : 예, 그렇습니다.

공 : 제가 바랐단 바대로 허심탄회하고 시원시원하게 답해주셔서 고맙습니다.

정준호 변호사는 2001년에 시행된 대입수학능력시험에서 만점을 받았다. 그가 자기는 공부를 별로 잘하지 못했다고 손사래를 쳤다면 필자 같은 지극히 평범한 두뇌의 소유자로서는 되레 화가 났을 성싶다.

정 : 저의 경우에는 그러기 때문에 진로의 선택지가 오히려 좁았습니다. 제가 법대에 입학해 사법시험을 준비하지 않았다면 그게 외려 이상하게 여겨졌을지도 모릅니다.

서울대 법대 다닌 천정배와 서울대 의대 나온 안철수에게 정준호 변호사가 느끼는 미묘한 인간적 유대감은 학창 시절에 두드러지게 공부 잘했던 사람들 사이에서만 형성 가능한 염화미소의 정서적 공감대의 연장선이었을지도 몰랐다.

안철수 대표가 커다란 사회적 명성을 쌓은 이유는 그가 의학을 전공한 의사였음에도 불구하고 사업가로서도 엄청난 성공을 거둔 사실에 있었습니다. 더욱이 그는 여느 성공한 유명인사들과는 달리 사회에서의 때가 거의 묻지 않았습니다. 그러한 참신함과 차별성이 안철수를 유력 대권주자의 반열로 단숨에 올려 놓았습니다.

저는 현직 변호사입니다. 그럼에도 정치의 사법한 현상을 저 또한 매우 부정적이고 비판적인 시선으로 바라보고 있습니다. 항간에는 판사와 검사, 변호사가 국회에 입성하면 입법 전문가로서 큰 활약을 보여줄 것이라는 기대감이 적잖이 존재하고 있습니다. 그러나 저는 이와 같은 인식이 대단히 잘못된 선입관일 뿐이라고 생각합니다. 법을 만드는 입법 작업과 법원에서 진행되는 송사는 본질적으로 차원이 다른 일이기 때문입니다. 둘은 서로 잘 맞물리지가 않습니다.

"입법은 송사가 아니다!", 이 중차대하고 의미심장한, 가히 천기누설에 가까울 명제를 정준호 변호사는 서슴없이 발설했다. 공안검사로 승승장구했던 보수 정당 국회의원들도, 인권변호사로 명성을 날렸던 진보진영 정치인들도 이러한 얘기를 국민들에게 해 준 적이 없다. 이 두텁고 오래된 침묵의 카르텔에 정준호 변호사는 태연하면서도 의연하게 서슴없이 균열을 냈다.

좋은 변호사는 현장에 강한 변호사

공 : 재판과 입법은 완전히 별개의 영역인가요? 법대나 로스쿨에서 입법에 관해 학생들에게 나름 대로 교육을 해 주지 않습니까?

정 : 입법과 송사는 다릅니다. 입법은 기술적 성격이 강한 일입니다. 그런데 송사를 담당하는 판사와 검사, 그리고 변호사들은 입법과

관계된 경험이 많지도, 전문성이 크지도 않습니다. 입법 관련 부문에서는 행정부에 소속된 관료들이 훨씬 더 풍부한 경험치와 학습량을 축적해 왔습니다. 법조인들은 이미 만들어진 법률들을 어떻게 해석하느냐를 놓고서 다투거나 해석하는 사람들일 따름입니다. 그러므로 법령을 제정해 본 경험을 가진 인물들이 법조인 가운데에서는 그리 흔하지 않습니다.

정치의 사법화가 가속화된 배경에는 경제적 요인이 중요한 밑바탕으로 깔려 있습니다. 왜냐면 변호사들의 경우에는 상대적으로 생업의 부담이 덜하기 때문입니다, 그들은 정치적 도전을 하기에 비교적 유리한 위치를 점유하고 있습니다. 만약 사시 출신이 아닌 행시 출신들에게 정치적 좌절을 맛본 직후에 돈벌이를 위해 곧장 돌아갈 수 있는 곳이 있었다면 정치의 사법화만큼이나 '정치의 행정화'가 지금쯤 크나큰 정치사회적 문제로 대두했을 가능성을 배제할 수가 없습니다. 정치의 사법화의 본질은 방금 전에 말씀드린 것처럼 엘리트주의의 부산물입니다. 너무 늦기 전에 극복될 필요가 있습니다.

좋은 변호사는 좋은 학교를 나온 변호사가 아닙니다. 사법시험 성적이 좋았던 변호사도 아닙니다. 지금은 법률시장에서도 실무 경험을 중시하는 흐름이 대세로 확고히 정착되었습니다. 이를테면 태양광 발전을 둘러싼 소송에서는 에너지나 환경에 관계된 일을 실제로 해 본 경력이 있는 변호사가 능력을 발휘하기 마련입니다.

정치는 사회를 구성하는 각계각층의 다양하고 엇갈리는 이해관계를 조정하고 반영하는 일입니다. 저는 분쟁의 현장에서, 갈등의 최전선에서 갈등 해소와 분쟁의 타결에 나섰던 경험이 있는 법조인들이 정치권으로 진출한다면 정치의 사법화가 낳은 여러 가지 폐단들이 상당 부분 시정될 수 있을 것이라고 확신합니다. 물론, 정치권에서 차지하는 법조인의 비중이 지나치게 높은 현실은 기본적으로는 바람직하지 않습니다.

공 : 정준호 변호사님의 주요 활동 분야는 어디인가요?

정 : 저는 서울에서 변호사 생활을 시작했습니다. 금융전문 로펌에서 법조인으로서의 첫발을 내디뎠습니다. 우리나라 최초의 사모펀드 전문회사였던 보고 펀드(Vogo Fund)의 법률 자문 역할을 맡은 적도 있고, 대기업들의 하도급을 둘러싼 송사에 관여도 해 봤습니다. 민사 영역이 변호사로서의 저의 전공 분야였던 셈입니다.

공 : 광주로 가신 다음에는 변화가 있었을 것 같습니다. 광주 지역에는 서울과는 다르게 큰 회사들이 별로 많지가 않습니다.

정 : 예. 기업이나 금융과 관련된 법률 수요가 서울과 견주면 적습니다. 그렇지만 대기업 협력업체들의 숫자는 광주에도 꽤 됩니다. 저는 단가 후려치기 등과 같은 대기업들의 갑질과 횡포에 시달려온 중소기업들을 위해 공정거래위원회에 제소하는 등의 활동을 광주에서 해 왔습니다.

공 : 변호사님께서는 서울에서 태어나셨습니다. 지방에서 서울로 가는 사례는 빈번하지만, 그 역방향은 흔하지가 않습니다.

정 : 제 아버님 고향이 전라북도 김제입니다. 어머님께서는 전라남도 장흥에서 태어나셨습니다. 서울에서 만나 결혼하신 두 분은 저를 낳은 지 얼마 안 되어 고향인 호남으로 돌아오셨습니다. 아버님께서 원래는 서울에서 영업용 택시를 운전하셨습니다. 그런데 교통사고로 인해 더 이상은 차를 몰기가 곤란한 상황이 되었습니다. 때마침 아버님 지인께서 광주에서 가스레인지 영업을 함께 하자는 제안을 하셨고, 그 제안을 받아들여 부모님께서 광주로 이사하시게 됐습니다.

공 : 대한민국의 구조적 문제점부터, 파란만장한 가정사까지 흥미진진한 말씀 기탄 없이 해 주셔서 감사합니다.

정 : 지루할 수 있는 얘기 진지하게 경청해 주셔서 고맙습니다.

덧붙이는 글

정준호 변호사는 1980년에 서울 은평구에서 태어나 대학에서 법학을 공부했다. 사법연수원을 제39기로 수료하고 변호사로서의 업무를 시작했다. 더불어민주당 광주 북갑 지역구 지역위원장을 지냈으며, 현재는 '소비자주권시민회의'의 법률센터장과 '법무법인 민' 변호사로 각각 일하고 있다.

2020.08.05. 서남투데이

정준호 "젊은 광주, 새로운 북구로 판을 바꾸겠다"

▲ 지난 20대 총선에서 '국민의당 바람'으로 민주당 후보가 모두 낙선하고 외부 영입 후보들 모두 광주를 떠났는데, 정준호 예비후보는 여전히 광주에 남아 터를 잡고 있다. 본인에 대해 소개를 한다면…

- "전라도 학생은 안 돼." 광주가 고향이라고 하자, 하숙집 할머니는 더 듣지도 않고 대문을 닫아버렸다. 그렇게 펑펑 내리는 눈을 헤치고 한 집, 두 집, 세 집…, 열 번째 하숙집에서야 겨우 방을 얻을 수 있었다. 주인 할머니의 고향이 다행히 목포였다. 수능에서 만점을 받고 서울대 법대에 들어갔지만 '출신을 거론하지 않는 것이 미덕'이라는 조언 아닌 조언을 들어야 했다. 호남의 '바른 자리 찾기'라는 사명이 제 소명이 된 것은 그때부터였다.

이후 대한민국에서 가장 오랜 역사를 간직한 법무법인에 입사했고 20대 총선에 출마했으나 고배를 마셨다. 현실정치의 쓴맛은 개운치 않았지만, 제 손을 붙잡으며 다독거려 주신 어르신들의 주름진 손을 잊을 수 없었다.

많이 성찰하는 인고의 시간을 보냈다. 당이 불러 주지 않을 때도 묵묵히 걸었다. 광주시민과 북구민이 필요로 하는 곳이라면 어디에서라도 소리 없이 걷고 뛰었다. 젊음의 역동성과 경제 전문 변호사라는 이력으로 젊은 광주를 만들고 싶을 뿐이다.

▲ 광주 정치에 대한 우려가 많다. '청년 주자'로서 광주 정치를 어떻게 진단하고 있는가. 그리고 광주 정치가 나아가야 할 방향이 있다면.

- 20여 년의 서울 생활을 접고 광주에 왔을 때 가장 많이 들은 말이 '왜 광주로 왔느냐. 스펙이 출중하니 서울로 가라. 우리 밥그릇도 없다'라는 말이었다.

정치는 너와 나의 밥그릇 싸움이 아니라고 본다. 밥그릇이 등장하는 순간, 건강한 견제는 사라지고 정치가 사라진다.

'내 편'으로만 조직화된 정치 집단의 장기 집권은 지역을 도태시켰다. 가장 충성도가 높고 배신 가능성이 낮은 인물만을 영입하는 계보위주의 정치는 자기 세력으로 권력을 재생산할 뿐 새로운 세대의 진입을 차단했다. 지금 대한민국 대표 정치인 중 광주 출신이 어디 있고 누구인지 묻고 싶다.

정치인들은 자기 능력을 키우기보다 학연과 지역, 혈연에 투자한다. 계파정치는 경쟁력 떨어진 광주를 만들고, 그 피해는 고스란히 시민들의 몫이 됐다.

광주를 도구로 삼는 구태 정치를 이제는 끊어야 한다. 광주는 특정 정치인이나 계파의 정치적 생명을 연장하기 위한 인공호흡기가 아니다.

언제든 토론하는 광주, 차별 없는 광주, 갈등을 풀어나가는 광주, 미래세대에 대한 과감하게 투자하는 광주, 오랜 세월의 진면목이 살아 있는 광주, 정치의 이해관계로 꽉 막힌 경제가 뚫리는 광주를 만들 것이다.

▲ 지난 4년 동안 어떤 활동을 하고 있었는지 궁금하다.

- 처음에는 법원 바로 앞인 광주 동구에서 법무법인을 차려 일을 시작했다. 북구지역 주민들은 법률 서비스를 받기 위해 꽤 먼 거리를 오셔야 하는 불편함이 있었다. 북구 두암동으로 법무법인을 옮기고 법의 문턱을 낮추기 위해 다양한 시도를 했다. 북구 유일 '법률 사랑방'이 되는 게 목표였다. 편안하게 차 한 잔 하면서 불편한 사항은 언제든 물어볼 수 있는 곳 말이다.

제가 가장 많이 받는 지적 중에 하나가 '정치인이 표 값 계산을 못한다'는 것이다. 줄넘기협회 명예회장으로 있는데, 회원 대부분이 초등학생들이다.

거대한 정치 담론보다는 실용적인 정치를 해왔다. 소비자주권시민회의라는 단체에서 법률센터장으로 활동하고 있다. '아이폰 고의 성능저하' 논란과 관련해 팀 쿡(Tim Cook) 애플 최고경영자 등을 검찰에 고발해 재판 중에 있다. 시민들의 가려운 곳 하나 긁어 주지 못하면서 개혁을 외쳐 봤자 무슨 의미가 있겠는가.

이외에도 '민주화운동이 직업이 돼서는 안 된다'고 가르치신 광주 민주화운동의 대부 홍남순 변호사님을 기억하기 위한 기념사업회 사무총장으로 활동 중이다. "민주화운동의 성과 앞에 논공행상의 모든 몫은 '국민'이어야 한다"며 항상 국민을 제1순위에 두신 변호사님의 가르침을 깊이 새기며 기념하고 있다.

▲ 선거 때마다 항상 나오는 말이지만, 그 어느 때보다 뜨거운 '세대교체' 바람이 예상된다. 광주지역 민주당 입지자 중에 유일한 청년 후보인데, 세대교체와 인적 쇄신에 대해 어떻게 생각하는가.

- 문재인 정부의 성공과 총선 승리를 위해서는 여권의 인적 쇄신이 불가피한 상황이다. 낡은 정치를 버리고 그 자리에 젊고 유능한 인재들을 채우라는 것은 시민들의 한결같은 바람이다. 급변하는 미래를 이념과 진영싸움으로 대처할 수는 없다.

이철희·표창원 등 초선 의원들이 이미 총선 불출마와 쇄신을 촉구했지만, 아직 눈에 띄게 젊은 세대를 영입하는 움직임은 찾아보기 어렵다. 참신하고 유능한 인사를 영입해 국민들의 요구를 실현 시켜야 정권 재창출을 이룰 수 있을 것이라고 본다.

유권자들은 매의 눈으로 후보자들의 면면을 판별할 텐데, 우리 정치가 과연 국민들의 눈높이에 맞게 준비하고 있는지 냉철하게 자문해 봐야 한다. 구태 정치의 해결은 혁신적인 인적 쇄신에서 시작된다.

▲ 북구갑 선거구 출마에 나섰는데, 북구를 발전시킬 수 있는 방안이 있다면…

- 북구는 무등산과 영산강, 호수생태공원, 중외공원으로 우수한 생태환경 기반 속에 문화예술을 견인해 온 지역이다. 5·18민주묘지와 31사단, 광주교도소 등 광주의 근현대사가 녹아 있는 곳이기도 하다. 전남대, 광주교육대, 동강대, 서영대 등은 광주 고등교육의 중심이고 첨단산단과 본촌산단으로 광주 북부권 경제 활성화에 기여하고 있다.

그런데 이렇게 소중한 자산을 가진 북구의 모습이 지금은 어떠한가. 광주역 폐쇄 이후 주거 중심의 쇠락한 '베드타운'으로 전락한 실정이다. 북구 중심시대는 낡은 정치로는 바꿀 수 없다. 젊은 리더의 혁신과 도전이 어느 때보다 필요한 상황이다.

서구는 행정과 금융으로 광주 중심이 됐고, 동구는 문화 중심이 됐다. 북구의 주변화를 더 이상 방치할 수 없다. 북구의 우수한 인프라를 기반으로 산업과 교육의 중심도시로 만들겠다. 지역 대학 및 기업들과 머리를 맞대 다시 광주의 중심이 되는 북구를 만들 것이다.

▲ 마지막으로 유권자들에게 하고 싶은 말이 있다면…

- 지금의 광주는 안타깝게도 도태되고 있는 듯하다. 민주·인권·평

화도시라는 자부심 이면에 무엇이 있나. 민주화 과정의 성취 이후 정치는 시민의 삶을 바꾸지 못했고, 시민의 뜻을 읽지 못했다. 광주 바깥에서 일어난 불의에는 목소리를 높였지만, 정작 광주 안에 난무한 불의에는 침묵하는 정치였다. 매번 시민들은 기대를 안고 선택했지만 과연 책임과 소명을 다했는지 되묻고 싶다. 이제는 유권자들이 보여줘야 한다. 투표가 권력을 이긴다는 사실을 말이다.

2019. 12.19. 광남일보

애플 집단소송, 소비자 대응모델로 정착하길

아이폰의 고의 성능 저하에 대해 국내에서는 처음으로 시민단체 소비자주권시민회의가 지난 11일 애플을 상대로 법원에 집단손해배상 소송을 제기했다. 이번 소송에 원고로 참여한 아이폰 소비자는 112명이며, 1인당 손해배상 청구액은 220만원이다. 이 단체는 18일 애플 본사 대표와 애플코리아 대표이사를 재물손괴죄·컴퓨터 등 이용업무 방해죄·사기죄로 검찰에 고발했으며, 19일까지 추가로 신청한 소비자를 원고로 2차 소송도 진행할 예정이다. 이 단체 외에도 다른 법무법인에서도 원고를 모집하는 등 애플에 대한 소송은 규모가 더 커질 전망이다. 소비자법률센터 소장이자 소비자주권시민회 집행위원으로서 소송을 대리하는 법무법인 평우 소속 정준호 변호사를 만나 이번 소송의 의미와 앞으로의 계획에 대한 의견을 들어봤다.(편집자 주)

▲ 애플에 집단손해배상 소송을 제기한 계기는?

- 외국 기업인 애플에서 제조해 국내에서만 수백만 대의 판매량을 기록한 휴대폰의 사용 과정에서 고의적인 성능 저하 업데이트가 이뤄졌다. 책임자인 애플은 책임을 인정하면서도 유상으로 배터리만을 교체해 주는 소극적인 입장을 보여주고 있다. 국내 관계부처에서는 성능 저하 여부에 관한 조사 절차도 제대로 진행하고 있지 않다. 결국, 소비자들의 피해는 소비자들 스스로 회복해야 하는 상황이 됐다. 소비자 운동을 주로 하는 소비자주권시민회의에서 불가피하게 소송에 참여하게 됐다.

▲ 이번 소송 과정에서 쟁점이 될 수 있는 부분은?

- 주된 쟁점은 두 가지다. 성능 저하를 수반하는 업데이트가 진행된 사실은 애플에서도 인정했기 때문에 귀책사유 자체에 대한 입증은 어렵지 않을 것으로 보인다. 다만, 애플에서는 배터리 결함을 시정하면서 부수적으로 발생한 성능 저하에 대한 책임 면책을 주장할 것으로 보이므로 그러한 항변이 법원에서 받아들여질 수 있는지가 첫 번째 쟁점일 것이다. 다음으로 피해를 본 소비자들에게 인정될 수 있는 손해배상의 범위가 어디까지 인정될 수 있느냐가 쟁점이 될 수 있다. 성능 저하로 인해 송금에 실패했다거나 하는 특별한 사정에 대해서

는 애플에서 미리 알 수 없는 손해기 때문에 배상 범위에 포함될 수 없다는 주장을 할 것으로 예상한다.

▲ 피해 입증 등 승소 가능성을 낮게 보는 의견도 있다

- 휴대폰 업데이트 과정에서 고의적인 성능 저하가 이뤄졌다는 점에 대해서는 굉장히 기술적인 지식이 수반돼야 입증이 가능하다. 일반적인 소비자들이 개별적으로 대응하면서 겪을 수 있는 어려움이 있을 것이다. 다만, 성능 저하를 수반하는 업데이트 자체에 대해서는 애플이 인정한 후 사과했기에 그 부분에 대한 입증은 이미 상당 부분 경감된 것으로 봐야 한다. 개별적인 피해 사례에 대한 입증 자료가 구비되는 것은 어려움이 있겠지만, 휴대폰으로 작업을 하던 중에 발생한 피해 사례는 오히려 전산 기록이 충실히 남아 있는 장점도 있기 때문에 입증 자체가 불가능한 것으로 보지는 않는다. 이 부분과 관련해 한 가지 아쉬운 점은 현행 소비자보호법에 관계부처의 직권조사 권한이 명시돼 있음에도 이를 전혀 발동하고 있지 않다는 점이다. 얼마 전 뉴스에서 공정거래위원회가 '소송이 우선'이기 때문에 관련 진상조사를 미루고 있다는 입장이 소개됐는데, 이는 전혀 주객이 전도된 것이다.

▲ 이번 소송이 가지는 중요한 의미가 있다면?

- 앞으로 비슷한 유형의 소비자 피해가 발생할 것으로 보이고, 그때마다 소액 피해자들의 집단적 대응이 불가피할 것으로 보인다. 이번 소송을 통해 소비자들의 대응 체계를 수립하는 데 하나의 모델을 정착시켰으면 하는 바람이 있다. 영리를 추구하는 법무법인과 달리 실비만을 소비자에게 부담케 하는 방식으로서 시민단체가 소송에 참여한 것은 그것 자체로 의미가 있다고 본다. 법무법인에서는 소송에서 승소하더라도 그것만으로 끝나고 왜 소송으로 이어졌는지 등에 대한 문제의식이 공유되지 않을 수 있는데, 시민단체가 소송을 주도하면 피해자를 모으는 과정에서 나타나는 문제점이나 아쉬운 점을 제도적으로 요구할 수 있다. 이는 소송을 진행하는 시민단체 입장에서도 제도적으로 연결할 수 있는 측면에서 의미가 있고, 소송을 맡기는 피해자 입장에서도 조금 더 연결성을 담보할 수 있기 때문에 서로 윈윈할 수 있는 구조라고 생각한다. 이번 소송 과정에서 드러나게 되는 또 다른 소비자들의 불편함을 확인해 소비자 집단소송제도를 도입하는 데 반영하도록 요구할 계획이다.

▲ 소비자 권리를 위해 국회의 역할도 주장하고 있다

- 제도적으로 우리가 요구하는 것은 두 가지다. 징벌적 손해배상제

도와 소비자 집단소송제도의 각 도입이다. 징벌적 손해배상제도가 없다 보니 애플의 대응도 소극적이고, 민사소송 절차만 방어하면 큰 문제가 될 것이 없다는 입장이다. 공정위 등 관계부처가 소극적인 이유도 여기에 있다. 아울러 현행 소비자보호법에서는 집단소송제도가 금융 분야에만 도입돼 있고, 소비자 시민단체가 참여할 수 있는 단체소송은 금지청구권 행사에만 국한돼 있다. 본 사안과 같은 시간이 흐른 뒤 밝혀진 고의적인 소비자 주권의 침해 행위에 대한 실효적인 회복 수단으로써의 배상 책임에 대한 단체소송제도가 도입될 필요가 있다.

▲ 2차 소송 등 앞으로의 계획은 어떤가?

- 후속 모집 절차를 통한 2차·3차 소송은 1차보다 모집 규모가 현격히 증대할 것으로 예상되는 만큼 효율적인 소송 수행을 위해서 접수 시기와 원고 집단의 규모 등을 정할 생각이다. 예를 들어 법률센터 소속 변호사 중 책임변호사를 2명~3명씩 지정해 모집된 피해자단을 나눠 소를 제기하는 방법이 있고, 피해 유형별로 집단을 나눠 소를 제기하는 방법이 있다. 이에 대해서는 이번 달 중 모집된 피해자단의 규모와 피해 유형을 검토해 최종적으로 확정할 계획이다. 늦어도 2월 초에는 2차 소송이 착수될 예정이다.

▲ 소비자주권시민회의 집행위원으로 느낀 점은?

- 사설 법무법인에서 5일 만에 모집한 피해자만 25만명이 되는 대규모의 소비자 피해 사례가 발생했는 데도 정부 당국에서는 어떠한 조치도 진행 중인 것이 없다. 외국 기업이기 때문에 국내 기업이나 일자리 피해도 크지 않은 사례다. 구제에 소극적일 이유가 전혀 없음에도 다수의 국내 소비자들이 방치되고 있는 셈이다. 소비자의 권리는 헌법상 권리이고 소비자기본법 등에서는 구체적으로 소비자의 알권리와 선택권을 보장하고 있다. 그러나 금번 사태만을 보더라도 이는 실효적으로 적용되는 권리는 아닌 것 같다. '소비자주권시민회의'가 필요한 이유다. 추상적인 가치 수호보다도 사소하게 이뤄지는 소비자의 권익 침해가 보다 시급할 수 있다. 가시적인 소비자 권리의 증대를 위해 노력하겠다.

2018.01.22. 뉴스토마토

이 시대 아픈 청년들의 희망 아이콘 되고 싶다

광주에 대표적인 '흙수저 변호사'가 있다. 고등학교 시절, 어려운 가정환경에서 교사용 참고서를 얻어 공부를 해야 했고, 수능 시험 만점을 받았다. 서울대 법학부에 입학했고, 법조인의 길을 걷고 있는 청년, 정준호 변호사가 바로 그다. 온 가족이 한 방에서 새우잠을 자면서도 접을 수 없었던 꿈은 이 시대의 아픈 청년들의 희망 아이콘이 되겠다는 것이었다. 혼자 사는 세상이 아니라 더불어 함께 사는 세상에서 진심을 다 하면 그 진심은 세상을 감동시키고 능력 만큼의 결과를 가져다 준다는 믿음을 가지고 정 변호사는 지금 고향을 위해 봉사하는 것으로 오롯이 은혜를 갚겠다는 다짐을 하고 있다.

▲ 자수성가한 30대 청년 변호사로 이름이 났다. 광주에서 최근 개업을 했

다. 법무법인 민(民)의 변호사로서 인사를 해달라.

- 이제 광주에서 광주시민들에게 그동안 서울에서 열심히 배운 법률 지식을 되돌려 드릴 수 있게 됐다. 법무법인 민은 백성 민을 쓰는 이름처럼 모든 고객을 주인으로 섬기는 것을 최고의 가치로 삼고 있다. 마음에 드는 이름 만큼이나 최고의 서비스를 보여드리도록 하겠다.

▲ 광주사무소를 소개한다면, 또 업무는.

- 광주사무소에는 저 외에도 광주지검 특수부장을 역임한 용응규 대표 변호사와 법원에서 오랜 기간 판사생활을 한 김경배 변호사 등 각 분야의 전문가들이 포진하고 있다. 용 대표변호사는 예금보험공사 특별조사단에서 맹활약하는 등 금융분야에도 강점을 가지고 있고, 김 변호사는 노무사 자격을 가지고 있으며 일반 민·형사 이외에도 금융과 노동 분야와 같은 흔치 않은 전문성을 보유하고 있다. 이에 서울에서 공정거래와 구조조정, 하도급 분야 등에서 많은 경험을 한 저의 전문성이 더해져 명실상부하게 광주 최고의 전문로펌으로 자리매김하게 됐다.

▲ 법무법인 한별 소속으로 서울에서 변호사 활동을 해 왔다. 가장 기억에 남는 수임 사례는 있나.

- 큰 규모의 사건도 많이 수임했지만, 그 보다 기억에 남는 것은 법무관 시절 순천지역의 다문화가정과 관련한 일을 처리했던 것이다. 귀화 과정에서 성본창설을 해야 하는데 이는 법원의 허가 사항이다. 무료로 다문화가정의 성본창설하는 업무를 해왔다. 예를 들어 순천 낙안읍성 근처에 사는 분이 평생 낙안읍에서 살고 싶다고 하면 낙안 백씨라는 성본을 창설하는 절차를 무료로 진행해 드리는 것이다. 기

왕이면 음양오행에 맞게 성씨를 만들어달라는 분이 계셔서 사주책을 사들고 밤새 연구하면서 성본을 만들어 드렸던 기억이 있다. 당시 법원 담당자가 무료로 법원 업무용 계산프로그램을 만드셨던 고 정경현 부장판사다. 지금은 돌아가신 지원장님도 당시 애착을 가졌던 업무였다.

▲ 경제 전문이라고 들었다. 가뜩이나 경기 침체가 이어지면서 경제 관련 법적 다툼도 늘어날 것으로 보인다. 경제 측면에서의 정의의 실현도 화두다. 경제 정의란 무엇이고 어떻게 실현해야 하나.

- 모 재벌그룹의 비리와 관련한 사건을 수임해 오랜 기간 변호사로서 법률자문을 제공하는 역할을 했다. 그 과정에서 소위 재벌그룹 내부에서 어떻게 일감을 몰아주고 일가의 자산을 축적하는지 등을 알게 됐다. 요즘 경제민주화가 화두인데 위 사건을 통해 재벌개혁의 필요성을 실감하게 됐다. 특히 누구의 견제도 받지 않는 총수일가의 도덕적 해이가 곧바로 기업의 위기로 발전하는 과정을 지켜봤기 때문에 경영투명성의 확보가 경제정의 실현의 핵심이라고 생각하고 있다. 제가 강점을 가지고 있는 노동법과 하도급법 그리고 상생협력법 등도 모두 위와 같은 가치를 전제로 하고 있는 대표적인 법률들이다.

▲ 지역사회에서 다양한 봉사 활동도 계획하고 있다고 했다. 구체적으로 들려달라.

- 사회에서 보다 손길이 필요한 분들에게 다가서려고 노력하고 있다. 그 첫걸음으로 광주에서 70년 넘게 봉사를 하고 있는 사회복지법인 '귀일원'의 감사로 최근 취임해 활동하고 있다. 현재 정당인으로서 지역위원회 활동도 계획하고 있는데, 그 방향 역시 봉사와 열악한 처지의 주민들에 대한 기회부여를 기본 가치로 설정하고 있다. 지역위원회는 그동안 국회의원이나 지역위원장 개인의 기득권을 강화하는 공간으로만 역할을 했을 뿐 지역발전과 주민들의 생활정치에는 제대로 대응하지 못했다. 그것이 호남 민심이 더불어민주당에게 등을 돌리게 된 여러 원인 중에 하나라고 생각한다. 그래서 앞으로 제가 가지고 있는 전문능력과 네트워크를 활용해 지역의 중소상공인들에게 무료 법률지원을 하는 것을 계획하고 있다. 지역의 시민사회와 함께 지역아동센터를 중심으로 지역인재를 발굴하고 육성하는 특별위원회 등을 조직해 운영할 예정이고 라이온스와 로타리협회와 같은 봉사단체들과도 이미 연계방안을 협의 중에 있다.

▲ 앞서 밝혔듯, 이른바 금수저가 아닌 흙수저 출신이다. 어려운 가정 환경이었다. 그 시절을 회고한다면.

- 상하방이라고 단칸방에서 네 식구가 한 이불을 덮고 겨울을 지냈다. 시간마다 연탄을 갈던 기억이 지금도 생생하다. 아버지는 택시운전을 하시다가 사고를 당하신 뒤로 운전을 접으시고 집집마다 찾아다니면서 가스렌지 판매영업을 하셨다. 집에 헌 가구와 집기가 많았지만 가스렌지만 늘 새것이었던 시절이었다. 고교시절 교무실을 돌면서 선생님들께 제 것을 물론이고 다른 학교에 다니는 여동생의 교사용 학습지를 얻어 학교를 다닌 기억이 있다. 교무실에 학습지 얻으러 다니면 소문도 많이 날 것이 뻔한데 용기를 내지 않으면 안됐다. 고교 시절에 넉넉지도 않은 형편에 학생회장을 하겠다고 나섰다. 학생회장이 되면 선생님들께 인사로 식사라도 대접하는 것이 예의인데, 교무실을 찾아가 형편을 말씀드리면서 양해를 구하기도 했다. 어느날 자습이 일찍 끝나 집에 돌아가는데 집근처 식당에서 어머니가 보조일을 하고 계신 것을 봤다. 저에게 숨기시고 선생님들 식사비를 마련하고 계셨던 것이다. 지금도 부모님을 보면 그 시절이 늘상 생각이 난다. 고시공부를 할 때도 부모님 몰래 출판사에서 책 초안의 오탈자를 찾는 아르바이트를 하면서 교재비를 마련하기도 했다. 그래서 판검사 임용보다는 변호사를 택해서 빨리 경제적으로 독립하고 싶었다.

▲ 4·13총선에서 광주 지역구에 더불어민주당으로부터 전략공천을 받았다. 전략공천을 수용한 이유는 무엇이고, 후회는 없는가.

- 30대의 젊은 후보를 광주에 공천하겠다는 것에 국회의원을 비롯한 많은 분들이 광주선거를 포기했다고 비판했다. 저는 오히려 반대였다. 지역인재가 없다고 한탄하는 광주에서 호남정치가 복원되는 것은 30-40대 젊은 인재를 발굴해 지금부터 육성해야 하고, 이 인재들이 20년이 지나면 대통령 후보군이 되는 이른바 '30대 떡잎 육성론'을 공천 면접 과정에서 적극적으로 주장했었다. 제가 그 첫 성공사례가 되고 싶다.

▲ 정치에 입문하면서부터 많은 화제를 만들었다. 선거가 끝나고 지역주민들과 정치권의 반응은 어떤가.

- 지난 선거에서 석고대죄의 삼보일배와 문재인 전 대표에게 했던 직언이 대표적이라고 생각한다. 개인적으로 그 입장에는 변함이 없다. 공천을 받고 내려와 시민들을 만나면서 정말 당황스러웠다. 누군가 반드시 책임을 져야 할 문제고, 그 사실 여부를 떠나 민심이반의 원인을 제공한 당사자가 먼저 진심어린 사죄가 있어야 한다고 생각했고, 광주시민의 마음을 변화시킬 수 있는 계기가 필요했다. 결과를 먼저 말씀드리면 삼보일배와 문 전 대표의 화답은 비록 호남의 패배를 극복하는데는 실패했지만 전국적 득표와 제1당의 성과를 이끌어내는 직접적인 계기가 됐다고 생각한다. 물론 정치권에서는 찬반의 입장이 혼재돼 있지만 낙선 인사를 하면서 만난 지역의 어르신들

께서는 아직까지 지역정치인 누구도 하지 못한 용기 있는 행동이었다고 격려를 해 주셨다. 이제 그 결단과 행동이 정치적 행동이 아니라 저의 진심이었고, 앞으로도 원칙과 소신을 갖고 책임질 것은 책임지는 자세로 정진하는 것이 진정성을 확인받는 길이라고 생각한다. 그렇기 때문에 지역발전을 위해 열심히 노력할 계획이다. 지켜봐 달라.

2022.02.05. 광주매일신문

정준호 소비자법률센터 소장(변호사)

2001년, 대학수능시험에서 만점수석으로 전국적인 유명세를 떨쳤다. 기업과 금융, 노동과 공정거래 분야에서 맹활약 중인 법무법인 '평우'의 정준호 변호사, 그가 30대 초반의 젊은 변호사들과 의기투합, 서울과 광주를 오가며 소비자운동을 선언하고 나섰다. 소비자주권시민회의 소비자법률센터 소장을 맡은 그가 생각하는 소비자운동, 왜 하필 소비자운동이어야 할까?

▲ 소비자운동을 선택한 이유는?

- 처음 제안을 받았을 때 거대 담론이 아니라 일상의 작고 소소한 소비자문제라는데 마음이 움직였다. 변호사들이 사회를 위해 뭔가

기여를 해야겠다 싶으면 거의 선택지가 '민주사회를 위한 변호사 모임'(민변)이었다. '민변'이 우리사회에 끼친 영향력은 대단했고, 그 위상은 지금이라고 크게 달라지지 않았다. 하지만, 민주정부가 수립되고 인권부분이 많이 개선되고 하면서 뭔가 좀 다른 각도에서의 기여가 필요하지 않을까 하는 생각을 해왔었다.

가령, 변호사들이 주로 재벌지배구조라던가 이러한 거대담론 위주로 역할을 하고 있는데 아래로 부터 혁명이라고 해야 할까?

결국 사회가 바뀌는 건 일반 시민들이 움직여야 하는 것 아니겠는가? 소비자, 즉 시민들이 체감할 수 있는 실질적인 도움이 되고 싶다.

▲ 소비자법률센터는 주로 어떤 일을 하시게 되는 건가?

- 소비자운동에 있어서 단순히 폭로를 하고, 고발을 하는 것만으로는 실효가 크지 않다. 결국, 소비자 피해를 막고 모든 소비자들에게 실익이 가도록 하기 위해서는제도개선으로 갈 수밖에 없다. 제도를 바꾸기 위해선 근거법률을 뒷받침하는 법률적 전문성이 필요하게 된다. 사안에 따라서는 입법을 통해 선제적 대응이 필요한 경우도 있으리라 보고 있다.

소비자주권시민회의 안에는 자동차, 통신, 식품, 화학소비재, 문화 등 다양한 활동기구들이 조직되어 있는데 단순한 법률적 자문을 넘어 실행기구들과 적극적인 공조를 통해 파급력을 키울 생각이다. 나아가 일반 소비자 권익을 심각하게 저해하고 있는 부분에 대해서는 기획소송을 통해 선제적 대응도 고려하고 있다.

제가 소장을 맡고는 있지만, 소비자법률센터의 구성원들 자체가 갓 서른을 넘은 젊은 변호사들부터 대형로펌의 시니어들, 법학교수들까지 각기 다른 전문분야를 가진 최고의 법률전문가들로 꾸려져 있다. 기대 이상의 시너지를 낼 수 있으리라 자신하고 있다.

집단소송제도는 예를 들어 50명 정도의 소수가 참여한 소송을 통해 승소를 한다면 소송에 참여하지 않은 일반 사람들에게도 판결의 효력이 미치게 된다.

집단적 기획소송을 통해 하나의 사례를 만들어 놓게 되면 지방이나 사각지대의 소비자들에게도 권리구제의 기회가 높아진다.

▲ 기획소송을 통한 선제적 대응이란 표현을 하셨는데, 집단소송과 어떻게 다른가?

- 집단소송제도는 예를 들어 50명 정도의 소수가 참여한 소송을 통해 승소를 한다면 소송에 참여하지 않은 일반 사람들에게도 판결의 효력이 미치게 된다. 금융에 도입된 집단소송법이 가지는 실익이 바로 그 부분이다.

판결 효력이 미친다는 것은 소송절차를 거치지 않고도 자신의 피해액 안에서 돈을 달라고 할 수가 있다. 즉, 곧바로 집행단계로 바로 넘어갈 수가 있다는 의미다. 안타깝게도 법률로 집단소송이 뒷받침되는 건 증권 판매라던가 금융 쪽에 밖에는 없다. 하지만 기획소송은 이와 다르다. 기획소송의 경우 모든 피해자들을 다 모아서 소송에 들어갈 수는 없다. 결국 변호사가 최소한의 피해자들만으로 소송에 들어가지만 피해사례에 대한 다양한 정보가 모이면서 같은 피해를 당한 모든 피해자들의 대리전 성격을 갖게 된다. 집단적인 기획소송을 통해 하나의 사례를 만들어 놓게 되면 지방이나 사각지대의 소비자들에게도 권리구제의 기회가 높아진다.

대규모 소비자 피해의 경우, 로펌이나 개별 변호사에게 맡길 경우 한계가 분명하다. 결국, 수임을 목적으로 사람을 모으는 걸로 변질 될 가능성이 크다는 의미다.

여론을 조직해 정부여당도 압박하고, 국회 입법을 위한 활동도 필요하다. 단순한 소송전을 넘어 총체적인 소비자운동을 통한 제도적 안착이 목적이어야 한다.

▲ 개인정보의 대량 유출이 잦아지면서 기획소송에 대한 신뢰도가 많이 떨어졌다. 대리한 변호사가 수임료를 횡령하고 잠적한 사건도 있지 않았는가?

- 대규모 소비자 피해의 경우, 집단소송이 불가능하니까 기획소송으로 가게 되는데 로펌이나 개별 변호사에게 맡길 경우 한계가 분명하다. 단순히 승소 가능성이나 신뢰의 문제를 말하는 것이 아니다. 아무리 파급력이 큰 기획소송이라고 할지라도 판결과 함께 끝나 버린다. 결국, 수임을 목적으로 사람을 모으는 걸로 변질 될 가능성이 크다는 의미다. 실제 그런 기획소송은 제도로 안착 시키는 게 무엇보다 중요하다,

여론을 조직해 정부여당도 압박하고, 국회 입법을 위한 활동도 필요하다. 단순한 소송 전을 넘어 총체적인 소비자운동을 통한 제도적 안착이 목적이어야 한다. 일반적 소송의 경우 어떤 사태가 벌어지고

난 다음에 복구차원에서 소송이 이루어지게 되는데, 기획소송은 시민단체 차원에서의 선제적 대응라고 할 수 있다."

▲ 새 정부의 출범과 함께 집단소송제, 징벌적 손해배상제에 대한 소비자의 요구가 그 어느 때보다 높다. 실행가능성이 있다고 보시는가?

- 징벌적 손해배상제의 경우, 법 제도가 없는 게 아니다. 동반성장위원회에 대기업과 협력업체 사이를 조정하는 조정제도가 있다. 거기 조정위원으로 참석을 한 적이 있는데 대기업 담당자들은 동반성장위원회의 조정제도 자체를 무시한다. 공정위라든지 사정기관이 별도로 있는데, 조정제도란 게 무슨 의미가 있느냐는 거다. 기업들은 검찰이나 사정기관이 나서서 담당자가 처벌을 받고 대표가 구속이 되고 나서야 바꿀 생각을 하고 움직인다는 거다.

징벌적 손해배상제가 없는 게 아니다. 단지 아직까지는 그런 징벌적 선고가 내려진 적이 없었을 뿐이다. 하도급 문제부터 시작해서 10년이 지났지만 아직까지 단 한 번도 집행된 적이 없다. 징벌적 손해배상제도가 확대된다고 하지만 기업들은 여전히 실감을 못하고 있을 것이다.

시범적인 케이스가 하나 나오고 평소에 리스크 관리를 하지 않으면 회사의 배상액이 10배, 100배로 올라가게 되는 걸 실감해야만 실효성이 생길 거라 본다. 하지만, 그 파급력이 어느 정도의 규모가 될

지는 아무도 모른다.

설령 시행이 된다하더라도 소송이 들어가서 판결까지 나오는데 까지는 대통령의 임기 상당부분이 지났을 때라야 가능해지지 않을까?

집단소송에서 입증 책임이 소비자에게 있다고 해서 지레 포기할 이유가 전혀 없다. 그럼에도 불구하고 뭉치면 뭉칠수록 강해지는 것이 소비자다. 전국에서 사례가 수집되고 한곳에서 이를 취합하면 퍼즐이 맞춰진다. 소비자운동이란, 아래로 부터의 혁명이라고 해야 할까? 결국 사회가 바뀌는 건 시민들이 움직여야 하는 것 아니겠는가?

▲ 우리나라 집단소송의 경우, 입증책임이 소비자에게 있다.

- 입증 책임이 소비자에게 있다고 해서 지레 포기할 이유가 전혀 없다. 그럼에도 불구하고 뭉치면 뭉칠수록 강해지는 것이 소비자다. 전국에서 사례가 수집되고 한곳에서 이를 취합하면 퍼즐이 맞춰진다. 그렇게 전모가 밝혀지는 경우도 있다.

최근에 나온 '존슨 앤 존슨'의 경우, 5개국의 난소암 환자들이 10년을 두고 싸웠다. 결국 6,800억이란 징벌적손해배상이 내려졌다. 6,800억이란 금액의 산출근거는 피해예방을 위해 얼마나 노력했는지를 따지는 거다. 우리나라의 경우도 소비자원에 자료가 축적되어 있지만, 개인이 대응하기엔 한계가 있다. 그래서 집단소송, 즉 기획소송을 제기하는 거다. 집단으로 제기하는 기획소송은 집단지성에 의해 입증책임도 강해지고 높아진다. 소비자주권시민회의는 소비자 입증 책임이라는 한계마저 뛰어넘는 단체로 서기를 바란다.

▲ 실제 현장에서 법률과 현실의 괴리로 힘들었던, 혹은 안타까웠던 사례는?

- 우리가 대출을 받기 위해 은행엘 가면 약관이란 걸 들이민다. 깨알같이 쓰여서 읽기도 힘든 그 약관 말이다. 금융기관에서는 많은 돈을 주고 그걸 로펌에다 맡긴다. 변호사를 처음 시작하고 나서 맡은 업무가 바로 그 약관 만드는 일이었다. 소비자원이나 공정거래위원회에서 표준계약서란 걸 만들어서 주기도 하지만 그걸 그대로 사용하는 경우는 거의 없다. 반드시 유리한 조항들을 별도로 집어 넣는다. 그걸 다 읽고 대출을 받아야 하지만 급하니까 대충 서명을 한다.

그런데 이렇게 제대로 된 설명 없이 사인만 받은 사례가 실제 소송에서 문제가 되자 '모든 설명을 잘 들었고 다 이해 했습니다' 란 자필 자술서로 바뀐다. 대출을 받으러 온 소비자는 다급한 입장이고 그 자체가 약점이 되는 상황이니까, 결국 소비자에게 달라지는 건 없이, 영악하게 유지가 되는 거다.

그런 부분을 예방하는 것도 소비자주권시민회의의 큰 숙제가 아닌가 싶다. 앞으로 소비자에게 이런 교육도 필요하지 않을까 한다.

▲ 마지막으로 소비자법률센터 소장으로서 방향, 목표라면?

- 변호사라는 게 공격수가 앞에 보였을 때 뒤에서 쫓아가는 수비수와 같다. 그래서 얼마나 수비를 잘 했느냐가 변호사의 역할인 거다. 하지만, 소비자운동이란 건 선제적으로 대응할 수 있는 부분이 있다. 남들이 생각 못하는, 그냥 지나치는 부분을 모아서 기획소송도 하고 바로 법 규정을 고쳐야 하는 부분들이 있으면 제안도 적극적으로 할 것이다.

소비자들이 믿고 찾아올 수 있는 최종 소비자들이 실제 체감할 수 있는 성과물들을 만드는 것이 최종 목표다.

2017. 09. 05. 소비자주권시민회의

정준호, 할 말 있습니다

2022년 2월 12일 인쇄
2022년 2월 19일 발행

지은이 | 정 준 호
펴낸이 | 정 찬 애
디자인 | 박 지 원
발행처 | 도서출판 에코미디어
주 소 | 광주시 동구 양림로119번길 21-1(학동)
전 화 | (062)224-5319
E-mail | jcapoet@hanmail.net

ISBN 978-89-97482-50-4 03810

· 잘못된 책은 구입하신 서점에서 바꾸어 드립니다.

· 값은 표지에 있습니다.

이 도서의 국립중앙도서관 출판예정도서목록(CIP)은
서지정보유통지원시스템 홈페이지(http://seoji.nl.go.kr)와
국가자료종합목록 구축시스템(http://kolis-net.nl.go.kr)에서
이용하실 수 있습니다.